ちくま文庫

仁義なきキリスト教史

架神恭介

JN259232

筑摩書房

仁義なきキリスト教史　目次

第1章　やくざイエス　7
第2章　やくざイエスの死　43
第3章　初期やくざ教会　85
第4章　パウロ——極道の伝道師たち　117
第5章　ローマ帝国に忍び寄るやくざの影　173
第6章　実録・叙任権やくざ闘争　209
第7章　第四回十字軍　241

第8章　極道ルターの宗教改革　285
終章　インタビュー・ウィズ・やくざ　329
文庫版おまけ　出エジプト――若頭モーセの苦闘　341
あとがき　383
主要参考文献一覧　387
解説　キリスト教の戦慄すべき現実　石川明人　391

仁義なきキリスト教史

第1章　やくざイエス

推定A.D.三〇年　エルサレム

「おやっさん《エリ》……おやっさん《エリ》……なんでワシを見捨てたんじゃあ《レマ、サバクタニ》！」

木製の磔柱《たっちゅう》に括りつけられた貧相な体軀のやくざの叫びが辺りに木霊《こだま》した。あらん限りの力を振り絞った末期の絶叫であった。男の裸の体には血が滲み、磔刑の前に受けた鞭打ちの痕跡を痛々しく晒している。手首と足の甲には釘が打たれていたが、そこからの出血は既に止まっているようだ。頭には茨の冠が載せられている。処刑の執行人は彼の苦痛を長引かせるべく海綿に気付け用の酢を含ませて口元へと運んだが、無駄であった。男は既に事切れていた。エルサレムに乗り込み世相を騒がせた不逞《ふてい》のやくざ、ナザレのイエスの死の瞬間であった。十字架には罪状書きが添えられており、それには「ユダヤ人の王」と記されていた。

ユダヤ組二次団体の幹部たちが、処刑を執行したローマ警察の職員に向かって不平を垂れている。彼らはこの罪状書きに納得しかねる様子で、「自称ユダヤ人の王」と書き改めるよう文句を付けているのだが、ローマ警察当局はやくざどもをまるで相手にもしていない。

これはユダヤ組の跡目を巡る権力闘争の一つの決着に過ぎず、また、新たなる戦いの始まりに過ぎないのである。イエスと呼ばれたこの惨めなやくざ——。彼の周りで何が起こり、どのようにして死んでいったのか。この先、二千年に及ぶ闘争の歴史を振り返るには、まず彼の足跡を追わねばなるまい。

話は、二年ほど前に遡る——。

推定A.D.二八年　ユダヤ地方ガリラヤ

旧約の時代は既に過去の歴史となり、ヤハウェという巨大な暴力こそ表舞台からは消え去ったものの、ローマ警察の圧力に加えて、ヤハウェの脅威を背景とする暴力組織がユダヤ地方を席巻し、現状に閉塞感を抱く庶民たちは、新たなるメシアの訪れを待ち侘びるばかりであった。

「よう、シモン兄ィ、聞いちょるかの、イエス兄貴の話」

「おう、聞いちょる。どえれえことしちょるようじゃの」

ガリラヤ湖畔——。ここに漁を営む二人の若者の姿があった。兄の名をシモンといい、弟をアンドレアスという。シモンは後のユダヤ組系ナザレ組組長。アンドレアスは同若衆である。二人は襤褸《ぼろ》をまとい、腐りかけの木片を繋ぎ合わせただけの粗末な船を操っている。貧しい漁師であった。当時の漁師は危険と隣り合わせの生業《なりわい》であったため、気性も荒く刹那的、向こう見ずな面も目立った。だが、貧しく危険な生活を送る中で溜め込まれていった若者たちの鬱屈した想いこそが、これから始まる動乱を牽引する原動力となったのやもしれぬ。

「しかし、あの、イエス兄貴がのう」

微かに揺れる船上で、弟のアンドレアスは感心したような、不思議でならぬような顔を作って唸る。アンドレアスはユダヤ組系ヨハネ組のヨハネ親分と親子盃《おやこさかずき》を交わしていたが、いま話題に上っているイエスという男もまた、ヨハネ親分から盃を受けた一人であった。そのヨハネ親分がローマ警察により逮捕、処刑された後にヨハネ親分の遺志を継ぎ、独自に活動を開始したのが件のイエスである。そして、音に聞くその破天荒な振る舞いに心揺さぶられ、イエスと盃を交わしたいと考える若者が次第に増え始めていた。

「のう、アンドレアスよう」

破れかけの網を必死に繕いながらシモンが言う。

「イエスさんのことじゃがのう、ヤハウェ大親分から直盃《じかさかずき》を下ろされたァー言われちょるそうじゃが、ありゃあホンマかのう」

「どぎゃあなもんかのう」

網にかかった雑魚を乱暴に湖に投げ捨てながらアンドレアスが答える。

「わしゃあ、イエス兄貴が自分でそぎゃあなこと言うとるところは見たこたあないけえの。じゃけんど、そう言われちょるんは確かじゃし、ユダヤ組の他の一家はどうするんじゃろうかの」

ヤハウェ大親分とは、ユダヤ地方一帯を支配するユダヤ組の組長である。子分がその姿を見ただけで恐怖で震え上がり絶命したとさえ言われる程の迫力を持った大侠客《だいきょうかく》であり、性格はまさに豪快酷烈。元はエジプトで強制労働に就かされていた若者たちを扇動して集団脱走させ、そうして無頼となった若者たちをまとめあげて組を立ち上げたとされている。その後、ユダヤ組は北上し、当地のやくざであるカナン組に宣戦布告、血で血を洗う縄張り争いを繰り広げた。ヤハウェ組長の指導の下、若頭のヨシュアは徹底した皆殺し戦術を敢行しカナン組を恐怖のどん底に陥れ、一時期は広大なシマを獲得したのであった。

一方で、喧嘩《でいり》におけるヤハウェ組長の獰猛苛烈《どうもうかれつ》な攻撃性は敵だけでなく仲間内にも向けられ、子分の不平や裏切りには容赦無い血の制裁でもって応えた。ユダヤ組では喧嘩で殺した敵の数よりもヤハウェ大親分に粛清された子分の方が遥かに多い。このように、敵からも味方からも畏怖された恐るべき大親分であったのだが、最近では目立った活動もなく、ただその圧倒的恐怖と存在感のみが人々をなおも威圧し続けるばかりである。

と、そのような状況にあって、ユダヤ組系列の二次団体であるユダヤ組系パリサイ組、サドカイ組などは、往年のヤハウェ大親分の威光を背景に様々なシノギ（経済活動）を行っていた。彼らが「これはヤハウェ大親分の意向である」と言えば誰にも逆らうことなどできぬ。それが嘘でも本当でも。だから、一匹狼であるイエスが本当にヤハウェ大親分の跡目を次ぐ二代目であると周知されることになれば、これはってはユダヤ組系諸派にとって、大問題であろう。

「ドンパチじゃろうか」

「かもしれんのう」

鬱屈した青春のエネルギーを溜め込む二人の若者は、世相に漂う不穏な気配に不謹慎にも微笑を浮かべた。ヤハウェ大親分の威光をかさに着たパリサイ組やサドカイ組のシノギは、彼ら若者にも少なからぬ負担を強いており、その生活は大変に息苦しいものであった。民衆の不満は溜め込まれた火薬庫のようなものであり、導火線では常に火が燻《くすぶ》り続けていたのである。

「兄ィ、あれを……」

と、その時、アンドレアスが不意に陸を指して、シモンの注意を喚起した。彼の指差す先には、まさに渦中の人物、顎鬚を生やした貧相な身なりのやくざ——ナザレのイエスが、護衛も付けず、たった一人で歩いてこちらへ近付いてくるではないか。二人は慌てて船を着けて出迎えた。

「兄貴！　イエスの兄貴！　お久しぶりで」

「おう、アンドレアス。こんなァ、元気しとったか」

「へえ。おかげさんで」

兄貴分のイエスの前でぺこぺこと頭を下げるアンドレアス。一方、シモンは値踏みするような目でイエスを見ている。

「兄貴、今日はどぎゃあな御用で……」

「いやァ、なんちゅうこたあないわい。シナゴーグの帰りじゃ。近くまで来たけえのう、こんなぁの顔を見に来ただけじゃ」

と、イエスは快活に答える。シナゴーグ、と言われても読者諸君に馴染みはなかろうが、これは極道用語であり、要は地域共同体の集会所のことである。隠語では会堂とも呼ばれる。この集会に集まった民衆を前に、ユダヤ組の筋モンや、もしくはやくざに近いものたちが、ヤハウェ大親分の生き様や伝説などを語り聞かせる、一種の極道教育機関であった。イエスはそこでの教師役を務めた帰りだという。

「しかし、兄貴ィ……、せっかく来てもろうたのに悪いんじゃが、今日はあまり歓迎もでけんでのう」

「どしたんなら。体でも悪いんか」

イエスは革袋の葡萄酒《ぶどうしゅ》をグイと呷《あお》った。

「いやぁ、わしはこの通りぴんぴんしとるんですがの、シモン兄ィの姑《しゅうとめ》が先日から熱を出しとりましてのう」

「ほう。そぎゃあなことじゃあ騒がしゅうはできんのう。軽く見舞ってから退散しようかい」

このような経緯《いきさつ》で、シモン、アンドレアス、イエスの一行は、彼の姑の家へと向かったのだが、果たしてそこには、険しい顔で布団に包《くる》まる弱々しい婆さんの姿があった。アンドレアスがその耳元へ屈み込んだ。

「お義母《つか》さん、こちらぁ、わしが世話になっとる、兄貴分のイエスさんじゃけえ」

と、手短にイエスを紹介すると、「エッ」と老婆の顔に驚きの色が浮かんだ。彼女もまた巷《ちまた》でのイエスの評判を聞き及んでいたのであろうか。ヤハウェ大親分から直盃を受けた子分という噂が真実であれば、とんでもない大物やくざである。「お、お構いもでけんで……」と、必死に体を起こそうとする老婆をイエスは優しく手で制した。そして、シモンの耳元で囁《ささや》く。

「おう、こんなぁのお義母《つか》さん、だいぶ悪いんかのう」

「いやあ、病気の方は大したことない思うんじゃが」

シモンは苦い顔をして、小さく頷きながら答えた。

「年のせいかの。弱気になってしもうてのう。最近ではちッとでも具合が悪うなると、ヤハウェ大親分のお怒りに触れたんじゃ、とかなんとか言うての。ぶち恐れとるんじゃ。こぎゃあな弱気じゃあ治るもんも治らんわい」

「ほうか」

病理学の未発達な時代のことである。彼女のようなか弱い民が、自らの病をそのように捉えたのも不思議ではない。民衆の間ではヤハウェ大親分に対する畏れが肥大化していた。自分たちの一挙手一投足が大親分の怒りに触れるのではないかと人々は戦々恐々としていたし、身に不幸が訪れでもしたら大親分からの制裁ではないかと疑ってしまう。そのような憐れな民衆はこの時代決して少なくなかった。

イエスは顎鬚を撫でながら、少し考えこんでいたが、

「こりゃあ、なんとかせにゃあのう……」

小声でひとりごちたイエスのその言葉が、果たしてシモンに聞こえていたのかどうか。イエスもまた、老婆の枕元に身を屈めた。

「お義母《つか》さん」

老婆のがさがさの手を握って言う。

「お義母《つか》さん、わしのこと、知っちょりますかのう。わしと……おやっさんのこととか……」

老婆は黙ったまま、こくこくと頷く。ここでイエスが示唆しているのは、自分がヤハウェ大親分から直盃を受けた子分だという、巷間に流布しているあの噂だろう。イエスも老婆の目を見てゆっくりと頷き返した。

「わしからのう……。おやっさんにはよう言うときますけん。じゃけえ、何も心配は要

りゃあせん。お義母《つか》さんは、安心して、よう休んで、体ァ大事にしてつかぁさいや」

この言葉を耳にして、シモンとアンドレアスは同時にハッと顔を見合わせていた。そんな二人の反応は気にも留めず、イエスは懐から財布を取り出すと、それを逆さにしてありったけの硬貨を取り出した。だが、彼の掌の上に載った硬貨はわずか数枚で、イエスは目を丸くして疑いながら、もう一度財布を逆さにするが、それ以上何も出てこない。諦めた様子で彼は掌の硬貨を全部アンドレアスに握らせた。

「わしゃ帰るけん。お義母《つか》さんに精の付くモンでも食わせてやりないや」

「あ、兄貴ィ！　そこまでしてもらうわけにゃあいかん。それは兄貴の……」

「ええんじゃ。邪魔したのう」

そう言って、イエスは振り返りもせずに敷居を跨いだ。イエスが去ってから、アンドレアスは改めて自らの手に握られた数枚の硬貨を見つめて、それから布団の中の姑を見遣った。老婆の眉間からは皺が取れ、安堵の表情を浮かべて静かな寝息を立てている。もう一度、シモンはアンドレアスと顔を突き合わせて、感慨深そうにこう述べた。

「あの人は……ホンモノかもしれんのう」

推定Ａ．Ｄ．二八年　ユダヤ地方ガリラヤ

先の一件の後、シモンとアンドレアスはイエスを追っていき、彼と兄弟盃を交わして舎弟《しゃてい》となったのであったが、他にも幾人かのゴロツキたちがイエスに付き従う道を選んだ。やはり漁師であるゼベダイの子ヤコブとその兄弟ヨハネ、税務署勤務のマタイ、イスカリオテのユダなどである。彼らは後に初期ナザレ組の幹部となる若者たちであった。なお、顔面が岩のようにごつかったためであろうか、イエスはシモンを「ケファ（アラム語で「岩」を意味する）」とアダ名で呼んでいた。織田信長が豊臣秀吉を猿と呼んだようなものだろうか。このケファがギリシア語でペトロと訳され、そちらの呼び名の方が有名となったため、以下、本書でもペトロと呼ぶことにする。

　さて、こうしてなし崩し的にグレン隊の頭となったイエスであったが、彼らが平生何をしていたかといえば、ペトロの姑の時と同じく主には病気見舞いであった。実際に、イエスが「おやっさんにはわしからよう言うとくけえ」と一声かけるだけで、安心感からか、病状の軽くなる病人は少なくなかったのである。

　何せ古代のことだ。病気や精神的錯乱の原因を悪霊によるものと思い込んでいた民衆も多くいた。ところが、イエスがその者のところへ行き、「おどりゃ悪霊、はよ出ていかんかい。そのツラァ次に見せたら承知せんどワレェ！」と威勢よく啖呵《たんか》を切ると、奇々怪々、やはり病状は快方へと向かうのである。ヤハウェ大親分ほどの大物やくざの威光があれば、得体の知れぬ魑魅《ちみ》魍魎《もうりょう》の類であろうと震え上がるに違いないという、民衆のある種の信頼感がこれを可能にしたのだろうか。

なお、こういった病気見舞いがイエス一派のシノギであったかどうかは定かではない。すなわち謝礼や礼金を受け取っていたかどうかは資料には記されていないのだ。ただ、イエスが見舞った女や人妻たちの何人かは後に彼のパトロンとなったようなので、イエス一派の主な資金源はそこだったかもしれない。

と、このような活動を続けていくうちに大兄貴分としてイエスの名は着実に広まっていく。次第にイエスが見舞わずとも、病人が向こうからやってくるようになる。イエスが町を訪れでもすれば、ちょっとした騒ぎとなってしまうので野宿を余儀なくされたこともあった。そんな状況に彼も困り果てたのであろうか。いつものように病人を言葉で癒してやった後に、

「今日のことはのう。誰にも言わんようにしといてくれんかのう」

などと口止めもするのだが、彼の気持ちを知ってか知らずか、病人は構わずイエスの評判を吹聴する。次第にイエスも諦めたのだろうか、悪霊を追い払った後に、

「こんなぁの悪霊を追い払えたんものう、おやっさんがこんなぁのことを憐れじゃ思うて力を貸してくれたおかげじゃけん。おやっさんがの、どんだけこんなぁのことを考えとるか、皆によう言うちゃってつかあさいや」

などといって、むしろ背中を押し始めたりもする。すると当然ながらイエスの名はさらに広まっていくことになるのだが、そのような最中《さなか》、最初の事件が起こった。

推定A.D.二八年　ユダヤ地方ガリラヤ

　ガリラヤ湖畔の西岸にカファルナウムという漁村がある。ここはペトロとアンドレアス兄弟の故郷とも言われているが、そこにイエスたちが入って数日後のことであった。ふとしたことからイエスの滞在が知られてしまい、大勢の村民が家へと集まってきた。無論、中にはイエスに病気を見舞って貰いたいと願うものもいて、ある者たちなどは屋根を剝いで、担架に寝かせた身体麻痺患者を上から降ろしたりもするのである。俠客イエスに対する彼らの期待感たるやこれほどのものであった。

　無論、イエスもこれに応える。「心配はいらんけえ。おやっさんは、もうこんなぁのこと怒っとらんけえのう」などと言って励ますと、身体麻痺患者はパッと顔を輝かせるのだが、すると、そこにいたユダヤ組系のやくざ者が、ぼつりというのである。

「なんじゃ、あの外道。ヤハウェ大親分のこと馬鹿にしくさりよって。大親分の怒りを大親分以外の誰が許すいうんじゃ。許すも許さんもそぎゃあなこと決めれるんは大親分だけじゃろうが」

　すると、これを耳ざとく聞きとめたのか、

「おどりゃ、何をちびちび言うとるんじゃ！」

　イエスはバッと立ち上がると啖呵を切って言った。

「ええか、こぎゃあことはのう、人の子が許してもええことじゃ」

この時にイエスが言った「人の子」というのは極道用語で、「一人の人間」といった意味合いである。ヤハウェ大親分に恐怖し気弱になっている人々に対し、イエスだけでなく誰であっても「そんなに怯えることたぁないんじゃ」と言ってしまって構わない、そんなことを彼は言わんとしていたのであろうか。だが、これが後に誤解を生む一因となる。ある人々はこの言葉をこう受け取ったのだ。イエスはヤハウェ大親分の一の子分だから、大親分に代わって大親分の怒りを許す権威を持っているのだ、と……。

ともあれ、この一件がイエス一派と他のやくざ組織との軋轢の始まりであった。その後、次のような些細な事件が発生する。それは安息日に関わるイザコザであった。

安息日とはかつてヤハウェ大親分が定めたしきたりで、週に一度、一切の仕事を放棄する日のことである。ユダヤ組の者はもちろん、ユダヤ組縄張り内の民衆もこれは遵守せねばならない。元々は家畜や奴隷を憐れんだ大親分が、彼らに定期的な休暇を与えるために制定したらしく、存外、ヤハウェ大親分にはこのような一面もあるのだが、そこはやはりやくざ者である。根っこの苛烈さに変わりはなく、自分の命令を無視し安息日に薪《たきぎ》を拾った男がいたと聞くと烈火の如くに怒り狂い、民衆に命じてその男を石で打ち殺させたのであった。

このような事件があったために、安息日は心休まる休暇というよりは、むしろ、誤って仕事をしてしまえば大親分に睨まれ殺される、そのような恐怖の一日と見なされるようになったのである。薪を拾うという些事ですら命取りである。過剰に怯えた組員や民衆たちが、「仕事」と見なされかねないあらゆることを安息日に放棄するようになったのは当然であった。

さて、そのような安息日のある日。イエス一行は麦畑の中を歩いていた。イエスの周りには、いつものようにペトロなどのゴロツキが従っていたが、そのうちの一人が、小腹が空いたのだろうか、麦の穂を摘んで、がじがじとつまみ食いを始めた。すると、ユダヤ組系パリサイ組のやくざがそれを目ざとく見つけて、イエスにアヤを付けてきたのである。

「おどりゃこの腐り外道が！　そぎゃあなことして許される思うとるンかッ」

ここは別にそのやくざの畑というわけではなく、この軽微な窃盗を咎めたわけでもなかった。この時代、畑のものを少しかじった程度で大仰に騒がれることはない。そうではなく、ここでやくざが言わんとしたことは、つまみ食いが安息日には許されぬ「仕事」ではないかということだ。

だが、イエスは鋭い目でぎろりとやくざ者を睨み返すと、言葉短かに言った。

「じゃかあしゃあ」

そして、それっきり無視して歩き出す。彼には馬鹿らしかったのであろう。確かに、つまみ食いも「刈り入れ」という労働と言えなくはない。だが、元々のヤハウェ大親分の意図を思えば、たかがつまみ食いに目くじらを立てアヤを付けてくる彼らの生き様には、とても付き合いきれぬという思いが先立ったのであった。といって、むろんパリサイ組のやくざも引き下がらぬ。

「おどりゃ待たんかい、コン糞イモ！」

と、背後からドスを利かせた怒声が飛んでくるが、対して、イエスはキッと振り返って言った。

「安息日はのう、人のためにあるんじゃろうが……。安息日のために人がある思うとるんかあ！」

この後、イエスはシナゴーグへと向かった。そこには一人の病人がいた。また、先ほどイエスにやり込められたパリサイ組のやくざが仲間を引き連れ、そこで待ち構えていた。パリサイ組のやくざの中から一人が進み出てくる。身なりからしてチンピラではない。おそらくはパリサイ組の幹部であろう。その男が、表面上の慇懃《いんぎん》さを保ちながらも、こう言った。

「おゥ、こんなぁがイエスさんかい。お噂は聞いちょりますが、の！　のう、高名なイエスさんに一つお尋ねしたいんじゃがの、安息日に病人を癒すいうんは許されちょるんかのう！」

「兄貴、分かっちょるとは思うが……」

こりゃ罠じゃ、と、イエスの隣でペトロが声を震わせながら耳打ちする。イエスは病人を見舞い、声をかけることで、病人を癒してきた実績があるわけだが、このような治療行為を安息日にしてしまえば、それは「仕事」と見なされ、パリサイ組にイエス抹殺のための大義名分を与えることになるのだ。ペトロはそれを恐れたのである。

だが、イエスはペトロの言葉を気にも留めず、パリサイ組の面々に向かって怒鳴り散らした。

「なァにコキよるんない、クソったれ！　おどれらの中によゥ、安息日に溝に落ちたやつがおったらどぎゃんするんじゃい！　助けてやらんのんか？　安息日じゃ言うての、ええことをして、それで怒るおやっさんじゃ思うとるんか！」

そうしてイエスはいつものように病人に声をかけ、病人は顔を明るくして出て行った。麦畑でやり込められた若いやくざは気が収まらないのか、今にもイエスに対して匕首《あいくち》を突き付けそうな気配を見せていたが、「まあ、待ちないや」と、幹部らしきやくざがそいつの首根っこを摑んで外へと連れて行った。

「な、なんじゃ兄ィ、臆病風に吹かれたんか！　わしゃあ殺《と》るで。あの腐り外道のタマ取っちゃる！」

「アホウ、そうじゃないわい」

幹部風のやくざがニヤリと笑って言った。

「あの外道のタマァ殺《と》る口実はできたんじゃ。焦らんでもええ。どうやって殺るんか、帰って作戦会議じゃ！」

推定A.D.二九年　ユダヤ地方ガリラヤ

当時、ユダヤ地方を支配していたやくざには三つの代表的な組があった。いずれもユダヤ組本家から枝分かれした二次団体であり、サドカイ組、パリサイ組、エッセネ組といった。

サドカイ組は都市エルサレムにエルサレム神殿という巨大事務所を構え、そこで民衆からヤハウェ大親分への上納金を集めてシノギとしていた。「大親分がおどれらの稼ぎを差し出せえ言うとるんじゃ」と言われれば民衆に抗う術はない。現状のシノギで十分に懐が潤っているため、彼らは体制維持を志向しており保守的である。ヤハウェ大親分の言いつけも違わず守ろうとした。

サドカイ組が世襲的な「やくざ貴族」であるのに対し、パリサイ組はより庶民的な立ち位置に近く、ヤハウェ大親分に熱烈な忠誠を誓ったゴロツキたちの集まりである。彼らもヤハウェ大親分の言いつけを厳しく守ろうとするのは同じだが、大親分の言いつけに人為的な解釈を加えることもあった。というのは、大親分の言いつけをいかに解釈するか、過去にユダヤ組のやくざたちが話し合ったのだが、その話し合いの成果を彼らは重視したためである。この点で保守的なサドカイ組とはソリが合わず彼らは対立関係にあった。また、安息日の一件に見られるように、彼らはヤハウェ大親分の言いつけを遵守しようとするが、それはしばしば形式主義に堕していたようである。

エッセネ組は特殊なやくざ組織であり、彼らの中の一派は社会から距離を置き独自の共同体を作って暮らしていたとされる。筆者の手元の資料「新約聖書」には彼らに関する記述はないが、一説にはヨハネ組のヨハネ親分がエッセネ組の系譜に属すると言われている。

これ以外にも小中のやくざ組織がユダヤ地方にあり、抗争や合併吸収を繰り返していたのだが、先取りして言ってしまえば、これの最終的な勝利者はパリサイ組であった。現代で我々が認識するところのユダヤ組というのは、このパリサイ組の系譜なのである。なお、これもついでに言ってしまうと、後世「キリスト組」として知られることになる一大やくざ組織も、初期の間はユダヤ組系列の二次団体と見做され、「ユダヤ組系ナザレ組」の名で呼ばれていた。それがある日からキリスト組と呼ばれるようになり、ユダヤ組本家からの離脱に成功するのである。その辺りの事情は後に語ろう。

さて、安息日を巡る一件でパリサイ組から命を狙われることとなったイエスであるが、しかし、当のパリサイ組は不気味な沈黙を保っていた。イエス殺害を企てヘロデ組とも陰で共謀していたようだが、いざヘロデ組がイエスに対して鉄砲玉を送り込むと、パリサイ組からメッセンジャーが来てイエスに密告《チンコロ》するなどあり、おそらくはパリサイ組内部も一枚岩ではなかったのであろう。ヘロデ組というのは実情のよく分からぬ組である。当地の支配者はヘロデ・アンティパスといい、語弊のある言い方になるが現代で言えば県知事のような存在であり、おそらくヘロデ組とはヘロデ県知事を強力にバックアップするやくざ組織であったと思われる。

ともあれ、イエスはそれからも病気見舞い活動を継続し、彼の俠気に惚れ込む者たちを次々と傘下に加えていった。旅の折々に漏らすイエスの男らしい言葉もまた彼らを引き込んだ要因であったのだろうか。

そうして、勢いを増していくイエスの一団であったが、彼らがガリラヤのある家に入っていた時に椿事《ちんじ》が起こった。名物男であるイエスが来たということで、その家の周りに村の者たちが続々と集まってきたのであるが、その中に初老の女と若者たちの姿があった。彼らもイエスの俠気に惚れ込み集まってきたのであろうか。いや、違った。舎弟の一人がそっとイエスに告げた。

「兄貴……。実はの、兄貴に会いたい言う客人が来とるんじゃが」

「おう、誰ない」

「それがの、兄貴のおふくろさんじゃ言うて……」

思わずイエスは飲みかけの葡萄酒を噴き出していた。

目を白黒させながらイエスが訊く。

「お、おふくろが？　ほ、ほんで、おふくろはなんじゃ言うとるんじゃ」

「はぁ、それが……。兄貴が自分で聞いてきた方がええ思いまして。若い者《モン》の間でも動揺が広がっとりますけえ、できれば早いうちに……」

「いやな予感がするのう」

舎弟の曇った顔色に不安を煽られながらイエスが億劫そうに外に出てみると、果たせるかな、イエスの母マリアとイエスの兄弟たちが、彼の顔を見た途端に必死になって叫んだのだ。

「いーくん、いーくん！　おかしな真似はやめて、みなさんにも帰ってもろうて、おうちに帰ってきんさーい！」

さすがのイエスもこれではたまらない。イエスを慕って集まったボンクラたちもどうすればいいのか分からず戸惑うばかりである。息子の困り顔には一向気付かずマリアが続けた。

「いーくん、お母さんらね、みんな心配しとったんよ。いーくんがグレン隊の頭領になった言うけえね。それにね、いーくん、最近パリサイ組の怖い人らと揉めとるんじゃろ。ご近所の人らもね、いーくんは頭がおかしゅうなったんじゃ、言うてね。みんな心配しとるんよ。いーくん、ナザレに帰ってき？　無理して家業を継がんでもええけん。とにかく、帰ってき？」

「いー兄ィが無茶しよるんでわしらもぶち迷惑しとるんど。わしらまでパリサイ組に睨まれたらつまらんじゃろうが！」

と、弟のヤコブまでがまくし立ててくる。すっかり一帯の名物男となったイエスであるが、これでは面目丸潰れである。唖然とする人々を前にイエスは顔を伏せてそそくさと家の中に戻っていった。たちまち舎弟たちが戸惑い顔で尋ねる。

「兄貴、ええんですかいの。おふくろさん、ああ言っちょりますが……」

これに対し、イエスは精一杯の威儀を正して応えた。

「バカタレェ！　わしの家族がどこにおる言うんじゃ！　わ、わしの家族はァ、盃交わした、お、おどれらだけじゃろうが……」

だが、これには舎弟たちも堪え切れずに笑いが漏れて、イエスも釣られて苦笑するしかない。

推定A.D.二九年　ユダヤ地方ガリラヤ

日頃の破天荒な振る舞いゆえに家族から精神的安定を疑われたイエスであったが、果たして彼は己をどのように捉えていたのであろうか。このようなエピソードがある。

「のう、ペトロ。おやっさんが表舞台に戻ってきたとしてじゃの……」

と、イエス。ここで言うおやっさんとはヤハウェ大親分のことである。

「そん時ぁ、わしらの抱えとる縄張りじゃが、どういうふうになりゃええ思うとるかの？」

「そりゃアなんじゃ言うても……」

ペトロが身を乗り出して答える。

「ヤハウェ大親分の一の子分である兄貴が先頭に立ってじゃな、ビシィーッと言うこと聞かせて、他の組のやつらにナメられんようにじゃな」

「わしゃあのぅ」

イエスがペトロの言葉を遮った。

「……わしらの縄張りにな、カタギの男が一人おるとするの。ほんでの、そいつがの、畑に種を蒔《ま》くんじゃ。蒔《ま》いたら、もうあとは寝とる。ほんでの。そいつがなんもせんでもな、植物は勝手に育っていって、育ち切ったら後は刈り入れるだけじゃ。わしゃあの、そういうふうになりゃあええ思うちょるんじゃ」

だが、これにはペトロは首を捻るばかりである。夢のように楽天的な話で、それはそれで結構であるが、そうなるとイエス自身はそこで一体どのような働きをするのか？

イエスが描く理想図には己の姿も舎弟たちの姿も見出せないのだ。

イエスは何者なのだろうか。一方ではこのようなエピソードもある。ある時、イエスを慕って町々から多くのチンピラたちが彼の周りに集まってきた。ここまではよくある光景である。そうして、イエスは彼らと一緒に時を過ごしていたのだが、辺りが暮れ掛かってきた頃にペトロたちがやってきて、そっと耳打ちした。

「兄貴ィ。もう時間も時間ですけえ。皆に家に帰るよう言うてつかぁさい。そうすりゃ、それぞれ町で何か買って食うと思いますけん」

「なーにをケチくしゃあこと吐《ぬ》かしよるんじゃ。せっかく来てもろうたんじゃろうが、晩メシくらい出したりゃあええじゃない」

だが、イエスからそう言われても、彼らにもハイそうですかとは言えない事情があった。

「兄貴、無茶言わんでつかい。わしらのどこにそがぁなカネがある言うんですか」

「なーに言うんない。おい、食いモンはどんくらい残っとんじゃ」

「パンが五つと魚が二匹です」

ええっ⁉　とイエスは目を剝いて驚いた。弟子は真顔である。

「えっ。そ、そんだけか？」

「そんだけですよ、兄貴」

イエスはボリボリと頭を搔き、グームと唸り声を上げると、少し考えてから立ち上がった。

「わしの知らん間にこんなぁにも苦労させとったのう。おう、ちッと待っとれい」

そう言うとイエスはぶらりとどこかに出て行ったのだが、再び戻ってきた時には大籠いっぱいに満たされたパンと魚が一緒であった。弟子たちが驚いたのは言うまでもない。「兄貴、こりゃ一体どっから……!?」。弟子たちが慌てて尋ねると、イエスは苦笑混じりにこう言った。

「ちッとな……おやっさんに頭下げてきてのう。これだけありゃあ、皆に配ってもしばらくは食えるじゃろう」

果たして、この時の大量の食料をイエスはどこから調達してきたのか。イエスを慕う資産家に頼み込んだのかもしれないし、自分の名前と顔で無理をして借金したのやもしれぬ。はたまた、本当にヤハウェ大親分から援助を受けたのであろうか。ともかくペトロたちは彼の言葉を信じた。やはりイエスこそがヤハウェ大親分の一の子分なのだ、と……。

イエスのこういった言動は彼自身にも思いもよらぬ形で結実していたようだ。イエス一向がガリラヤ湖の北部、カイサリア・フィリッピの村々へと移動していた時のことである。この日のイエスは何やらそわそわとしており、思い悩んでいるふうであった。彼は意を決したかのように、恐る恐る舎弟たちに尋ねた。

「なあ、みなはのう、わしのこと、どんなふうに言うとるんかの」

尊敬する兄貴分の態度に何やら不安を感じながらも、舎弟たちは応えた。

「へえ、兄貴のことを、あれは実はヨハネ親分じゃ言う人もおるし、実はエリヤ親分じゃ言う人もおるようです。預言者じゃ言う人もおります」

「ほうか」

ヨハネ親分はイエスのかつての親分であるが処刑されて既に亡き人となっていた。民衆の一部はヨハネ親分が蘇ってイエスとして活動しているのだと、そう考えたのである。預言者というのは極道用語で、ヤハウェ大親分から特命を授かったメッセンジャーのことを指す。重役を任されているだけあって実力者である場合が多い。エリヤも預言者の一人であった。

それから、イエスはなおも恐る恐る舎弟たちに尋ねてみる。

「ほんで、こんなぁはわしのこと、なんじゃ思うとるんじゃ」

すると、ペトロはイエスの前に躍り出て、自信満々に言い放ったのだ。

「へえ！　わしゃあ、兄貴こそがキリストじゃ思うちょります！」

ギエエエッ！　とイエスの口から呻き声が漏れていた——。

少し説明が必要であろう。キリストというのはやはり極道用語であり、メシアと同義である。ヘブライ語で言うメシアが、ギリシア語ではキリストとなる。意味は「油を塗られた者」であり、かつてはヤハウェ大親分が下の者に権力を与える際に、その者の頭に油を塗るよう指示したことに由来する。やくざ社会にはこのような奇妙な儀式が付き物であった。ともあれ、ヤハウェ大親分のお墨付きで権力を握るわけだから、相当の実力者と見なされて然るべきである。キリストに対するやくざたちの期待感は強く、ユダヤ組の者たちは「次にキリストが来た時ゃ、ローマの腐り外道どもをまとめてブチ殺して、わしらやくざの楽園を作るんじゃい！」などと息巻いていたのである。

イエスをヤハウェ大親分の一の子分と信じるペトロは彼をそのように見ていたわけで、それを思えばイエスの慌てぶりも分かろうというものである。

「お、おう。ペトロ、ええか」

イエスはペトロの肩を摑まえると物凄い剣幕で言った。

「お、おどれ！　そぎゃあなことは絶対に誰にも言うちゃならんぞ！　ええな、分かったな！」

兄貴分の迫力に押され、ペトロは何がなんだか分からぬままにコクコクと頷いた。

推定A.D.二九年　ユダヤ地方ガリラヤ

イエスの周りに集まっていた者たちは、ある者はイエスの俠気に惚れ、ある者はヤハウェ大親分の一の子分という噂に惹きつけられていたのだが、無論、彼らがイエスの下で一枚岩であったわけではない。歴史的に見てもやくざには対外戦争と内戦が付き物である。後のキリスト組の血みどろの殺戮劇に比べればこの頃の内輪揉めはまだまだ可愛いものではあったが、しかし、紛争の火種はこの時から既に燻り出していたのであった。彼らがカファルナウムを訪れた時のことである。その日の宿へと入ったイエスたちは取り巻きのチンピラたちにこう尋ねた。

「道々何やら騒いどったが、ありゃ何じゃい？」

しかし、答える者はいない。実は彼らは、自分たち舎弟の中で誰が一番偉いのか、そんなことを議論していたのである。イエスは薄々このことに気付いていたのだろう。舎弟たちのだんまりに眉を顰《ひそ》め、ペトロたち十二人の舎弟を集めて言った。

「おどれらがの、一番上を目指す言うんなら、おどれらは結局、一番下の奴隷になるじゃろう」

と、些か強い言葉で彼らを訓戒したのであるが、分かっているのかいないのか、ゼベダイの子、ヤコブとヨハネが膝立ちでにじり寄ってきて言うのだ。

「兄貴、わしらの願い、叶えてやってつかぁさい！」

「なんじゃい」

「兄貴が天下を取ったらのう、わしらを本家の若衆として取り立てて欲しいんじゃ！兄貴からヤハウェ大親分によう言うてつかぁさい！」

「おどれら、なに抜けがけしよるんじゃ、この腐り外道ども！」

残された十人の舎弟たちは忽《たちま》ちに憤然として立ち上がったが、一方のイエスと言えばやりきれぬ顔でため息を吐《つ》くばかりである。

「分かった。分かった。じゃがのう、それはわしがどうこう言えることでもないけん。おやっさんが決めることじゃけえのう」

十人の舎弟たちはいまだ憤懣やる方ない素振りであったが、ともかくもイエスのこの言葉で一座は収まろうとしていた。だが、折り悪くそこに訪ねて来た者がいた。乳児を連れた地元の女である。今をときめくイエスに我が子を抱いて欲しいと思ったのだろう。だが、ペトロたちはいかんせん虫の居所が悪い。

「おどりゃ何の用じゃ！」

「イエスの兄貴は今疲れとるんじゃ、去《い》ねえ、去ねえ」

「もたもたしとると子供ごとブチ殺すど」

と、怒鳴り散らしたのだが、これに対してはイエスがとうとう激昂した。

「このクソばかたれどもが！　カタギに八つ当たりする阿呆がおるかい！」

そう言って、イエスは赤子を受け取り胸に抱いた。イエスが青筋を立てて叱ったものだから、子分たちも仰天したが、赤子もえーんえーんと泣き出してしまう。イエスは慌てて顔を緩めると必死になって赤子をあやしながら、いささか声を和らげて舎弟たちに言うのだ。

「いずれのう、おやっさんが戻ってきて天下を握る日が来るかもしれんがのう。子供の一人も抱いてやれんような外道は、おやっさんの本家には絶対に入れん」

彼は母子を帰した後、しゅんとする舎弟たちを慰めるように順に両手を置いていった。だが、途中でイエスはあることに気付く。ヨハネの服に血が滲んでいたのだ。イエスは心配して尋ねた。

「おどれ、それはどないしたんじゃ」

「へえ！」

しかし、ヨハネはなぜか顔を輝かせた。先ほど手厳しく叱られたが、これで名誉挽回できると思ったのだろうか。

「兄貴、兄貴、聞いてつかぁさいや。なんぞ名前も知らんチンピラがのう、兄貴の名前で悪霊を追い出しとったんじゃ」

イエスがヤハウェ大親分の威光をかさに悪霊を脅しつけ、悪霊退治をしていたことは前に書いたとおりである。件《くだん》のゴロツキは、ヤハウェ大親分の威光をかさに着るイエスの威光をさらにかさに着て、悪霊を祓《はら》っていたのであった。なお、ヨハネやペトロたちもイエスから直接に命じられて似たようなことをしている。

「ほ、ほうか。それで」

ヨハネの興奮した姿に、イエスは不安を募らせつつ話の続きを促した。

「それでじゃ。わしはこう言うてやったんじゃ。おどりゃ盃も受けとらんモタレが、何を兄貴の名前を勝手に使《つこ》うとるんじゃ、使いたいんならわしの舎弟か子分にならんかい、そう言うてやったんじゃ。じゃけえどのう、これがクソ強情な外道で、わしの舎弟になんざならん言いおって。しょうがないけん、皆でヤキ入れてやッたんじゃ」

と、傷付いた拳を見せつけ、得意げになって言うのであるが、イエスはやりきれぬ顔をして怒鳴った。

「だ、誰がそがいなことせえ言うたんじゃ！」

「へ、へえ。じゃけえど」

「じゃけどもクソもあるかい！」

褒められるかと思えばなぜか怒鳴りつけられてヨハネはタジタジである。滅入ったトーンでイエスが続けて叱り飛ばした。

「ええか、このバカタレが。そいつがわしの名を使《つこ》うて悪霊を追い出した言うんなら、それはそれでええじゃないの。それでよう、そのチンピラがよう、すぐにその口でわしの悪口を言えるんか？　言えんじゃろうが。ええか、ヨハネ。わしらに反対しとらんやつらはのう、みんなわしらの仲間みたいなもんじゃろうが」

最後の方は幾分トーンを和らげていたが、当のヨハネは分かっているのかいないのか、

「は、はあ」などと言いながら、なおも不満そうな顔でイエスを見詰めるばかりである。イエスもとうとう匙《さじ》を投げたのか、舎弟たちから目を逸らしてぼやくように呟いた。

「おどれのようなバカタレは、コンクリ詰めにされて海に沈められた方が、生きとるより幾分マシじゃ」

推定A.D.二九年　ユダヤ地方ガリラヤ

数日後、イエスの口から飛び出た爆弾発言が舎弟たちの度肝を抜いて、彼らは前途を想い、憂い悩んだ。イエスは言ったのだ。

「わしゃあ、エルサレムに行くど」

当時のエルサレムはユダヤ地方屈指の都会であり、サドカイ組が事務所を構える本拠地であった。当然、パリサイ組との確執も今より激しさを増すことだろう。片田舎のガリラヤ地方では一角の顔役となったイエスであったが、大都会エルサレムに進出して果たして通用するのだろうか。パリサイ組、サドカイ組などの巨大やくざ組織との血みどろの死闘が脳裏をよぎり、舎弟たちは顔を青ざめさせたのであった。

だが、押し潰されそうな不安に喘《あえ》いでいたのは弟子たちだけではなかった。

「エルサレムか……。はぁ、どうなるか分からんのう……」

大都会エルサレム進出を口にしながらも思わず吐露したイエスの心の内であった。

［解説］

イエスはユダヤ人である。イエス・キリストとは姓名ではなく、キリストであるところのイエスさん、という意味である。キリストの意味は本文に記した。

ユダヤ教とは古代中近東に起こった民族宗教である。神は唯一神のヤハウェ。「旧約聖書」に描かれる伝説によれば、ヤハウェにより命じられたモーセなる男が、エジプトにて奴隷状態にあった民族を指導し集団脱走に成功。カナンの地に侵入し、先住民族を殺戮して、この地に定住したのだとされている。

それから紆余曲折があり、彼らの国は滅び、イエスが活躍した時代にはユダヤ人はローマ帝国の支配下にあった。パレスチナ一帯はヘロデ一家の者が分割統治していたが、そのうちの一人が流刑にされたため一部はローマの直轄地となり、その地をローマから派遣されてきた総督ピラトゥスが監督するという形となっていた。ガリラヤの領主はヘロデ・アンティパスであり、洗礼者ヨハネを処刑したのは彼である。

ユダヤ教と一口に言っても時代や派閥によって思想に違いはある。当時の派閥として、ヨセフスの『ユダヤ古代誌』では、パリサイ派、サドカイ派、エッセネ派などが挙げられている。これらの特徴は本文で紹介した通りである。なお、福音書に出てくる「律法学者」は、イエスに敵対する場面が多いこともあってパリサイ派と混同されやすいが、両者は必ずしもイコールではない（律法学者のうちの相当数がパリサイ派であったとは思われるが）。パリサイ派と言えばイエスの宿敵というイメージがあるだろうから、それを思うと本書でのパリサイ派は影が薄く感じるかもしれないが、それは前述の理由により正確性を採ったためである。同様に、次章から登場する大祭司カヤファなどもサドカイ派の一員であったという確たる証拠はないのだが、こちらは演出の都合上、サドカイ派として描いた。ご了承されたし。

派閥はさておき、当時、民衆の間に流布していたのが黙示思想である。これはいずれ終末（天変地異や破局的な惨劇）が訪れ、メシア（キリスト）が現れて選ばれた者たちを救い、義《ただ》しい者が復活、「神の国」が実現する、というものであった。ユダヤ教全体から見るとこの思想の歴史は浅く、保守派であるサドカイ派などは死者の復活など信じていなかった。そのためサドカイ派とパリサイ派の間には壁があったのである。実際に、ユダヤ教の正典たる「旧約聖書」には死者の復活はほとんど描かれていない。

イエスの師匠格である洗礼者ヨハネも終末思想を説く宗教家であったと思われる。無論、弟子のイエスも師の影響を受けたことであろう。ヨハネの死後にイエスは活動を始めたのだが、師の仕事を受け継ごうという意志によるものであろうか。

イエスが実際に何をしていたかというと、これははっきりしない。ほぼ唯一の資料である福音書は伝説と脚色にまみれており、そこから史実のイエス像を抽出することは難しい。ある程度、信憑性を持って言えることはイエスが病治し《やまいなお》活動をしていたということだ。彼は超常的な力で民衆の病気を癒した。少なくとも本人はその力があると信じていた。といっても、当時、このような活動をしていたのがイエスだけというわけではなく、ラビ・ハニナ・ベン・ドーサなどの病治し譚も伝えられている。マルコ福音書7章33節に描かれるイエスの「聾唖者の癒し」行為は、指を相手の両耳に入れ、唾をつけて相手の舌に触るというものだが、これは当時の一般的なおまじないであったと考えられている。

イエスの死後、彼こそが待望していたメシア（キリスト）であったと考える一派が現れ、彼らがキリスト教と呼ばれるようになる。ユダヤ教との最大の違いは、ユダヤ教徒はイエスのことをキリストだと認めていない点にある。後に述べるが、ユダヤ教徒の発想の方が自然であり、キリスト教徒の考え方は奇妙である。一方、当のイエスにメシアとしての自覚があったのかどうかは意見が分かれている。本文では、イエスにその自覚はなかった、というスタンスを取っている。

最後に。温厚な教祖さまという印象の強いイエスであるが、マルコ福音書を見る限りでは意外と怒ったり叱ったりしている。特に叱られているのは弟子たちである。ただ、新約聖書には福音書が四篇収められているが、福音書もそれぞれに個性があり、著者のスタンスはそれぞれに違う。マルコ福音書にしても実際にイエスが弟子たちを叱り飛ばしていたのか、マルコが弟子たちのことをそのような目で見ていただけかは分からない。

本文は主にマルコ福音書に拠り、解釈は田川建三氏を参考にしている。

第2章　やくざイエスの死

推定A.D.三〇年　エルサレム

イエスの一行がエルサレムへと向かう途上のことであった。

エルサレムにもうじき到達するという折、歩き疲れたのだろうか、へとへと顔のイエスが舎弟の一人を捕まえてこう言ったのだ。

「のう、向こうに村があるじゃろうが。こんなぁ、ちぃッと行ってきてくれんかのう。村に入ったらすぐに子ろばが繋がれとるけえ、借りてきて欲しいんじゃ。もし怒られたらの、わしの名を出してええけえ。すぐ返す言うとった、言うての。すまんのう」

村に知り合いでもいたのだろうか。イエスは見てきたかのように村の様子を語って指示した。命じられた舎弟も首尾よく子ろばを借りてくる。イエスはえいよっとそれに跨《また》がった。

すると、どうしたことであろうか。舎弟たちは自らの衣服を道に並べると、さらにはその辺りから枝草を拾ってきて振り回しつつ、口々に叫び出したではないか。

「ホサンナ！」

「ホサンナ！」

と。

——やくざたちの示威行為であった。自分たちの兄貴分が、ヤハウェ大親分の一の子分であることを舎弟たちは必死にアピールしたのである。彼らはこれからサドカイ組の本拠地エルサレムに乗り込む身だ。自らを奮い立たせるためこのような行為に出たのも頷けるところであろう。ちなみに、ホサンナとはやくざの祭りで使われる掛け声のようなものであり、意味的には「大親分、わしらのこと、ようしたってつかぁさいや」といったところである。これは祭りの真似事なのであった。

イエスは弟子たちの行為を特に止めるでもなく、一行は遂にエルサレムへと入った。そして、イエスはサドカイ組の事務所であるエルサレム神殿へと向かう。破天荒な振る舞いで知られたイエスである。大規模任侠組織の本拠地で自分たちの兄貴分は一体何をやらかす気か、舎弟たちは固唾を呑んで見守っていたであろうが、イエスはその外観を見渡しただけですぐに踵《きびす》を返し、街から立ち去ったのであった。

緊張のエルサレム入り初日はこのように何事も無く過ぎ去った。舎弟たちもホッと安堵の息を漏らしたことだろう。イエスは途中の村へと引き返し、子ろばを返した。だが、この日はまだ嵐の前の静けさに過ぎなかったのだ。

推定A.D.三〇年　エルサレム

呵々大笑《かかたいしょう》するやくざたちの笑い声が晴れた青空に響いていた。

先日、ベタニア村に宿を取った彼らは再びエルサレムへと足を伸ばしたのであるが、この時のイエスは随分と上機嫌であった。

「小腹が空いてきたのう」

呑気にそんなことを言っている。

「兄貴、あそこにイチジクの木がありやすぜ」

目ざとくそれを見つけたペトロが声をかけると、途端にイエスはおどけて、「ありゃあわしのじゃあ!」と叫んで小走りに駆けつける。「待ってくださいよ、兄貴ィ~」。慌てて舎弟たちも追いかけるが、果たせるかな、木には一つの実も残っていない。葉が青々と茂るばかりである。時期的には当然のことであった。だが、イエスは不意に木に向かってヤクザキックを放った。

「なんじゃゃわりゃあ」

そして、ドスの利いた声でイチジクの木を脅しつけるのだ。

「おんどりゃわしに食わすイチジクはない言うんか! ええど、そっちがその気なら一生センズリかいたまま腐っとれいや! わしを怒らせたらどうなる思うとんなら。おどれ、二度と実ィ付けれん体にしちゃるけんのう!」

と、ひとしきり怒鳴ってから舎弟たちの方を向いてぺろりと舌を出す。舎弟たちも釣られてワヒヒと笑った。もとより本気でやっているわけではない。やくざが人ならぬ植物を脅しつけるという一種のセルフパロディであり、イエスのおどけである。兄貴がこれだけ上機嫌なら、今日も別段何かあるわけではなかろう。ひょっとすると兄貴は元々エルサレムに祭りを楽しみにきただけやもしれぬ。舎弟たちもそう思ってすっかり緊張を緩めていた。ところが、だ。

「なんとしやがるンなン、おどれらは！　これじゃ強盗の巣じゃないの！　こんクソよごれども、ぶち殺しちゃる！」

エルサレム神殿に入った途端にこれであった。おどけではない。正真正銘の怒号である。神殿内部では両替商や露店商などサドカイ組の息のかかったテキヤ連中が商いをしていたが、神殿に入ったイエスはそれらの露店を見るなり、手当たり次第にひっくり返して回って、先の怒声を辺りに響かせたのであった。さらには、

「おうペトロ、何を小そうなって震えとるンじゃ！　じきにパリサイ組の外道どもが道具持って集まってくるど。おどれ、男を見せちゃらんかィ！」

などと本気で命じてくるのだから、舎弟たちはたまらない。

「あ、兄貴、兄貴。に、逃げ、逃げやしょ、逃げやしょう。は、早《はよ》う。早う」

口々に言ってイエスを無理矢理出口へと引っ張っていく。

「お、おうッ！　おどれら、おう、何すんじゃ、おうッ」

などと叫んでイエスも暴れていたが、次第に神殿の奥から、

「おどりゃ殴り込みか、こン糞ンだらァ！」

「穴掘っとけい、ぶち殺しちゃらあ！」

パリサイ組の兵隊が大挙して押しかけてくる気配を察すると、イエスも我に返ったのか、顔色を変え、一同揃って倒《こ》けつ転《まろ》びつエルサレム神殿から逐電した。

それからしばらく街中に潜んでいた一行であるが、陽が陰ってきた頃合を見計らい、エルサレムの外へほうほうの体で逃げ出した。ベタニアへの帰路をとぼとぼと歩むうちに、ペトロが「兄貴よう」と不満げな様子で漏らす。

「わしゃあのう、兄貴がエルサレム行く言うた時から覚悟はしちょったけえ、喧嘩《けんか》するなとは言わんですけんど、じゃけえど、なんぼいうても、やる時にゃやるって言うといてつかぁさいや。わしら、道具もなんも持っとらんのじゃけえ、やれえ言われても、なんもできゃあせんですわ」

「す、すまんのう……。ついカッとなってしもうて……」

「そりゃあ、兄貴の気持ちも分かりますけんど」

思い出したらまた腹が立ってきたのか、イエスはペッと痰を吐き出し、顔面を紅潮させながらぼやいた。

「両替商じゃ動物売りじゃ言うての、あいつら汚いんじゃ。強盗モドキの真似しくさりおって。ありゃあ、本来、おやっさんのアガリじゃろうが。あぎゃあなことしてカタギから銭ばっか巻き上げとったら、おやっさんの顔まで潰れるじゃないの」

イエスの言葉に、舎弟たちも黙って頷いた。

やくざのシノギと言って読者諸兄がまず思い浮かべるのは「みかじめ料」や「用心棒代」であろう。ユダヤ組もそれは例外ではない。ヤハウェ大親分の要求する用心棒代も相当の額であった。しかも、相手はあの恐怖の大侠客ヤハウェである。民が拒めるはずもない。彼らは動物や現金を用心棒代としてエルサレム神殿へと納めていた。エルサレム神殿はサドカイ組の本拠地であったが、ヤハウェ大親分への用心棒代納付を管理する、まさに「事務所」でもあったのだ。対立するパリサイ組であっても、ヤハウェ大親分に逆らうわけにもいかないから、やはり用心棒代を支払うしかない。

イエスとてヤハウェ大親分の子分であるからには、親分のシノギに文句を付ける道理はない。彼が怒りを覚えたのはサドカイ組のシノギであった。つまり、両替商や動物売りなどである。どういうことか？　例えば民衆が現金を納めに来たとしよう。彼らが通常流通している貨幣を差し出そうとすると、途端にサドカイ組のやくざが凄んでくるのだ。

「あン？　おい、なんじゃこりゃ。偶像じゃないの。おどりゃ知らんのか、ヤハウェ大親分は偶像が大嫌いなんじゃ。このばかたれが、出直してこんかい」

貨幣には当地の支配者であるローマ皇帝の肖像が描かれていたのだが、これが偶像であるから受け入れられぬ、と突っ撥ねるのだ。そして、困り果てている民に対し、神殿内で商いをしている両替商が「お客さん、うちで両替すりゃええんよ」などと声をかけてくる。こうして、民衆の貨幣は両替商により特殊な貨幣へと交換され、それでようやく納付が認められるわけだが、もちろん両替商は手数料を取るし、そのアガリはサドカイ組へと流れるわけである。

動物売りはもっと単純で、ヤハウェ大親分は動物の上納も要求したため、神殿内で動物を売り捌《さば》いて、そこで中間利益を得ていたのである。もちろんこのアガリもサドカイ組へと流れていた。このように、民衆たちはヤハウェ大親分から上納金を要求された上に、それを支払うための手続きでさらにサドカイ組からも搾取されていたのである。イエスが「強盗」と蔑んだのはサドカイ組のこの狡辛《こすから》いシノギに対してであった。舎弟たちが同意を示したのは、彼らもまたサドカイ組から搾取される立場だからである。

「じゃけえどよ、兄貴。やっぱり、今日のはなにがなんじゃ言うてもいけんですよ」

「そうは言うけどよ。為せば成る、言うじゃろうが。やってやらあ思うてやりゃあ、案外なんとかなるもんじゃい」

「そぎゃあな無鉄砲でどぎゃんするんですかい。ええですか、やるならやるできちんと……」

と、なおも小言を垂れながら歩いていたペトロであったが、その光景を目にした途端、彼は「アッ！」と叫んで息を呑んでいた。後ろを振り返ると他の舎弟たちも同様に口を開けて目を見開いている。いや、隣のイエスまでもが呆けたような顔で、信じられぬとばかりに目の前の倒木を見つめているではないか。

朝方、イエスがヤクザキックを入れ、腐りやがれと脅しつけたイチジクの木が、本当に腐り落ちて根元から折れていたのである。

「ほ、ほうら？　な……？」

ぷるぷると震える指で倒木を指しながらイエスが言う。

「やれる、思うたら、な？　実際、やれるもんじゃろう？」

冗談と仰天の入り交じった引き攣《つ》り笑いを浮かべながら、彼は舎弟たちの同意を求めるのだが、一方の舎弟たちは、こちらは驚愕の中にも真剣な表情を浮かべつつ、兄貴分に向かってコクコク頷くのである。

彼らはこう思っていた。

やっぱりうちの兄貴はホンモノだ。冗談でも何でも兄貴が腐らすと言えば、ヤハウェ大親分が手助けして実現させてしまうのだ。なんて恐ろしい兄貴なんだ——、と。

＊

一方その頃。

エルサレム神殿奥の暗がりで——。数人のやくざたちが膝詰め寄せての密談を行っていた。どの顔も一様に興奮して赤ら顔である。紅潮し怒りを顕《あらわ》にする彼らはサドカイ組の幹部組員たちであった。彼らが取り巻く中央には厳《いか》つい顔をした一人の中年男。

「昼に一悶着あったらしいのう」

男はサドカイ組組長、カヤファであった。引退した先代組長ハンナスがまだ組内では隠然とした影響力を保っているが、彼も組長としての貫禄を十分に纏っており、険しい目つきで幹部たちを睥睨《へいげい》している。

さて、先の組長の言葉には答えず、代わりに幹部組員の一人が白い布に包まれた何かを、カヤファの前にそっと差し出した。

「おやじ、これを」

彼の左手にも白い布が巻かれている。カヤファが包みを開くと、果たして、そこには二本の小指があった。幹部組員自身のものと、彼の子分で今日の警備を任されていた若者の指であった。

カヤファはちらりと見た後、包みを戻し、財布から幾許《いくばく》かの硬貨を取り出すと、小指を失ったやくざの手に握らせた。

「もうええ。子分連れて医者行ってこいや」

「へえ」

やくざは一礼して去った。

男の姿がその場から消えると、途端に取り残されたやくざどもが一斉に身を乗り出して、口角沫《あわ》を飛ばし始めた。内容は無論、昼の闖入者への呪詛。そして今後の対応についてである。

「おやじ、今日来た糞餓鬼。あれがイエスじゃいうて、見とったやつが言いよったです」

「ガリラヤでパリサイ組に喧嘩売っとったグレン隊のアタマじゃ」

「はよう見つけ出してタマ殺《と》っちゃりやしょうや！」

「このままにしとったらカタギの連中に舐められますけん！」

と、息巻く部下たちをよそに、カヤファは苦虫を噛み潰したような顔で一人ぼやくように言った。

「あン餓鬼ィ……。思った以上の大バカタレじゃったのう。パリサイ組の外道どもとドンパチするだけなら、わしらァ黙って見とったんじゃが……。のう、ほんまに狂犬じみたやつじゃ、事もあろうに噛み付く相手間違いおったわい」

「ほんで、おやじ、どうすんですか」

「はよう、鉄砲玉飛ばしてトッちゃりやしょうや！」

と、親分のぼやきに乗じて、子分たちがさらににじり寄ってくる。やくざの世界では面子《メンツ》が何より大事だ。ナメられていては商売上がッたり。今回のように本拠地まで乗り込まれて堂々と組の批判をされたのではこれからのシノギにも差し障りが出てくる。

だが、興奮するやくざたちを前に、「まあ、待ちない」とカヤファは手で制した。

「ええか、おどれら。あれだけの狂犬じゃ。わしらがどうこうせんでも、そのうちサツにパクられるんは目に見えとる。下手に鉄砲玉飛ばしてわしらがパクられでもしたらつまらんけえのう。わしからもヘロデんとことピラトゥスんとこに手ェ回しとくけえ」

カヤファは大物やくざの余裕を見せてそう言ったが、しかし、血気に逸《はや》るやくざたちがそれで納得するわけがない。幹部の一人が叫ぶように言った。

「じゃ言うて、おやじはあのモタレがパクられるまで握りキンタマしとる言うんですか！　わしらァ堪えても若いモンはよう堪やあしやせんよ！」

子分の怒声も涼しい顔のまま受け流して、代わりにカヤファは顎をかきながら静かに答えた。

「イスカリオテのユダ……」

「？」

「……イエスのところのチンピラじゃ。のう、こんなあ、若いのを遣って渡りをつけい。カネに困っとるらしいけえ、意外とあっさり転ぶやもしれんぞ」

推定A.D.三〇年　エルサレム

あの手この手を尽くして舎弟たちはイエスの足を止めようとしたがその甲斐もなく、彼らは今、兄貴分の横でそわそわとして、目をきょろきょろさせながら、辺りの様子を必死に窺っている。

すなわち、イエスは昨日の一件などまるで気にも留めずに、朝早くからエルサレム神殿を訪れていたのである。舎弟たちの憂慮もなんのその。しかし、当然、すぐに神殿からサドカイ組のやくざたちが大挙して押し寄せてきて、自分たちは簀巻《すま》きにされるものとばかり思っていたが、まるでそんな様子はない。あまりにも平穏なものだから、ひょっとして昨日の騒ぎの犯人をサドカイ組は突き止められんかったんじゃろうか、などと、彼らも呑気なことを考え始めるようになる。もちろん事実は読者諸兄の知るとおりであって、一見平和なエルサレム神殿の奥から、今もイエスを狙う刺客の足音が迫っていたのである。それは数名のパリサイ組とヘロデ組のやくざたちであった。

「こんなぁが有名なイエス先生ですかいの」

「ほうじゃがなんか用かいの」

そのやくざたちの腰は低く、しかも、先生ときたものだ。イエスも朗らかに応答した。パリサイ組もヘロデ組もこれまでイエス一行と敵対してきた勢力ではあるが、とりあえず昨日の今日のサドカイ組ではなかったこともあって、舎弟たちも流石《さすが》に油断した。だが彼らは、柱の陰に隠れ、この一幕を覗き見ている男たちの存在を知っていたのであろうか。サドカイ組の幹部やくざたちである。サドカイ組はパリサイ組、ヘロデ組のやくざたちと共謀していたのだ。

そのやくざたちが気軽い様子で切り出した。

「わしらはの、先生がほんまに真実な人で、誰に憚る事もない俠客じゃいうて聞いちょりましての。なんじゃ言うて、先生は人を見た目で判断したりせんいうし、ヤハウェ大親分の言うとったことを、そりゃあきちんと人に教えちょると評判じゃけえ。ほいじゃけえ、先生にお尋ねしたいことがあるんじゃけえど、一つ、わしらに教えてくれませんかのゥ」

「なんね、言うてみい」

「へえ」

やくざの目がギラリと光った。

「先生、教えて欲しいんじゃ。わしら、カエサルに税金を払うことは許されとるんかの、許されとらんのんかの」

その言葉を聞いた瞬間――、イエスは微かに顔をしかめていた。舎弟たちが気付いたかどうかは分からない。だが、イエスはこの言葉の裏に秘められた彼らの罠を瞬時に見取ったのであった。

この当時、庶民たちの生活はユダヤ組のやくざにより支配されていたわけだが、それは実質的な支配というものであって、形の上での支配者は国家権力、すなわちローマ帝国であった。カエサルとはローマ皇帝のことである。国家権力は当然民衆から税金を取り立てようとする。しかし、ユダヤ組のやくざたちも民衆から実質的な税金を取り立てていた。サドカイ組が徴収しているヤハウェ大親分への上納金がそれである。

それで、ヤハウェ大親分に心酔する一部のやくざたちはこう考えたわけだ。「金はヤハウェ大親分にだけ払っとけばええんじゃ。なんでカエサルの外道に払わにゃならんのじゃ。なんじゃ、金払え言うて、わしらはカエサルの奴隷じゃ言うんか」と——。血の気の多いやくざたちがこの機運に乗じた。そうしてローマ当局に対する納税反対運動のようなものが燻り出していた時代であったのだ。

もちろんローマ当局としては、そのような運動は断固撲滅せねばならない。然るに、ここでイエスが「税金を払う必要なんぞありゃあせん」と断じたならどうなるだろうか。忽ちにやくざたちはローマ警察に通報し、イエスは納税反対運動の扇動者として捕縛されてしまうだろう。かといって、「税金を払うべきじゃろうが」と言えば、血の気の多いやくざたちが「おどりゃ、ヤハウェ大親分の一の子分じゃ言われとるくせに、カエサルの奴隷になり下がりおって。親のことを馬鹿にしくさりよるんか！」とドスを抜いて躍りかかってくることは必定。さて、イエスは如何にしてこの苦境を切り抜けるのか——。

一座に密かな緊張が走り、イエスは少し考えた後に、

「ほうじゃのう、こんなぁ、硬貨を貸してもらえんかの」

と、敢えて呑気な声を出した。仇敵の意外な切り返しに戸惑いながらも、やくざたちは手元にあったデナリ貨幣を一枚差し出す。するとイエスはそれを高々と掲げてこう言ったのだ。

「顔が彫られとるじゃろう。これは誰の顔じゃい」

「……カエサルじゃ」

「ほんなら話は簡単じゃのぅ。カエサルのものはカエサルに返しゃえかろうがい」

それからイエスは、柱の陰に隠れる男たちをキッと睨み付けて、こう付け加えた。

「もちろん、ヤハウェ大親分のモノはヤハウェ大親分に、じゃ……」

オオォッ、とやくざたちが驚きの表情を見せる。見事な切り返しであった。イエスはローマ当局への反逆の意思を明示せず、それでいてヤハウェ大親分の顔も立てたのである。

それだけではない。この言葉の含む意味に気付き、歯噛みした者たちがいた。柱の陰に隠れるサドカイ組のやくざたちである。「ヤハウェ大親分のものはヤハウェ大親分に」。これはヤハウェ大親分への上納金を集めるという名目で、体良く民衆から搾取を繰り返していたサドカイ組に対する皮肉でもあったのだ。幸いイエスと直接対峙しているパリサイ組やヘロデ組の者たちは、イエスの言葉の真の意味には気付いていない。サドカイ

組は彼らもまた食い物にしているのだ。もし、彼らがその意味に気付いたなら……。彼らの攻撃の矛先はイエスを逸れて自分たちサドカイ組に向けられるやもしれない……。

だが、彼らのやり取りに聞き耳を立てていた群衆の中には、イエスの皮肉に気付いた者もいたようである。一人のやくざが進み出てイエスに訊いた。

「イエスさんよぅ、ヤハウェ大親分の言いつけの中で、一番大事なもんはなんじゃろうかのう。教えてつかぁさいや」

イエスは喜んで答えた。

「なんじゃ言うてもの、一番はヤハウェ大親分のことを全力で愛することじゃ。親を大事に思わん極道なんぞおらんけえの。で、二番目に大事なんは自分のことのように隣人を愛することじゃのう。ヤハウェ大親分の言いつけにも色々あるけえど、これより大事なもんはありゃせんわい」

隣人とは極道用語で、身内の者、組の者、といった意味合いである。もっともイエスの言う「隣人」は従来のやくざの考える隣人の概念とは相当異なるのであるが、今はそのことについて触れる紙幅はない。

ともあれ、やくざはこの答えに満足したらしく、さも感心した素振りで同調した。

「フーム、見事じゃのう、先生は。ヤハウェ大親分を全力で愛する。自分のように隣人を愛する。ほんに、これ以上大事なことはありゃせんわい！　上納金なんぞいう言いつけよりも遥かに大事なことじゃのう！」

　最後の下りは大音声《だいおんじょう》である。柱の後ろでサドカイ組の幹部たちは拳を震わせていた。今のやくざの言葉は自分たちのシノギに対する批判以外の何物でもない。このままイエスを調子づかせていては、いずれこのようなやくざものが巷に溢れてしまうだろう。そうなれば自分たちのシノギが、大親分への上納金徴収を建前に私腹を肥やしてきた己らのシノギが、どうなってしまうか分からない。イエスはやはり危険である。早急に始末せねばならない。手段を選んではいられない。イエスへの危機感がサドカイ組のやくざたちを駆り立てたのであった。

推定A．D．三〇年　エルサレム

「やるなら祭りの前じゃ。祭りが始まると暴動に繋がるかもしれん」
　エルサレム神殿の奥深く——。血と脂の香りでむせ返る薄闇の中、サドカイ組のやくざたちは再び集まり謀議を巡らしていた。過越祭《すぎこしのまつり》は二日後に迫っている。イエスを殺るなら祭りの前までに、と言ったのは、サドカイ組組長のカヤファであった。祭りとなれば民衆のエネルギーは高まり、ややもすれば制御不能の狂騒状態に陥る。そんな中、サドカイ組やパリサイ組に対し明確な敵意を顕にしているあのチンピラ——、ナザレのイエスが民衆を扇動しようものなら、どのような不測の事態に陥るか分かったものではない。いや、あの狂犬のことである。下手をすればローマ警察を相手取り暴動を起こすやもしれぬ。ローマ警察が本気でやくざを潰しに来れば、イエスどころか自分たちまで危うい……。この頃にはカヤファもイエスの存在を看過できなくなっていた。

ちなみに過越祭というのはユダヤ組の主導する祭りのことである。前述の通り、ヤハウェ大親分はかつてエジプトで強制労働に就かされていた者たちを扇動して集団脱走させ、彼らを率いて組を立ち上げたのであるが、脱走以前にヤハウェ大親分はエジプト国家に対し暴力を交えた恫喝を繰り返し行っていた。その一つが長子大虐殺であり、人と家畜とを問わずエジプトに属する者の長子をヤハウェ大親分が自ら一軒一軒出向いては殺し回るという、残虐無道な殺戮劇であった。その際、脱走させる者たちを誤って殺してしまわないよう、大親分は家の戸口の鴨居や柱に目印として血を塗るよう彼らに指示した。その血が塗られた家を過ぎ越して、他の家を殺して回ったのだ。過越祭とは、殺戮に熱中するヤハウェ大親分が、自分たちの家を過ぎ越して行ってくれたことを記念する祭りなのである。

「じゃがのう、おやじ。イエスのタマ殺《と》る殺る言うて、わしらの中にあのモタレの顔をハッキリ知っとるやつはおるんかいの」

「そうじゃ、そもそもあの外道どもがどこに匿われとるんかも分からん。エルサレムの中ならまだええが、他の街を本拠地にしとったら探し出すんもいたしいわい」

「やっぱり、神殿に来とった時に四の五の言わずにタマ殺《と》ったりゃえかったんじゃ！」と、幹部やくざたちは喧々囂々の言い合いを始めるが、カヤファはさっと手を上げて彼らの激情を制した。そして、隅の暗がりに向かって言うのだ。

「入ってこいや」

カヤファの呼び声に呼応し、闇からスッと進み出てきたのは……。銀貨三十枚を両掌に載せ、歓喜と罪悪感の混じったヘラヘラ笑顔を浮かべる、貧相な一人の男であった。

カヤファは彼を見てほくそ笑んだ。

「イエスのヤサと面ァ、こいつが案内してくれるわい。のう……」

貧相な男は媚びた笑みを崩さぬまま、へえっ！　と上ずった声で答える。

「のう、イスカリオテの……」

祭りの熱狂を目前に控え、神殿の闇はその濃さを増してゆく。

推定A.D.三〇年　エルサレム

過越祭の前日——。

イエス一行は、とある民家の二階の大部屋にいた。主人はイエスの知り合いだったのだろうか、彼らに快く部屋を貸してくれたのである。そこで一行は長椅子に横たわりながら、過越祭の伝統的な食事であるジンギスカンを食らっていた。食事の場には彼の舎弟たちが勢揃いし――、そこにはイスカリオテのユダもいた。後に世の人々が「最後の晩餐」と呼ぶことになる一幕である。

なお、「過越祭前日」と書いたが、ユダヤやくざたちの日付感覚は我々とは異なるため、彼らの感覚に照らして言えば、これは過越祭一日目の出来事である。

さて、舎弟たちがジンギスカンに夢中になっている時に、不意にイエスはこんなことを言った。

「お前らに言うとくけどの、今一緒にメシ食っとるお前らの中にの、わしのこと密告《チンコロ》するやつがおるけえのう」

兄貴分の唐突な爆弾発言に一座は水を打ったように静まり返った。時々ミステリアスなことを口にするイエスではあるが、にしてもこれは事が事である。兄貴分の真意が分からぬ舎弟たちは口々に、

「あ、兄貴。まさか、わしを疑うとるんじゃあないですよね」

「わ、わしのことじゃあ、ないですよね」

などとイエスに向かって問い質し始める。サドカイ組やパリサイ組から命を狙われているかもしれない身の上である。万一自分が裏切り者と見なされているのだとしたら、イエスや他の舎弟連中からどのようなリンチを受けるか分からない。のっぴきならぬ事態であった。だが、この言葉に最も顔を青ざめさせていたのは、ペトロの隣で必死に震

えを抑え続けているユダに違いなかった。

「まあ、食えや」

舎弟たちの質問をおざなりに交わし、イエスは手に持っていたパンを引き裂き始める。そして、舎弟たちに配りながら言った。

「これはのう、わしの体じゃ」

次に盃に葡萄酒を注ぎ、舎弟たちに回し飲みするよう勧めて言った。

「わしの血じゃ」

イエスが何を思ってこのようなことを言ったのか、舎弟たちにはとんと分からなかった。実際、これを口にした時のイエスは何を考えていたのであろうか。これから始まるであろう一大やくざ戦争を前に組織の一体感を高めようとしたのか。はたまた、明日をも知れぬ我が身を想って、せめて舎弟たちには食事のたびに自分のことを思い出して欲しいと、そのような気持ちだったのだろうか。ともあれイエスのこの言葉は、後にキリスト組内部抗争劇の一要因となり、やくざたちの血で血を洗う仁義なき戦いを誘発することになるのであるが、それはまた後の話である。イエス自身の流血と破滅はすぐ目前にまで迫っていたのだから。

推定A.D.三〇年　エルサレム

食事のあと、イエスは舎弟たちと連れ立ってオリーブ山へと登った。その名の通り、オリーブ畑となっているちょっとした山であり、エルサレムからはさほど離れていない。すると、また不意にイエスが爆弾発言を投じた。今日のイエスは本当にどうしたのだろうか？

「お前らは、全員が躓《つまず》くことになるじゃろうな」

躓くというのは極道用語で「仁義を蔑《ないがし》ろにする」といった意味合いである。この場合は「どこまでもイエスに従っていこう、という気持ちが揺らぐ」といったところであろうか。だが、食事の席でも疑われ、今また重ねてこのようなことを言われるのだから、舎弟たちとしても兄貴分の態度に一言物申したくもなってくる。現に、直情的なペトロがいの一番に突っかかった。

「何言うとるんじゃ兄貴！　他のやつらがみぃんな躓いたとしてもの、このわしだけは躓かんけえ、安心してつかぁさい！」

と、非難めいた口ぶりで抗弁する。だが、イエスは舎弟の熱弁にも、悲しげに首を振った。

「ほんじゃがのう、わしゃ言うとくわい。こんなは今夜、鶏が二度啼く前に三度わしを否《いな》むじゃろう……」

兄貴分の様子を見て只事ではないと悟ったのだろうか。ペトロは弱気になった兄貴分

をむしろ励ましさんとするかのように、

「どしたんならァ兄貴ィ。いまもしで、兄貴と一緒にわしが死ななならんいうことになってもじゃ、わしゃあ兄貴のことを否んだりはせんよぅ」

と言って、他の舎弟たちも、わしも、わしもじゃと声を合わせるが、しかしなおもイエスは悲しげに首を振るばかりである。

そうこうしているうちに、一行はゲッセマネという園に着いた。そこでイエスはペトロとヤコブとヨハネにだけ自分に付いてくるよう言いつけると、他の者たちは園に残らせて先へと進んでいった。兄貴分の姿が闇に紛れるのを見計らい、イスカリオテのユダはそっとその場から立ち去る……。

イエスたち四人はそこから少し進んだのだが、今度はペトロたちにもその場で待っておくように言い残し、イエスは一人でもう少しだけ進んでから、急に大地にひれ伏すと今度はウワッと泣き出した。ぼろぼろと落涙しながら喘ぐように弱音を吐く。

「おやっさん……おやっさん……。おやっさんなら何でもできるんじゃろう、わしは本当はこんなこと、しとうないんじゃ。堪忍じゃ、堪忍してつかぁさい、おやっさん……。堪忍してつかぁさい……。じゃけんど、おやっさんが……。おやっさんがそれを望んどるんじゃったら、おやっさんがええ思うように、してつかぁさい……」

それは組長から鉄砲玉を命じられ、よくよく因果を含まれたチンピラが、しかし、いざ相手のタマを殺《と》ろうとする寸前に、恐怖し、怯え、逃げ出したいと思い始める、まさにそのような姿であった。やくざといえど人間である。土壇場の恐怖は誰にだってある。だが、イエスはこの時確かに恐怖に震えながらも、自らに割り振られた役割を全うせんとする覚悟も固めていたのである。とはいえ、果たして、イエスの覚悟とは何だったのか。そもそも彼は本当にヤハウェ大親分から何かを含まれていたのであろうか？

　やがてイエスは立ち上がり、ペトロたちのところへと戻ったのだが、見ると、なんとペトロたちが揃って船を漕いでいるではないか。これにはイエスも不安と怒りを炸裂させてしまう。

「おどりゃ！　死んでもわしに付いてくる言うとったんはどこのどいつじゃい！　寝とるじゃないの！　おゥ、ペトロ、起きんかい。……はぁ、どがいもならんのう。気持ちは熱うなっとっても体の方は情けないもんじゃ」

　と、情けない声で叱りつけながらペトロたちを揺り起こすのだが、イエスがその場からちょっと離れると、彼らはまた寝ている。もう一度叱りつけて起こすと、彼らは「あぁ――……」といった様子で、何か謝ろうとはするのだが、寝ぼけて言葉が出てこない様子だ。イエスが三度離れて帰ってくると、やっぱりまた寝ている。イエスは苛立たしげに言った。

「もうええわい！　おどれら、もう寝とれい！　時が来たんじゃ。わしに引導を渡すやつらが来よったけえ」

この剣呑な言葉には舎弟たちも流石にハッと目を醒まして、慌てて背後を振り返った。果たして、彼らの背後にいたのは……、サドカイ組組長カヤファに率いられたやくざの軍勢であった。手に手にドスと角材を携えている。

「イエス言うんはあいつじゃあ」

そして、やくざたちの先頭に立ち、イエスを指差している貧相な男のあの姿は……おお、イスカリオテのユダ！

推定A.D.三〇年　エルサレム

「ユダ、おどれがチンコロしおったんか！」

途端にペトロはドスを引き抜くと、ユダに向かって躍りかかり凶刃を振るった。ユダはヒィと叫んで身を避けたが、すると後ろにいたやくざ者の右耳が削ぎ落とされて、大地に鮮血が散り、闇夜に悲鳴が轟いた。なおもユダを狙わんとドスを振りかざしたペトロであったが、これをイエスが背後から抱き止めた。

「やめえ、ペトロ！」

「じゃ、じゃ言うて、兄貴！」

「これも、おやっさんの考えのうちじゃけえ……」

と、イエスは自らを説き伏せるようにそう言うのだ。

一方、兄貴分に交戦の意志がないことを知ったペトロたちはたちまち恐怖に駆られた。耳を削ぎ落とされたやくざは憤怒の形相でペトロを見ている。このまま捕まったら何をされるか分からない……。その瞬間——舎弟たちは闇雲に逃げた。イエスを置いて、ただ一身の保身に走った。いや、あえて見捨てたわけではない。兄貴分を気遣う余裕が彼らになかっただけだ。だが、ともかく彼らは逃げた。

脱兎の如く駆け出した舎弟たちの後ろ姿を眺めながら、カヤファはカラカラと笑って言った。

「おう、イエスの。ユダといい、さっきの三下《さんした》どもといい、おどれはほんまにええ兄弟を持ったもんじゃのう！」

あからさまな皮肉にも、イエスは何も言い返すことができない。やくざたちが乱暴にイエスの手を摑んだ。

その後、サドカイ組組長の自宅へと連れ込まれたイエスは、多数のやくざたちに取り囲まれたまま尋問を受けることになる。やくざたちはサドカイ組の者が多かったが、パリサイ組の者も混じっているようだ。カヤファがイエスに顔を近付けて問うた。

「おう、おどれはわしらの事務所を壊しての、三日後にユダヤ組本家の事務所を建てる言うたそうじゃないい」

しかし、イエスは黙したまま何も答えない。

「……ええ度胸しとるのう。おう、おどれはキリストか?」

「それはおどれが言うとることじゃろうが……」

「ほうか」

ようやく貰えたイエスの返答に、カヤファは満足とも不満とも取れぬ顔を見せた。期待していた答えではなかったが、実際どうでも良かったのかもしれない。

「ま、おどれがの。自分のことをなんじゃ思うとっても、わしらにゃどうでもええ。おどれがどうなるんかは、もう決まっとることじゃけえのう。おう、お前ら。この外道、死なん程度にヤキ入れたれや」

そして、やくざたちの凄惨なリンチが始まった。イエスは目隠しをされ、唾吐きかけられ、拳で殴られ平手で打たれるのである。その惨めな姿は、これが肩で風切って歩いていたあの侠客の姿かと、目を疑うばかりのものであった。諸行無常、栄枯盛衰。驕《おご》れるやくざは久しからず。

なお、イエスがこのような目に遭っている間、カヤファ邸へと単身乗り込んだペトロは兄貴分の身をただただ案じていた。オリーブ山の一件があっても彼の面はまだ割れていなかったようだ。ペトロは大胆にもパリサイ組のチンピラたちに紛れて中庭で一緒に焚き火に当たっていたのである。実に大胆不敵な振る舞いであるが、と言っても、彼は兄貴分の奪還を図り、敵陣中で息を潜めていたわけではない。ただただイエスのことが心配で、為すすべもなくとりあえず来てみただけに過ぎなかった。そのようなことだから、カヤファ邸の家政婦が彼のところへツカツカと歩み寄ってきて、

「あれ？　あんたァ、イエスと一緒におった人じゃないの？」

などと言ってくると大慌てである。途端に周りのチンピラどももキッと目を釣り上げてペトロを睨んでくるが、すると彼は大袈裟に両手をぶんぶんと振って、

「し、知らねえ！　わしゃ、わしゃアあんな男のことなんぞ何も知らん。知らんのじゃ！　お、おい、女。おどれ、ええ加減なこと抜かしよると加減せんぞ！」

と、女に怒鳴り散らしてから慌てて移動すると、この時、鶏が一度啼いた。

さて、ペトロの物言いがカンに障ったのだろうか。女は彼の後を付いていくと、またしても周りのやくざに、

「あいつもイエスの一味じゃ！」

と触れ回る。ペトロはもう一度女を怒鳴り散らした。

だが、チンピラたちも今度は疑いの念が晴れなかったのか、

「いいや、こいつは臭いのう。なんじゃ言うても、おどれ、ガリラヤ人じゃろうが！」

と言って迫ってくる。イエスもガリラヤ人である。自らの出身地まで言い当てられイエスとの関連性を疑われたのだから、いよいよ危ないと思ったのか、ペトロもヒステリ

ックになって言い返した。

「えええい、知らんわい！　知らんわい！　おどれらが言うとるヤツがどこの馬の骨か、わしの知ったことか！」

と、その時、鶏が再び啼いた！　その鳴き声を聞いた瞬間、ペトロは不意に思い出したのである。あの折、兄貴は確かにこう言っていた……。「こんなは今夜、鶏が二度啼く前に三度わしを否むじゃろう……」。それを思い出した瞬間、ペトロはどっとその場に泣き崩れていた。

推定A.D.三〇年　エルサレム

「おう、カヤファ。こんなぁ、面倒にわしを巻き込むない」

昨晩――。イエスを拉致し嬲《なぶ》り者にしたサドカイ組とパリサイ組のやくざたちは、朝一番でピラトゥスの代官屋敷へとイエスを連れてきていた。ピラトゥスはユダヤ地域一帯を監督するためローマから派遣されてきた役人である。そのピラトゥスの第一声がこれであった。

カヤファは「へえ！」と言って頭を下げる。ピラトゥスの前では大物やくざのカヤファとて頭を下げざるを得ない。

「じゃけんど、ピラトゥスさん。この外道、早めに始末しといた方がええですよ。これのこと、キリストじゃ思うとるバカタレもようけおりますけん。これが扇動して暴動なんぞ起こった日には、ピラトゥスさんのキャリアに傷が付きますけん」

だが、多少腰が低かろうと、そこはカヤファも一角の組長である。この辺りのやり取りは組織の長同士のパワーゲームに他ならぬ。カヤファの言葉を受けてピラトゥスもウウームと唸った。

つまりはこういうことだ。ユダヤ地域一帯は、元々はヘロデが「ユダヤ人の王」として、ローマ帝国の了解の下、治めていた自治国家であった。それがヘロデの死後、紆余曲折あってヘロデの子孫の支配地の一部はローマ帝国の直轄地となったのだが、こうなると独立を勝ち取ろうとする勢力が一定数生まれるわけである。現にこれから半世紀も経たぬうちにユダヤ人は独立戦争を始めるのだ。

そして、民衆がイエスのことをキリストと信じているのであれば、これは危険な兆候であった。キリストとはヤハウェ大親分により権力を託されし者である。キリストの主導の下、ローマの支配をひっくり返し、ユダヤやくざの楽園を作ろうと考える者も多い。そんな不逞の輩《やから》がイエスを神輿として担ぎ上げ、組織的な暴動や反抗活動を始めた時には、治安責任者であるピラトゥスもローマ皇帝から責任を問われることになる。

だが、無論、ピラトゥスも馬鹿ではない。カヤファのサドカイ組が保身のためにイエスを抹殺しようとしており、それに自分を一枚嚙ませようとしていることは理解している。というのも、当時この地のユダヤ人たちには人を死刑にする公的な権限はなく、それを持っているのは総督である彼だけだったからだ。サドカイ組のやくざたちは、あくまでイエスを公的に処刑しようとしていた。クーデター扇動という名目でイエスを政治犯に仕立て上げ、ピラトゥスの権限で死刑に処すのが狙いである。そんなやくざたちの思惑に易々と乗せられたのではピラトゥスだって面白くはない。

「おう、イエスとやら。おどれは、ユダヤ人どもの王か？」

イエスの顎を持ち上げながらピラトゥスが尋ねる。これでイエスが「はい」と答えようものなら、彼とてイエスを処刑せざるを得なくなる。ヘロデと同じ「ユダヤ人の王」を勝手に名乗るのは、ローマに対して独立戦争を主導するという意思表示に等しいものである。だが、イエスはそうは答えなかった。

「それは……おどれが、そう言うとることじゃろう……」

意識朦朧の身でありながら、肝心な点はしっかりと避ける。これではイエスを処刑する理由にはならない。

「おう、カヤファァ。こりゃあダメじゃ。死刑にゃできんわい」

「ほうですかいの」

カヤファはしかし、しれっと言い返す。繰り返すがこれは二人のパワーゲームなのだ。

「これを見たら、ピラトゥスさんも死刑にした方がええと、きっと思いますけん」

そう言って、カヤファァは総督本営の外にピラトゥスを連れ出したのだが、するとそこには、サドカイ組やパリサイ組のやくざたちがごまんと集まっているではないか。彼らはピラトゥスの姿を見つけると、口々に叫び始めた。

「イエスを殺せ！」

「十字架につけろ！」

なんと手回しの良いことか……。ピラトゥスは呆れ顔でカヤファァを見る。カヤファァの方は相変わらずの仏頂面だが、ややあって、言った。

「この通り、善良な民衆たちはイエスへの怒りが抑えきれんのですわ。わしらユダヤ人はローマ皇帝のことをほんまに心からお慕いしとりますけん。ユダヤ人の王じゃ言うて勝手に名乗って、あまつさえローマへの反乱を企てる外道がおるゆうたら、そりゃわしら許せませんわ。じゃけえ、わしらサドカイ組とパリサイ組が、命懸けで捕まえて引っ張ってきたんですけん。……じゃのに、いまもしで、ピラトゥスさんがイエスのモタレを釈放するゆうたら、そりゃあ、善良な民衆は怒り狂いますわ。暴動でも起こったら、いたしいことじゃ思いますがの」

「おどりゃ、カヤファァ、ええかげんにせえよ」

見え透いたカヤファァの忠言にピラトゥスは声を荒らげていた。カヤファァはなおも顔色を変えぬ。ピラトゥスは声を怒らせ、群衆に向かって叫んだ。

「おう、聞けい！　ええか、おどれらの気が済むように、イエスいう男は鞭打ち刑にしちゃる。じゃけえど、それで釈放じゃ！　分かったか！」

このままカヤファの思うように操られてなるものか。そう思いピラトゥスはこう言ったのだが、無論、やくざたちがそれで引き下がるはずもない。

「ふざけるな、殺せ！」

「十字架につけろ！　十字架につけろ！」

「殺せ！　殺せ！」

群衆の叫びはどんどんとヒートアップしていく。ピラトゥスが身の危険を覚え始める程に。加えて、隣のカヤファがこんなことを言うのだ。

「皆もああ言っとることですし、素直に処刑した方がええんじゃないか思いますがの。ええですか、ピラトゥスさん。わしらが王様じゃ思うとるのは、この世の中にたった一人。ローマ皇帝だけですわ。じゃのに、自分で王じゃ言いよるイエスの外道を釈放しよったら、皆どう言う思いますかのう。ピラトゥスさんはローマ皇帝の友人じゃなかったんか、男じゃないのう、そうやって言いふらすじゃろうし、あんまり噂が広がると、もしやするとローマ皇帝のお耳にも……」

「もうええわい、カヤファ！」

これがイエスの死刑が決定した瞬間であった。

この時は、老獪なやくざたちの手口にピラトゥスも苦杯を嘗めたことであろう。だが、いったん処刑を決定してしまった以上、彼にとってはただそれだけのことである。ピラトゥスは確かにイエスに罪を見いだせなかった。彼を死刑にすることに躊躇した。しかし、だからといって、ピラトゥスがイエスの人命を尊重したわけでは全くなかったのである。ローマ警察の重役である彼にとって、異民族のやくざ一人の命など、もとよりどうというものではない。

推定A.D.三〇年　エルサレム

結局、イエスはゴルゴタの丘にて十字架刑に処されることとなった。ゴルゴタとは髑髏を意味する言葉である。

十字架刑というのは残酷な処刑法である。十字架に両手両足を釘で打ち付ける様の痛々しさが人目を引くが、無論、手足に穴が空いた程度で人間は死にはしない。これが実際にどのような処刑法であったか、人体実験ができぬ今となっては確実なことは分からないのだが、被処刑者の自重により呼吸困難を引き起こさせ、時間をかけ、ゆるりと死に至らしめるものであったと推測されている。日本式の磔のように縛った後に槍で刺して絶命させるわけではない。実際にこの時のイエスの処刑も六時間超に及んでいるのだ。古代ローマの磔刑が如何なる医学的過程により罪人を死に至らしめるのか、興味を持たれた読者は各自調べられたし。

さて、これが夢のあるお伽話や任俠映画であれば、イエスはこのまま為す術もなく朽ち果てたりはしなかったであろう。舎弟たちが奮起して彼を助けだしたかもしれないし、ヤハウェ大親分が手勢を率いて救出に向かったかもしれぬ。だが、現実のやくざは違う。弟子たちは何もできずに手をこまねくばかり。ヤハウェ大親分は沈黙を守った。この十字架刑は、大やくざ組織に挑んだ無鉄砲な一人のやくざの、当然とも言える末路であったのである。そこには奇跡も浪漫もない。ひたすらに悲惨で惨めな敗北死である。

「おやっさん……おやっさん……なんでワシを見捨てたんじゃあ！」

イエスの末期の叫びであった。この言葉を最後に彼はその一生を終えた。

一人のやくざの戦いは終わった。象に挑んだアリは事もなく踏み潰された。英雄ではなく敗北者としての死。現実は仁俠映画ではない。戦いに敗れたやくざの死は、常に惨めで虚しい。

だが、イエスの処刑は物語の終わりではなかった。否、これから始まる仁義なき戦いの序幕にすぎなかったのだ。以降、二千年間にわたる血と惨劇の闘争史は、この時幕を開けるのである。

［解説］

片田舎のガリラヤ地方で宗教活動（？）を行っていたイエスは、大都市エルサレムへと進出する。ここにはユダヤ教の象徴たるエルサレム神殿があった。なお、エルサレム神殿は紀元七十年、ユダヤ戦争においてローマ軍に破壊されて以来再建されておらず、今そこにはイスラム教の岩のドームが建てられている。

これまでも反体制的な批判活動を続けてきたイエスであったが、彼の運命を一変することとなったのが、エルサレム神殿でのいわゆる「宮潔《みやきよ》め」である。本文中に書いた通り、彼は神殿内での営利活動を激しく批判したために、神殿貴族であるサドカイ派を敵に回し、それが命取りとなって十字架刑を受ける羽目に陥ったのであった。

と、新約聖書を元に解釈すればこうなるわけだが、実際は福音書に描かれる神殿での大暴れにどれほどの信憑性があるかは疑わしい。あれだけの暴力行為に及んでおきながら、イエスは後日しれっと神殿を訪れたことになっているが、果たしてエルサレム神殿の警備はそれ程にザルだったのだろうか？　むしろ福音書がイエスの活動を大袈裟に描いていると見た方が自然かもしれない。実際は神殿内で軽い口論になり警備兵につまみ出されたとかその程度かもしれず、だとすると、これが命取りの原因であったかは疑問が残る。

なお、イエスの神殿批判が「宮潔め」であったかどうかも怪しい。「潔め」ということは、イエスは本来は神殿を神聖なものだと認識しており、その神聖性を阻害する営利活動を咎めたという意味になるわけだが、イエスが神殿の神聖性を認めていたかどうかは疑わしいのだ。

確かにエルサレム神殿はユダヤ教の象徴であったが、全てのユダヤ教徒が神殿の重要性を認めていたわけでもない。旧約聖書には神殿肯定派、神殿否定派のどちらの著者も存在している。イエスはスタンス的には神殿否定派に近いように筆者には思われる。だとすればイエスは神殿の神聖性を確立しようとしたのではなく、民衆からの搾取機関である神殿それ自体を問題視したのかもしれない。「宮破壊」とでも言うべきだろうか。現に福音書でイエスは神殿の崩壊を仄めかしている。

イエスが処刑された理由もよく分からない。「イエスは自らを神の子キリストと称した。厳格な一神教であるユダヤ教では神はヤハウェだけであり、イエスが神を名乗ったのは冒瀆に値するため処刑されたのだ」という解説をよく聞くが、これは眉唾である。確かにマタイ福音書26章65節などを見るとそのように取れるし、福音書記者はそう考えていたのかもしれないが、これも考えてみると訳が分からない。

まず、キリストというのは本文で書いた通りヤハウェから権力を付与された者のことであって、神そのものではない。神の子というのも、当時の文脈では「神に忠実な者」「ユダヤ教の熱心な信者」といった程度の意味合いであろう。旧約聖書では王も「神の子」と呼ばれているが、王は本来の意味でのキリスト（油を注がれる儀式を通じて権威を得た者）であるため、そこから敷衍《ふえん》して言うとしても、神の子はせいぜいキリストと同程度の意味合いである。現代ではキリスト教の教義である「三位一体」などの影響から、イエス＝キリスト＝神の子がほとんど神に等しいものとして捉えられているが、それはあくまで後世の理解であって、この時点ではキリストを自称しようが神の子を自称しようが、それが神への冒瀆に値するとは考えにくい。

そもそも、イエスが自分を神のようなものだと本気で思い込んでいたというのも考えにくい話である。百歩譲って自分をキリストと考えていた可能性はあるが、福音書によれば、逮捕後、イエスはカヤファから「お前は神の子キリストか」と訊かれた時、「それはあなたの言ったことだ」といった曖昧な返答をしており肯定はしていない。マルコ福音書では肯定しているが、これには本文《ほんもん》批判上の問題がある（本文批判について簡単に説明しておく。我々が現在簡単に入手できる日本語訳の新約聖書には当然ながら翻訳元となったテキストがある。ところが、このテキストというのは数多ある写本を組み合わせて再構成されたものなのだ。写本はそれぞれに相違点があるため、学者が議論して最もオリジナルに近いと思われる本文を構築するのである。こういった努力を本文批判といい聖書学の一ジャンルとなっている。しかし、議論されているということは異論もあるということで、マルコ福音書の該当箇所もカイサリア系と呼ばれる写本群では、「それはあなたの言ったことだ」となっており肯定していない。イエスが自らをキリストと考えていたかどうかは、どの写本を重視するか、という問題にも繋ってくる)。

裁判の場ではイエスははっきりと自分が神の子ないしキリストであると証言しておらず、仮に証言していたとしても、それが死に値する冒瀆であったとは考えにくい。ではなぜイエスは処刑されたのか？　推測の域を出ないが、イエスが求心力を持っていたこと、それ自体が問題視されたのではないだろうか。ローマ支配に対し不平不満を持つユダヤ人は少なからずいたことだろう。そのような者たちが民衆の間で人気者となっているイエスを担ぎ上げて反乱など起こしては事である。ピラトゥスやユダヤ教上層部はそれを危惧して先手を打ったのではないか。現に、イエスの公式の罪状書きは「ユダヤ人の王」であった。ユダヤ人の王を僭称しローマに対し反乱を企てた扇動者として処刑されたのだろう。

なお、ユダヤ総督のピラトゥスは、イエス処刑に積極的ではない良識的人物として福音書では描かれており、本文も演出上それに沿ったが、実際はかなり暴君的な性格であったらしい。イエス処刑も予防的措置と考えて案外乗り気であったかもしれない。福音書が成立した頃のキリスト教はローマ帝国に対して憚るところがあったから、ピラトゥスに対し甘めの評価となった可能性はある。

最後に、本文中にも登場したイエスの名言「カエサルのものはカエサルに」や、イエスの語る隣人愛についてであるが、本文でのこれらの解釈はあくまで数多ある解釈の一つに過ぎないことを明記しておく。ここだけに限った事ではなく聖書全体に言えることなのだが、特に「カエサルのものはカエサルに」などは解釈も多岐に分かれており、分かりやすい正解というものはない。聖書にはまず本文批判の問題があり、さらには解釈も多岐に分かれるため、一口に聖書と言っても、翻訳次第、解釈次第でその姿は千変万化する。書いてあることをありのまま素直に読めば誰にでも分かる、という性質のものでは決してない。

第3章
初期やくざ教会

推定A.D.三〇年　エルサレム

「おどりゃ、二度と舐めた真似するんじゃにゃあど！」

「イエスいうボンクラの名、次出しおったら承知せんけえの！」

「馬鹿揃えてふざけたこと抜かしよったら、次こそ口も利けん体にしちゃるけん！」

パレスチナの激しい日差しの中――、
恫喝に恫喝を重ねたやくざたちは、二人の男を荒々しく外へと突き出していた。

「おう、チンピラぁ」

その二人に向かって、事務所の中から年配の男がドスを利かせた声を轟かせる。

二人の男が同時に振り向いた。

「ええか、次はないど。まだやるいうんじゃったら次からァ穴掘って来いや」

だが、散々に脅されたはずの二人は、挑戦的な視線で男をギラリと睨み返すと、

「こんなに従うんとヤハウェ大親分に従うんと、どっちが仁義に適うとるんか、こんなが判断してつかいや！」

吐き捨てるようにして去っていった。やくざたちは憤懣やるかたない様子で二人の男――、ペトロとヨハネの後ろ姿を見守っていたが、年配の男は苦虫を噛み潰したような顔をして事務所の中へと引き上げていった。すると、すぐに声がかかる。

「おう、カヤファ、どうじゃった?」

尋ねたのは初老の男である。

サドカイ組組長、カヤファは苛立たしげに首を振った。

「おやじィ、ありゃ駄目ですわ。生まれついての馬鹿どもじゃけえ話なんぞ聞きゃあせん。ロクに勘定もできんのですわ」

「ほうか」

初老の男も口の端を歪める。あのカヤファをしておやじと呼ばせるこの男の正体とは、果たして、先のサドカイ組組長ハンナスであった。引退して跡目をカヤファに譲りこそしたものの、未だに組内では隠然たる影響力を持つ実力者である。

事の起こりは昨日に遡る――。

以前、彼らが謀略を尽くして始末したチンピラ、ナザレのイエス。その舎弟であったペトロたちが、なんと大胆にも彼らサドカイ組の事務所――エルサレム神殿へと現れ、そこで物乞いをしていた足の不自由な男を見舞ったのである。すると、男は突然に立ち上がって歩き回ったという。生前のイエスと似たような行ないであったが、違うのは、イエスが見舞いにおいてヤハウェ大親分の名を出したのに対し、ペトロたちはイエスの名それ自体を出したことである。刑死してなお「ヤハウェ大親分の一の子分」たるイエスの評判は民衆の中で生き残っていたのだ。

イエスの亡霊に危機感を覚えたサドカイ組のやくざたちは、ペトロとヨハネを引っ捕え事務所内へと軟禁した。いかにやくざとはいえ簡単に私刑を加えては人の目というものがある。なので二人を散々に脅しつけてから解放したわけだが、去り際の彼らの態度を見るに、どうも効果は期待できそうもない。

「しかし、分からんのう」

先代組長ハンナスは白いものが多分に混じった髭を弄《いじ》りながら言った。

「あのチンピラども、聞けば、毎日のようにわしらの事務所に来とったそうじゃない」

「…………」

「じゃけえど、あのイエスとかいうモタレは、わしらのシノギを邪魔しに来とったんじゃろうが」

そう言って、ハンナスは再び、分からんのう、と唸って顎鬚をしごく。

彼らの事務所、エルサレム神殿は、伝説のやくざ、ヤハウェ大親分に最も近しい場所とされていた。もちろんそれは彼らサドカイ組の巧妙な宣伝によるものであったが、ともあれ、一般にはエルサレム神殿への敬意はヤハウェ大親分に対する敬意と同等に受け取られている。そんな一般民衆と同様に、いや、大衆以上に熱心に、ペトロたちはエルサレム神殿を連日訪れていたのである。これは普通に考えれば、彼らがサドカイ組とエルサレム神殿の権威に心服していることになる。だが、彼らの兄貴分たるイエスは、生前、エルサレム神殿でのサドカイ組のシノギを痛烈に批判し攻撃行動に出たのではなかったか。ハンナスにもカヤファにも解せぬ点であった。

「分からんと言えば……」

ハンナスが続ける。

「あンの外道ども、なんじゃ、イエスがキリストじゃ言うとるらしいじゃない。そがいなこと言うても、イエスは死んどろうがの。もう死んどるやつが、キリストじゃいう道理があるかい。餓鬼でも分かる話じゃろうが」

「おやじ、道理で話ができるやつらじゃったら苦労はせんですわ」

カヤファは憮然とした面持ちのまま言った。

「あのボンクラども、言うに事欠いて、イエスはまだ生きとる言いよるんです」

「？」

「イエスは生き返ったんじゃとかなんとか。イエスの墓から死体が消えた言ようりまして」

「そんなもん、あいつらが盗んだに決まっとろうが」

「普通に考えりゃそうじゃけんど、あいつら頑として認めんけえ。それどころか、死体を盗んだ言うんは、わしらが流した噂じゃ言ようりましての。もう、無茶苦茶ですわ。それに、本気でそう信じよる阿呆もちょろちょろ出てきよりますけん、始末に負えんのですわ」

「いたしいのう。相手するんも馬鹿らしいが、放ってもおけん。じゃいうて……」

ハンナスは何かを言いかけたが、結局はその言葉も呑み込んで、代わりに深い溜息を吐いた。カヤファもまた顔をしかめた。

「イエスのモタレが死んでから……あの外道どももしばらくは大人しゅうしちょったんですが、突然、気勢上げよりましての。あの五旬節《ペンテコステ》の日のことですわ。イエスの舎弟どもが一堂に集まりよったんですが、なんじゃ、突然訳の分からんようなことになって、それからですわ」

「訳の分からん言うんはなんじゃい」

要領を得ない説明にハンナスは不満を顕にしたが、とはいえこれにはカヤファも答えようがない。

「それが訳が分からん言うしかないんですわ。なんじゃ、あいつら突然に、あちこちの言葉で滅茶苦茶に喋り出しよったらしいんです。見とった若いモンが言うには酔っ払いがいがっとったようじゃいうことですが、それをあのボンクラども、わしらヤハウェ大親分から元気をもろうたんじゃ言うて、勢い余って組まで立ち上げよったです」

これが後に「キリスト組」として知られることになるやくざ組織である。だが、この時点ではまだ「ナザレ組」の名で呼ばれていた。

「……とうじんの戯言じゃのう」

「戯言じゃ言うたら、おやじ、ナザレ組の若いモンの中にの、いなげなこと言いよるやつがおるんじゃ」

「?」

「イエスがの、ヤハウェ大親分じゃいうて言ようるんじゃ」

「……何言ようるんなら」

サドカイ組を代表する二人の男は、呆れと怒りと苦笑の入り交じった表情で互いに顔を見合わせていた。馬鹿らしくて仕方がないといった様子である。

「あいつら阿呆じゃけん、道理も何も分からんのじゃ」

「じゃけえ言うて、なんぼ阿呆じゃ言うても阿呆にも阿呆の限度があろうが。猫が犬になるんか?　あ?　どぎゃんしたところでイエスがヤハウェ大親分になるわけないじゃないの」

「そうじゃけえど、現にそう言ようるやつがおるんですわ」

ハンナスはただただ溜息を吐き続けていた。先程から信じられない程の馬鹿話ばかりである。死人が蘇るわけがないし、ペンテコステの騒動は意味不明だし、ましてやイエスがヤハウェ大親分なはずがない。何から文句を付ければいいのかも分からぬ勢いだ。それでも目の前の馬鹿げた事態に対し、彼は何とか向き合おうとした。

「……あいつらがの、そがあな阿呆な事言うとるんじゃったら、パリサイ組のやつらも黙っとらんじゃろ。ガマリエルはどう言うとるんなら」

ガマリエルとはパリサイ組穏健派のトップと目される男である。そのガマリエルがナザレ組の蛮行を否定したならば、もはやパリサイ組の若い者の激発を止める者はいなくなるのだが……。

「それがじゃの、ガマリエルの野郎、すっかり握りキンタマですわ。イエスじゃ言うてペトロじゃ言うて、本当にヤハウェ大親分の差し金なら、わしらが止めても無駄じゃ言うて。で、もし、全部あいつらの大法螺で、ヤハウェ大親分は何も関係ないいうことじゃったら、放っといても失敗するに決まっとる言ようりますわ」

「小憎たらしいやっちゃのう、ガマリエルの外道め！」

と、ハンナスは毒付きながらも、ガマリエルののらりくらりを、なるほどあいつらしいと頷くような素振りでもあった。サドカイ組とパリサイ組は対立関係にあるが、しかし、ガマリエルが道理を弁《わきま》えた一角の極道者であることはハンナスも認めるところである。

「しかしまあ、なんじゃ。一理はあるの。あのナザレの外道ども、そがいな馬鹿げたこと言うとるんじゃったら、もうええんじゃないの。わしらが手も口も出さんでも、ただの馬鹿じゃ言うて、誰も相手せんじゃろう、のう」

「いやあ、どうですかのう」

一方で、カヤファはこれには懐疑的らしく、小首を傾げながら言った。

「おやじも見たでしょう。あいつらがイエスの名を出して見舞いをしよったら、現に元気が出るいうやつが大勢おるんですわ。それに、ナザレ組に入るやくざは自分の銭を全部組に預けるらしいんです。それぞれの財産をみんなで使うんじゃ言うて。おまけに組に入ったら遺した妻の面倒とかみぃーんな組が見てくれるちゅうし、立派な葬式も出してもらえるちゅうて、それに釣られてナザレ組に入るボンクラが意外とようけおるんですわ。イエスが生き返ったとか、イエスがヤハウェ大親分じゃとか、わしらが聞くと馬鹿げた話ばかりじゃけえど、若いモンにはあんまり関係ないんかもしれんのです」

「……………」

これにはハンナスも押し黙るしかない。まさかそんな、という気持ちと、ありえるかもしれぬ、という想いが交差する。ナザレ組のやっていること――、例えば未亡人の生活支援などは、今で言うなれば相互扶助制度である。彼らの主張が如何に頓珍漢なものであれ、そういったシステムに魅力があれば、細かい理屈は抜きにして人は集まってしまうのかもしれない……。一時代を築きし二人の大物やくざは言い知れぬ不安を胸に抱いていた。

推定A.D.三〇年　エルサレム

「おやじ、お勤めご苦労様です！」

「ご苦労様です！」

サドカイ組から解放されたペトロとヨハネが事務所に戻るなり、組の若い者たちは一斉に頭を下げて彼らを迎え入れた。ペトロたちは、おう、おう、と尊大な態度でこれに応えている。

「な、言うたろうが、サドカイのやつらなんぞ屁クソじゃ。どうということたぁないけん。カバチたれとるだけじゃけん」

と、ペトロは言い切り、子分たちは組長のクソ度胸に感嘆する。かつてイエスの処刑時に震え上がっていたあのペトロとは思えぬ。はて、人は変われば変わるのであろうか。それとも子分の前での必死の強がりか。

そのペトロが、子分の一人を見て言った。

「おう、それよりの。わしがおらん間、シノギの方はどうなっとんなら。確かナントカいうチンピラがウチに入るじゃ入らんじゃの、言ようた気がするがの」

「へえ、アナニアいうボンクラですがの。来るには来よったんじゃが、こいつがどうも怪しいんじゃ。おやじの方からチィと言うてみてもらえやせんか」

「連れて来いや」

この時、組上《そじょう》に上がっていた人物とは今回新たにナザレ組で盃を受けようとするチンピラ、アナニアのことであった。先述の通り、この頃のナザレ組では一種の相互扶助活動が行われている。組員は盃を受けて組の一員となるにあたり、己の持ち物を売り払った金を組長や幹部へと献上する。そうして集めた金を組内の困窮者支援に使ったりするのだ。このようなシステムが当時のナザレ組の魅力であったのは先述の通りである。余談であるが、現代でもやくざは上位の者に上納金を支払っているが、一方、「鉄砲玉」などでムショに入った際には、残された妻子の面倒は組が見るのである。これも一種の相互扶助制度と言えるのかもしれない。

さて、子分に呼ばれたアナニアがペトロの前にやってきた。組の親分を前にして些か緊張しているのだろうか、表情には怯えの色が見え、体は小刻みに震えている。ペトロが言った。

「おう、こんながアナニアか！　おう、聞いた話じゃがの、こんなは土地を売って作ったカネをわしらんところに全部持ってきたそうじゃないの。殊勝なことじゃのう！」

「へ、へえ！」

慌てて答えるアナニア。その顔には怯えに代わってへつらいの笑みが浮かんでいた。

だが、ペトロはそんな彼をじろりと睨みつけてから、出し抜けに、

「なんで、そがな下らん嘘吐《つ》くんじゃ！」

吐き出すような激しさで言った。と、途端にアナニアの体がびくりと震えて、ペトロは「あっ、こいつはクロじゃ」と勘付く――。

彼らは疑っていたのだ。アナニアが売上の全額を差し出していないことを。子分は言った。「あいつの畑を知っとるやつがおったんじゃが、あんな端金《はしたがね》じゃない言うんですわ」。そこでペトロはカマをかけたのであった。顔面に冷や汗をびっしり浮かべたアナニアの慌てぶりを見るに大当たりで間違いない。追い討ちをかけるようにペトロはグッと身を乗り出して凄んだ。

「おう、バルナバをよぅ。おどれも知っとろうがい。あいつはの、畑を売った金を、正直にの、全部差し出してきよったんじゃ！　よう出来たやつじゃない。それがなんじゃあおどりゃあ。いや、わしらはの、一文たりとも残さず全額差し出せぇ言うとるわけじゃないけん。おどれの金じゃけん、おどれの好きにすりゃあええ。じゃけえどのう、なんであれが全額じゃ言うたんじゃ！　ああッ？　分かっとるンか、おどれはわしらを騙したんじゃにゃあど！　ヤハウェ大親分を騙したんじゃ！　おどれがどうなるか、わしらにももう責任取れんわい！」

と一気呵成に言って、力任せにドンと机を殴った瞬間、アナニアは恐怖のあまりに全身を痙攣させると、白目を剝いてひっくり返ってしまった。慌てて子分たちが駆け寄る。

ペトロといえば、おう、わしにもなかなか貫目《かんめ》が出てきたのう、と些か得意気になっていたが、子分たちが青ざめた顔を彼に向けて、言った。

「……おやじ。死んどります」

「えっ⁉」

一転、ペトロも当惑を隠せない。軽くヤキ入れて、あるだけ搾り取ろうとしただけなのに、まさかこんなことで死んでしまうとは……。だが、確かに目の前で伏せる男の体はぴくりとも動かない――。

さて、読者諸兄は覚えておられるだろうか。かつてイエスはヤハウェ大親分の恐怖に震える人々を慰め、その恐怖を和らげることで病状回復へと導いたのであった。だが、依然としてヤハウェ大親分の恐怖は人心を蝕んでいたのである。ゆえにペトロがあのように大親分の名を出して恫喝すれば、恐怖から死に至ることもありえたのであった。

「と、とりあえず。片付けんかい……」

と、子分に命じたペトロであったが、本人も流石に困惑し、罪悪感にも苛まれていたと見える。顔は憐れな程に青ざめ、背中一面にはべっとりと嫌な汗をかいていた。ところが、悪いことは重なるものである。子分たちが死体を布でくるみ終わったちょうどその時、アナニアの妻のサッピラが事務所に入ってきたのだ。

「あの、親分さん。夫の帰りが遅うて、心配になってきてみたんじゃけえど……」

するとと、先述の通り罪悪感に駆られていたペトロが、急に立ち上がって叫んだ。彼はアナニアが差し出した金を摑んで、サッピラに突きつけると、

「おい、こんなぁはこれだけのカネで土地を売ったわけじゃなかろうが！」

「へ、へえ⁉」

突然の詰問にサッピラは慌てて、思わず言い逃れしてしまう。

「い、いえ、私たちは、それだけのお金で売ったんです……」

ペトロはこれに激昂し、机を力任せに叩いた。

「どしておどれらは揃ってそがいな真似するんじゃ！　ヤハウェ大親分を試すつもりなんか！」

と、この時の彼の心理としては、図らずもアナニアを死に追いやってしまった負い目があっただろうし、一方では彼ら夫婦に対して責任転嫁したい気持ちもあったのだろう。彼らがつまらぬ嘘を吐かねば、このような事態にはならなかったのだ。だから、彼がここでサッピラを責め立てた気持ちも分からんではない。とはいえ、これではまさに二の舞ではないか。

「あ、あいえええ！」

ヤハウェ大親分の名が出た瞬間――。サッピラもまた白目を剝いてひっくり返ってしまったのだ。直ちに駆けつけた子分が彼女の脈を取ってヒステリックに叫んだ。

「し、死んどりますゥゥ……オ、オヤジィイ――！」

目の前で仲良く並ぶ二つの死体を見下ろす子分の体も戦慄《わなな》いていたが、ペトロときたらもはや茫然自失の体である。まさかこんなことになるとは……。ペトロがそう思ったのも二度目であったが。

と、半ば心神喪失状態にあったペトロの肩を、ポン、ポンと叩く者があった。振り向くと、ヨハネである。彼も真っ青な顔をしていたが、声を震わせながらも気丈さを見せて言った。

「……兄貴ィ。死んでしもうたもんは、もうどうもならん。こうなったらのう、せいぜい利用するんじゃ。わしらを騙し……ああ、いや。ヤハウェ大親分を騙したらこうなるいうことをな、組のモンにも外のモンにも知らしめるんじゃ」

結論から言うと、ヨハネの助言は的確であった。この話が広まると、ナザレ組の者たちはもちろん、外部の者たちまでが恐慌状態をきたした。そして、ナザレ組は本当にヤハウェ大親分のお声掛りなのだと、多くの者が信じるに至ったのである。

推定A.D.三五年　エルサレム

アナニア事件の時から五年が経っていた――。

カヤファとハンナスの不安は的中し、ナザレ組は徐々にその勢力を増しつつあった。

だが、組員が増えることは必ずしも良いことばかりではない。ナザレ組改めキリスト組が後々に引き起こす凄惨苛烈な闘争程ではないにせよ、既に内部紛争の火種は燻り出していたのである。この時に、非常に穏やかな形ながらも表面化したのが、ナザレ組内部における二派の派閥抗争、すなわちヘブライストとヘレニストの確執であった。

用語の説明が若干必要であろう。ヘブライストとはヘブライ語を母語とするユダヤ人やくざのことである。といっても、当時、この地で実際に話し言葉として使われていたのはアラム語であって、ヘブライ語は文章語であるが。ともかくもパレスチナ一帯に住むユダヤ人を指すと考えてくれて構わない。イエスも彼の舎弟たちも大抵はこちらに当てはまる。

一方でヘレニストとはギリシア語を母語とするユダヤ人やくざである。彼らは主にディアスポラのユダヤ人であった。ディアスポラとは「散らされた」という意味のギリシア語である。ディアスポラのユダヤ人などというと、迫害などにより土地を追われ、あちこちに離散して生活している可哀想なユダヤ人、という感じがするかもしれないが、実際は単に商業上の理由によりパレスチナ外の諸都市で生計を立てていた者たちである。彼らの子孫は当時の共通語であったギリシア語を母語とした。そういったギリシア語を話すユダヤ人たちが、何らかの理由でエルサレムなどのパレスチナの地に短期~長期滞在し、そのうちの一部のやくざ者たちがナザレ組と盃を交わしたわけである。

なお、誤解のないよう付け加えておくと、ローマ帝国の公用語はラテン語である。学のあるヘブライストであれば、帝国の公用語であるラテン語と使用者数の多いギリシア語、自分たちの母語であるヘブライ語、アラム語の四つくらいの言語を使えたのではないだろうか。学のないヘブライストであってもカタコトのギリシア語くらいは話せただろうし、ヘレニストの方もなんとなくアラム語を話せたかもしれない。ともあれ、この場合重要なのは母語なので、ヘブライ語、アラム語を母語とするのがヘブライスト、ギリシア語を母語とするのがヘレニストと考えて頂きたい。

話を戻そう。イエス死後、ナザレ組を立ち上げたペトロたちであったが、徐々にその構成員は増し加わり、ヘブライストやくざだけでなくヘレニストやくざも多数組の中に抱えていたのである。

暗い事務所の中、ペトロと二人きりになったヨハネはこう切り出した。

「寡婦《やもめ》（未亡人）のことじゃけえど、のう」

「ヘレニストのやつらがカバチたれおってのう、カネが足りん言ようるんじゃ」

ペトロは静かに応えた。

「知っとるわい」

「その件はきちんとやらにゃいけん、思うとる」

彼らがいま議題としていたのは、昨今のヘレニストたちからの苦情の件であった。前述の通り、ナザレ組では組員が死亡した際、その未亡人の面倒を組が見る相互扶助制度が敷かれていた。だが、ヘレニストたちは、自分たちヘレニストの寡婦の受け取る援助が、ヘブライストの寡婦に比べ手薄であると文句を付けていたのである。

ペトロはこれに対しては真摯な改善努力を払おうと考えていた。そもそも意図して差別的な扱いをしてきたわけではない。両者の言語的な違い、コミュニケーション不全がそのような不公平感を湧き立たせていたのである。

「――考えたんじゃがの。ヘレニストの若いモンから七人、幹部を選ぼう思うとるんじゃ。で、そいつらにの、この手の事務仕事を任せる。自分らでやっとりゃあ文句も付けようがないじゃない」

「それはええ思うけえど、のう――」

ヨハネはペトロのアイデアを首肯しながらも、しかし、言葉を濁した。彼にもペトロにも、本当は分かっていたのである。寡婦の問題は確かに存在する。だが、それはヘブライストとヘレニストの確執のうち、分かりやすく表面化した一つの事件に過ぎないのだ。彼らの間にはもっと根本的な問題が横たわっていることを、この時の二人は察していた。それは、この後すぐに現実の問題となって彼らに一つの選択を突きつけることになる。

推定A.D.三五年　エルサレム

「おどれらの作った家なんぞに、ヤハウェ大親分が立ち寄るわけなかろうがい！」

群衆に取り巻かれ、拘束を受けていたステファノは、しかし、彼らの暴力にも怯えることなく、果敢にそう言ってのけた――。

このステファノというやくざ、彼はナザレ組の幹部である。それも、先日ペトロの発案により、ヘレニストから選ばれた七人の幹部の一人であった。ペトロたちは彼らに組内の福祉面を管掌させるつもりであったのだが、ステファノらはそのような事務仕事に飽き足らず、積極的に対外活動を行なっていた。すると彼の噂を聞きつけた旅のやくざたちがアヤを付けてくる。口論になる。口喧嘩ではステファノに勝てぬとみると、やくざたちは民衆を煽った。

「おい、おどれら。わしゃ聞いたぞ。この外道、事もあろうにヤハウェ大親分のこと馬鹿にしくさりよったんじゃ！」

あの恐ろしいヤハウェ大親分になんてことを……。民衆は焦りもし、怒りもした。ヤハウェ大親分に対し、民衆は恐怖と尊敬という両極端の感情を同時に抱いていたのだ。この感情を畏怖という。

さらに旅のやくざたちはサドカイ組やパリサイ組のやくざをも煽った。

「この外道、えれえこと言ようりましたよ。あのナザレのイエスいうチンピラがですね、おたくの事務所をブチ壊す言ようた言うんですわ」

これにはやくざたちも無論激怒した。彼らはステファノを取り囲んで、おどれもう一遍言うてみい、よう考えてから返事せえよ、と凄んだのであるが、しかし、ステファノは一歩も退かなかった。冒頭の如く、彼は堂々とエルサレム神殿をコケにしたのである。

命知らずの所業というしかない。そもそもエルサレム神殿がヤハウェ大親分に最も近い場所とされて権威を得ていたのは、ここがヤハウェ大親分の別荘であるという理由であった。だが、一部にはヤハウェ大親分を畏怖するあまり、こう考えるやくざたちもいた。「ヤハウェ大親分ほどの尋常ならざる極道者が、果たしてわしら三下の作った別荘なんぞに立ち寄ってくれるんかのう……」。このような見解はステファノ以前より確かに存在していたのである。

そして、この見解に立つなら、どうしてもエルサレム神殿への敬意は薄れる。それを人々は問題視したのだ。エルサレム神殿を飯の種にしているサドカイ組のやくざたちはもちろん、エルサレム神殿の権威を認めていたやくざや民衆たちにとっても、神殿を軽視し、あまつさえ破壊を目論むなどというナザレ組の暴挙は決して見過ごせるはずがない。

やくざたちに向かって、さらにステファノが叫んだ。彼は既に悲壮な覚悟を決めていた。

「おどれらの親父や爺いを見てつかぁさいや！　何遍も何遍も預言者をトッとろうが！　おどれらは遂にのう、キリストまで殺しよったんじゃ！」

預言者とはヤハウェ大親分の命を受けたメッセンジャーである。だが、受け取る方からしてみれば、預言者が本物のメッセンジャーかどうかの見分けなど付かぬ。実際に預言者のフリをしただけの偽物である場合もしばしばあったし、本物の預言者であっても互いに主張が異なっていたり、極端な場合にはヤハウェ大親分が預言者に偽のメッセージを持たせて人々を惑わすことさえあったのだから、とても判断できたものではない。それで彼らは耳に痛いことを言う預言者が来ると、彼を偽物だと決め付けて処刑したりもした。ステファノはその事実を突き、さらには、同じようにお前たちはキリスト——、つまりナザレのイエスを処刑してしまったのだと責め立てたのである。やくざや民衆たちは、このステファノの言葉に苛立ちを募らせていたが、

「見える。わしには見えるんじゃあ！　ヤハウェ大親分の隣にイエスのおやっさんがおる姿が、はっきり見えるんじゃあ！」

これが決め手となった。彼らは耳を塞ぎ、大声で叫びながら一斉にステファノに襲いかかったのだ。そして、町の外まで彼を引きずり出すと、石を投げて打ち殺してしまったのである。ステファノの断末魔の叫びもまた彼らの怒りに油を注いだことだろう。

「おやじぃ。この阿呆どもを許してやってつかぁさいやァ！」

推定A.D.三五年　エルサレム

人々の怒りはステファノ一人を血祭りに上げただけで収まるものではない。群衆のうねりはエルサレムのある一地点へと向けて蠕動《ぜんどう》していた。そう、ナザレ組の本拠地たるナザレ組事務所へ向けて。エルサレム神殿をコケにする不埒な集団、ナザレ組に対して人々の憤怒が集中していたのである。さて、我らがペトロはこの危機を如何にして乗り越えたのであろうか。彼は急ぎヘレニストたちを事務所に集めて叫んだ。

「おう、おどれら今すぐ旅に出え！　殴り込みじゃ、やくざどもがカタギを煽ってぎょうさん殴り込みにきよるど！　おどれら、はよ逃げえ、逃げえ！」

ヘレニストやくざたちはこの報せに目を剝いて驚いたが、七人のヘレニスト幹部の一人、フィリッポスが片言のアラム語で必死に抗弁した。

「何を言ようるんじゃ、おやじ！　そぎゃあこと言うておやじはどないする気じゃい。危ないんはわしらもおやじも同じじゃろうが！」

「わしらはここに残るわい……。喧嘩《でいり》じゃ言うて、極道が一家揃って家を空けて逃げ出したら、人の笑いもんになろうが。エルサレムのシマぁ守るためにも、わしらは残らにゃいけんのじゃ！」

「おやじィ、水臭いこと言わんといてつかぁさい！　おやじが残る言うんじゃったらわしらも残るけん。のう、みんな、死ぬ時は一蓮托生じゃ、のう！」

おうよ、おうともさ、と他のヘレニストたちも呼応する。だが、ペトロは断固として叫んだ！

「コンの馬鹿たれどもが！　おどれら、親の気持ちも分からんのかい！」

ペトロは両目からぼろぼろと涙を流し、口からは泡を噴き出しながら言った。

「どこの世界にのう……我が身惜しさに子供を盾にする親がおるんじゃ！　……ええか、よう聞けえ。万一じゃ、わしらがあの腐り外道どもに皆殺しにされてものう。それでもな、おどれらがの、他の町に逃げてくれとったら、ナザレ組は生き続けるんじゃ。たとえこの町のシマを失ってものう、お前らのような、ようできた子がおればの、いくらでも建て直せるじゃろうが、のう。おどれらはの、わしらの、自慢の子じゃけん……のう……」

最後の方は、ぐすっ、ぐすっと泣き出しながら切々とそう語るのである。

「お、おやじ……」

これにはヘレニストたちも感極まって落涙を止めることができない。親のために子が身を挺するのがやくざの仁義である。それをペトロは、自分の身よりも彼ら子分を案じて、己を捨てて逃げろと言ってくれたのだ。

「おう、ペトロの兄弟もこう言うとるんじゃ。のう、兄弟の気持ちも察してやってくれいや。心配はいらんけん。兄弟のことはの、わしが命に替えても守り通すけえ、の」

さらにペトロの横でヨハネまでがこう言うのだ。ヘレニストたちは決意した。

「おやじ、叔父さん……。本当に……本当にすいやせん……！　わしら、行かしてもらいます。じゃけえど、わしら他の町に行ったら死に物狂いでやりますけん。ナザレ組のシマぁ、命懸けで広げますけん」

「おう……、達者にせえよ。わしら年寄りの分まで、達者にせえよ……」

ペトロはなおも泣きながら俯いたままである。ヨハネは懐から財布を取り出すと、それを丸ごとヘレニストたちに手渡した。

「少ないが取っとけい。ええか、何があるか分からんけん。わしらがええ言うまで、絶対にエルサレムに帰ってくるなよ。分かったな、肝に銘じとけよ。分かったな？」

「わ、分かりやした！　じゃ、じゃけえど。もし、おやじや叔父さんに何かあったら、わしら絶対に帰ってきますけん。帰ってきて、あの外道どもに、絶対に落とし前つけさせちゃりますけん！」

と、顔面を怒りで紅潮させたヘレニストたちであったが、

「あッ、いやいや！　いーやいやいや！」

両手をぶるんぶるんと振って、ヨハネは慌てて諫めた。

「……お、おおお、落ち着け。落ち着けえや。ええんじゃ、ええんじゃ……。ええか、おどれらは、の。とにかく、の。鳴りを潜めて、の。ほとぼりが冷めるのを、な。とにかくじぃーッと待っとればええんじゃ。の。ええか、くれぐれも、大人しゅうしとれよ、ええな？　分かったな？」

と言うと、ヨハネは別れを惜しむヘレニストたちの背中をぎゅうぎゅうと押して、強引に事務所から締め出した。

「はよう行け、はよう逃げい、ほら、はよう、はよう」

そして、彼らが郊外の方へずうっと歩いていくのを窓から見送って、しばらくしてからようやく、ふうう、と安堵の息を漏らした。

「おう、巧くいったぞ、兄弟……。あンの馬鹿たれども、揃って出て行きおったわい」

「これで一安心じゃのう」

見ると、先程まで俯き、ぼろぼろと落涙していたはずのペトロが、しれっとした顔付きで面を上げている。

「じゃが。あと、もう一芝居じゃの」

推定A.D.三五年　エルサレム

その直後、ナザレ組事務所を取り巻く群衆たちを前に、瞼を赤く腫らし、泣きながら訴えるペトロの姿があった。彼の特技はいつでも泣けることである。

「何を言うとるんじゃい。お前さんらものう、知っとろうがい。わしものう、ここにおるヨハネものう、毎日、エルサレム神殿に足を運んどったじゃない。わしらぁもちろん知っとる。お前さんらは、ヤハウェ大親分にもエルサレム神殿にも、ほんまにようと尽くしとる。えらい！　見事じゃ！　子分の鑑じゃ！　じゃがのう、わしらものう、いやいや、お前さんらほどじゃとは言わん、言わんがの、それでもの、毎日欠かさず神殿に足を運んでの、大親分に尽くしとったじゃない。な？　知っとるじゃろ？　お前さんらも見とったじゃろ？　な？」

怒りに駆られ押し掛けてきた群衆たちも、その哀切極まる姿には流石に同情心を呼び起こされてしまった。これがサドカイ組を敵に回し不埒に立ち回っていた、あのペトロの姿なのか、と……。それにペトロの言うことも確かであった。ペトロやヨハネたちが毎日のように神殿を訪れていたのは彼らも知っている。ステファノのように神殿破壊をうそぶく素振りはまるで見られなかった。

「じゃ、じゃ言うてのう！」

群衆の先頭に立つやくざがやや苦しそうに言った。

「じゃ言うて……、あのステファノいうヘレニストどもはおどれの子分じゃろうが。親分なら親分らしゅう子分の責任取ったらんかい」

すると、ペトロが直ぐに大声で叫んだ。

「なァに言うとるんじゃい！　あッぎゃあな親不孝モン！　誰が子分じゃい！」

凄まじい剣幕であった。握った拳にも力が籠っている。だが一転、彼は痛切な面持ちに変わると、

「……わしはの、わしはのう。エルサレム神殿を馬鹿にするような阿呆な子分は持っとらんのじゃ。誰よりもわしは、ヤハウェ大親分とエルサレム神殿を尊敬しとるけん……。ああ、信じられんわい……ほんまにそんな阿呆がおる言うて、わしは信じられんわい……一時とはいえ、そんな阿呆がうちにおった言うて、悲しうて悲しうて、泣けてくるわい……おうッ、ううっ、ぐすっ、ううう っ」

そう言って、またぐすぐすと泣き出すのである。

「あぎゃあな親不孝モンとはとっくの昔に縁切ったけん。もう子も親もありゃあせん。嘘じゃ思うなら、事務所の中入ってとっくりと探してつかぁさい！　ヘレニストの外道ども人っこ一人おらんけん。わしが怒鳴っての、このエルサレムにおどれら外道の息できる場所がある思うな言うたら、あいつら震えて荷物まとめて出て行きよりましたけん。じゃけん、他であいつらが何しようても、わしらには一切関係ないんです。のう、分かってつかぁさいや。分かってつかぁさいや……」

と、時には激情を見せ、時には切々とした様子で、怒りと涙を交えつつ訴えるのであ

った。集まった群衆たちもこれにはすっかり気勢を削がれてしまう。無論、中には納得しかねるやくざ者もいて、彼らは実際に事務所を調べたが、確かにヘレニストなど人っこ一人いない。荷物も完全に消え失せていた。結局、彼らも諦めて引き上げざるを得なかったのである。

こうしてペトロたちへブライストやくざは、ヘレニストやくざを切り捨てることでエルサレムでのナザレ組を存続させたのであった。ヘレニストたちを捨てて保身に走ったという点では非情な判断とも言い得るし、ともかくも流血沙汰を避け、エルサレムでの影響力を後に残したという点では賢明な判断とも言えるだろう。

しかし、歴史は皮肉なものである。現代の我々は知っている。その後、ナザレ組改めキリスト組があれほどまでに広がったのは、この時にエルサレムを追われたヘレニストやくざたちの必死の活躍ゆえであったことを。そして、エルサレムに居残り続けたペトロたちへブライストやくざが、その命脈を保ち得ず歴史の中に埋没していく運命にあったことを……。

［解説］

イエスの死後、遺された彼の取り巻き——弟子たちは活動を継続した。中心人物たるイエスが敗北死したのだから、その場で解散すれば良さそうなものだが、なぜだか彼らは活動を続けたのである。如何なる心理が彼らにそうさせたのかは分からない。新約聖書に描かれる伝説によると、復活したイエスが彼らの前に現れ、また五旬節《ペンテコステ》の日に彼らが「聖霊に満たされる」出来事があったとされている。聖霊というのは説明の難しい概念だが、とりあえずは「人間に影響を及ぼす神の力」とでもしておこうか。この説明も十分とは言えぬだろうが、正直、私の手に余る。

こういった奇跡的出来事が本当にあったのだとしたら、なるほど、彼らが活動を継続させたのも分かる。しかし如何せん神話である。実際どうだったかは分からない。ともあれ彼らは、近い将来、世界に大変革——終末が訪れ、その時にはキリストたるイエスが天下を握るのだと、そう考えていたのであろう。ご存じの通り、あれから二千年が経過したが未だに終末は訪れていない。

もうじきキリストが現れ終末が訪れるというのは、当時の一般的な思想傾向であったし、そのキリストが死んだはずのイエスだというのも、奇矯なアイデアではあるがまだ理解できる（ただし、サドカイ派は死者蘇生という概念を信じていなかったため、死んだはずのイエスがキリストになるというのは受け入れがたい話であっただろう）。だが、イエスを神に類するものと見なし始めたのは理解に苦しむ現象である。旧約を読む限り、キリストと神はイコールにはならないからだ。

そのようなアイデアがどの時期から広まったのかはよく分かっていない。確実と思われるのは、ヨハネ福音書1章1節にある「ことばは、神であった」の一節で、ことばはイエスを指すので、この書が成立した一世紀末頃にはイエスを神とみる傾向が広まっていたと思われる。さらに遡ればフィリピ人への手紙2章6節が、解釈次第ではあるが、イエスを神と等しいものとしていると読める。ローマ人への手紙9章5節も翻訳次第であるが、イエスを神と言っているように読める（口語訳、岩波訳ではそう読めないが、新共同訳、田川訳ではそう読める）。これらの成立年代を考え合わせると、紀元五〇年、つまりイエスの死後二十年が経過した頃には、イエスを神に類するものとみる傾向が既に現れ始めていたと言えるだろうか。

もっとも、このような奇矯なアイデアも、ある程度一般的な意見となるには時間がかかったろうが、個人であれば言い出す人はすぐにでも言い出したことだろう。その点を考慮し、本文ではイエスの死後間もないうちに、イエスは神に類するものだと言い出す者が現れた、という設定とした。なお、使徒行伝にも出てくる魔術師シモンだが、彼は人から神扱いされたと言うし、パウロとバルナバも民衆から神扱いされている（使徒行伝14章12節）。ユダヤ教の知識を踏まえればキリストが神になるはずはないのだが、実際のところ、当時の人々の心性はもっとシンプルで、ちょっとすごい人物を見かけたら誰も彼も神扱いしていたのかもしれない。

さて、第３章後半のテーマは初期教会における内紛である。とはいえ、本文は演出のためかなりの解釈と脚色を加えている。使徒行伝からある程度確実に読み取れるのは、「ペトロたちは毎日熱心に神殿参りをしていた」「ヘブライストとヘレニストの間で寡婦の援助について対立があった」「神殿批判を行ったステファノがユダヤ教徒によって処刑された」「ステファノ処刑がきっかけとなってキリスト教徒に大迫害が発生し、〝使徒以外の者（＝ヘレニストのキリスト教徒）〟がエルサレムから追放された」といった程度である。

ここから状況を推測してみる。まず前提として、イエスはエルサレム神殿の支配体制（民衆からの搾取）に反対していたとする。しかし、にもかかわらずペトロたち十二使徒（ヘブライスト）は神殿への依存体質が抜けきらず、連日足繁く神殿へと通っていた。一方、ヘレニストたちは元々エルサレム住まいでなかったこともあり神殿への依存度は低い。イエスも神殿には反対していた。ならばと、ヘレニストたちは遠慮なく神殿を批判する。

となると、他のユダヤ教徒たちはヘレニストの神殿批判を問題視し、迫害するのである。だが一方で、ヘブライストたちは毎日神殿に通っているのでそこまで目くじらを立てる必要はない。結果として、キリスト教徒の中でもヘレニスト連中だけがエルサレム追放の憂き目にあった。そのように推測されるのである。ヘブライストとヘレニストの間にあったのは根っこは神殿批判に対する温度差であって、寡婦の問題は両者の食い違いが表面化した一つの事例に過ぎなかったと思われる。ヘレニストたちが追放された時、ヘブライストたちがこれ幸いとばかりに彼らを切り捨てたのか、それとも苦渋の末の決断だったのかは分からない。

と、このような解釈を元にして本文は脚色を加えているのであるが、しかし、解釈は解釈である。そもそもの問題としてルカがどれほど真面目に使徒行伝を書いているのか分からない。「十二使徒は偉い人たちだったから、神殿に足繁く通っていたことにしよう」と深く考えずに書いただけかもしれず、だとすると前述の解釈は根底から崩れる。

第4章　パウロ——極道の伝道師たち

広域任侠団体キリスト組の闘争の歴史を追う我々の旅路も序盤のクライマックスへと達せんとし、ここでついに我々はあの恐るべき極道者について語らざるを得ない。ある者は彼こそがキリスト組を代表する大侠客だと称え、またある者はキリスト組の任侠道を根本から破壊した大罪人だと訴える。ともかくもキリスト組の歴史に名を残し、看過できぬ影響力を後世へと及ぼしたやくざであることに間違いはない。推定A.D.三五年。エルサレムにて、この男が二人のやくざ者に声を掛けたところから、物語は動き出す。

推定A.D.三五年　エルサレム

「よう、そこのおふたりさんよう。……わしが見たところォ、ナザレ組の若いモンじゃ、思うんじゃが、のう！」

年若いやくざと、やや年配のやくざ。連れ立って歩いていた二人のやくざ者は、背後から掛けられたドスの利いた声に同時に振り返ったが、その声の主を確認して、若い方のやくざは途端に顔に嫌悪の色を浮かべた。彼は隣のやくざ者の袖を軽く引っ張って、早く行こうと急かしたが、

「そうじゃけんど、どしたんか、の？」

年配のやくざは気にも留めず、男に向かって朗らかに笑い返していた。若いやくざは露骨に渋面を作る。そんな彼の頭を、年配のやくざは大きな掌で、子供をあやすように

わしゃわしゃと撫でてから、

「のう、マルコや。そんな邪険にしてやりなさんな。なんやらお困りのようじゃし、のう」

と、優しい声で笑って言うが、マルコと呼ばれた若いやくざは渋面を崩さず、心中では愚痴すら零している。バル兄は誰に対してもこれじゃけえのう……と。

一方、男は二人のそんなやり取りには些かの関心も示さず、自らの用件を滔々と述べた。

「実は、のう。わしゃ、元はパリサイ組で極道をやっとった者なんじゃが、ひょんなことから、こんなのところの親分さんの俠気に惚れてしもうてのう。わしもナザレ組で男になっちゃろう、思うて、ほんで、ここエルサレムまで来たんじゃが、いかんせん、つての一つもないけん。どうせじゃったら、本家の使徒と盃を交わしたい思うとるんじゃが、のう。こんなぁ、唐突で悪ぃんじゃが、一つ、ナザレ組の使徒を紹介してもらえんかのう」

「ほうか、ええよ」

バル兄と呼ばれたやくざ——バルナバは、この不躾な頼みにも笑顔と共に二つ返事で答えた。たちまち横のマルコが彼の袖をグイと引っ張り、耳元に口を寄せて囁いた。

「バル兄ィ、知っとろうが。こいつ、パウロじゃぞ」

そうしてマルコは、おぞましいものでも見るような目で向かいのやくざを見つめるのだが、そのパウロと来たら、自身に向けられた敵意の視線にもまるで気付いていないようで、空《そら》っ惚《とぼ》けた顔で突っ立っているばかりである。この緊張感のない小太りの男、パウロは、本人の自覚の有無は分からぬが、この界隈では既に一寸《ちょっと》した有名人であった。自身の紹介にもあった通り、パウロは元はパリサイ組のやくざである。それもパリサイ組の大物、穏健派で知られたガマリエルの舎弟であったのだが、これが不肖の弟子というやつで、バランス感覚や中道などといった言葉とは縁遠く、とかく極端に走り易い激烈な人物であり、また、当代随一の夢想家であった。かつて、ナザレ組のヘレニスト、ステファノがパリサイ組、サドカイ組に喧嘩を売った挙句、彼らにより殺害された事件があったが、あの時もパウロは現場にいて、群衆に混じりステファノの処刑を煽っていたのであった。その後、ナザレ組本家はヘレニストたちを口先三寸で操り、彼らを事実上のエルサレム追放と処すことで窮地を凌いだのであったが、このパウロときたら、わざわざ追放されたヘレニストたちを追って襲撃せんとエルサレムを旅立ったのである。ナザレ組のやくざたちからしてみれば、無駄で厄介な行動力と言うしかない。

ところが、だ。その旅の途上でパウロは倒れた。それだけでなく起き上がった時には目が見えなくなっていたらしい。何らかの病気だったのだろうが、この時からパウロはおかしなことを口走り始めた。倒れる寸前にイエスの声を聞いた——と。その後、アナニア——卒倒死したアナニアとは別人である——というナザレ組のやくざが彼の頭に両手を置くと、鱗のようなものがパウロの目から落ちて、たちまち視力が回復したのだという。そのような一件があってから、パウロがナザレ組を襲うことはなくなった。

……と、ここまでは良かったのだが、問題はここからで、パウロは何やら感極まってしまったのか、パリサイ組との盃を水にすると、ナザレ組との盃を交わさんと動き始めたのだ。本人は、イエスから直々に声をかけられ、直々にスカウトされたのだと、そう思っているらしい。「使徒」という言葉がある。これはナザレ組の極道用語で、イエスから直盃を受けた十二人の舎弟、つまり、現ナザレ組の大幹部たちのことを指すのであるが、パウロ本人としては、自分はイエスから直々に命令を受けたのだから、当然、使徒と同列であると、そう信じ込んでいるようだ。良い夢を見たものである。

無論、そんな世迷言《よまいごと》をナザレ組のやくざたちが信じるはずもない。なにせ、先日まで自分たちを殺そうと付け狙ってきた相手である。ナザレ組に付け入るための見え透いた嘘だと疑ってしまう。おまけにパウロご本人としては使徒のつもりであるから、実際は新参者以下のくせに態度だけは異様に偉そうだ。これでは誰にも相手にされない。そういう意味でパウロは界隈の「有名人」なのであった。マルコなども例に漏れず、関わり合いになるのを避けようとしたのだが、その人柄の良さで知られるバルナバは、パウロのそんな状況を内心気の毒に思っていたのであろうか、この度、二つ返事で彼の頼みを引き受けたのであった。

「のう、マルコよ。些か不格好なところはあるかもしれんが、の。パウロさんも気持ちは本物じゃ思うけえ。わしらにできることならしてあげようじゃない」

バルナバはマルコの耳元でそう囁くが、マルコはやはり表情を引き攣らせたままである。一方、パウロはようやく道が切り開かれたと察したのか、パーッと顔を輝かせると、感激した様子でバルナバの手をギュウと握りしめて、

「ほうか、ほうか！　すまんのう、世話んなるのう！　そうじゃ、わしゃあ、ええこと考えたわい。これも何かの縁じゃけえ、のう。こんなあ、わしと五分の盃交わそうじゃない！　おう、それがええ、それがええ、のう！」

あっけらかんとそう言った。これには、流石のバルナバも仰天したようで、あんぐりと口を開いたが、隣のマルコはたちまちに顔を紅潮させると激しく怒鳴りつけていた。

「おどりゃ！　黙って聞いとりゃどこまで逆上《のぼ》せ上がる気じゃい！　牛の糞にも段々があろうが。バル兄とおどれが五分の盃か？　何を吐かしちょるんじゃこのドサンピンが。一遍、小便で顔洗って出直してこいや、あぁッ!?」

——マルコの怒りももっともであった。パウロの知るところではないだろうが、バルナバもナザレ組では相応の顔役である。その彼がわざわざパウロのために骨を折ってやろうというのに、事もあろうか、そんな彼に対しパウロは対等の条件での兄弟盃を持ち

掛けたのだから。もはや非礼を通り越して挑発の域と言える。しかし、

「……ほああっ？　おどれは一体、なぁーにを言うちょるんじゃ？」

怒鳴りつけられたパウロと来たら、マルコが何に対して怒っているのかもまるで理解できぬ様子である。仕方がない。ご本人としては自分は使徒なのだから。五分の盃を提案したのも、バルナバの骨折りに対する最大限の謝意であって、パウロ自身の気持ちとしては、これ以上ない譲歩、出血大サービスであった。バルナバ、マルコ共に号泣して喜び咽《むせ》り、直ちにこの申し出を受けるのが当然であって、マルコが一体誰に対して怒鳴っているのかすら、彼には皆目見当もつかないのであった。

「は……はは、ははは……」

バルナバも引き攣り笑いを続けるばかりである。

結局、この後、二人は本当に五分の兄弟盃を交わすこととなり、パウロはバルナバの紹介でナザレ組本家の使徒を紹介されることになる。

推定A.D.四三年　アンティオキア

——八年後、パウロとバルナバはエルサレムの北、アンティオキアの地にいた。あれからパウロはバルナバの紹介により、ナザレ組本家の使徒ペトロなどと知己になったのであるが、本家では忽ちパウロを持て余した。なにせ彼は元パリサイ組のバリバリの武

闘派やくざだ。ナザレ組やくざたちのほとんどはやっぱり彼を信用できなかったのだ。その上、パウロは異様に態度がでかく、ペトロ相手でさえ「ケファっちゃん」などと馴れ馴れしく呼び、当たり前のように同輩付き合いをしようとする。これでは下の者に示しが付かない。ペトロは露骨に嫌な顔をするがパウロは気付かない。それどころか、調子に乗って「五分盃を交わそうじゃない」などと言い出す。流石にこれはペトロが巧く言い逃れて回避したようであるが。

さらに悪いのは、パウロがエルサレムのヘレニストやくざたちと口論になり、彼らを激怒させたことである。ヘレニストと言ってもナザレ組のヘレニストではない。それにヘレニストと言えど、皆が皆、神殿に対して懐疑的だったわけでもない。神殿寄りのヘレニストも当然存在した。ペトロたちナザレ組本家は、パリサイ組やサドカイ組などと事を構えるのを恐れ、これまで慎重に対処してきたのだが、結果としてパウロは彼らを挑発してしまったのだ。パウロが彼らに命を狙われたこともあって、これ幸いとばかりに、ペトロたちはパウロをエルサレムから脱出させた。というか、追い払った。

タルソスへと逃げ出したパウロはそこで宣教を行なっていた。宣教とは極道用語で、ユダヤ組のやくざや他のフリーのやくざたちを勧誘してナザレ組へと組み入れることを意味する。一種のスカウト活動である。そして、その噂がバルナバの耳へと届き、不憫に思ったのだろうか、彼は宣教活動のパートナーとしてパウロをアンティオキアへ招聘したのであった。

しかし、棚からぼた餅とでも言うべきか。これが、意外なまでによく働く。パウロの説教――勧誘演説――にやくざたちはころりといってしまう。効果てきめん。人には何かしら長所があるものだ。もっとも、このパウロの長所は同時に問題も孕んでいたのだが、まだこの時点では顕在化していない。ともあれ、パウロの尽力もあってアンティオキアの教会は一致団結した見事な共同体となったのである。「教会」というのは極道用語でやくざの共同体を指し、ほぼ「組」と同義である。やくざの事務所ではなく、基本的にはやくざの集まりを指して教会と呼ぶ点をご留意願いたい。

なお、もう一点。――この頃からナザレ組のやくざたちは、自分たちの組を「キリスト組」と自称し始めた。ゆえにこれからは、本書もナザレ組あらためキリスト組と表記することにする。

話を戻そう。バルナバとパウロの活動が軌道に乗り始めた頃、事件が起こった。この一帯を襲った苦難――、飢饉である。それに伴いアンティオキア教会に一通の手紙が舞い込んだ。

「どうしたもんか、のう」

エルサレムのキリスト組本家から送られてきた手紙をまじまじと見つめながら、バルナバは小さく溜息を吐いた。一方でパウロは、

「そがな暗い顔して、どがいしたんじゃい、兄弟」

と、無邪気な声を出す。飢饉が長く続いているというのに、この男は何故か体型も小太りのままで血色も良い。にもかかわらず、彼は何かしら持病を抱えているらしく、しばしば失神し、視力障害に陥る。奇妙な男である。

パウロはバルナバ宛の手紙を無遠慮に覗き込んだ。

「ほう、本家からかい」

「うむ……」

「なんじゃ言うて?」

「それがのう。エルサレムの本家が飢饉で貧しゅうて苦しんどる言うて、わしらに金を送ってこい言うとるんじゃ……。そがいなこと言うて、飢饉で苦しんどるのはこっちも同じじゃけん。どぎゃあせえ言うんじゃろうか、のう……」

先程からのバルナバの苦悶の吐息はこれが原因であった。しかし、パウロはこれを無邪気に笑い飛ばした。

「なんじゃ。兄弟はそぎゃあなことでウジウジ悩んどったんか。水臭いのう、なんでわしに相談してくれんかったんじゃ。ああ、もう、ええ。もうええけん。なーんも心配せんでええけん。ええから、わしにドーンと任しときゃええ。兄弟も知っとろうが、のう。わしがちッと説教すりゃ若いモンは皆コロッと……、のう!　ガハハ、ガハハハ!　のう、任しとけえ、任しとけえ。金なんざ、湧いて出る水のようなもんじゃけえ、のう！　ガハハハハ！」

「…………」

実際、パウロの大言壮語は虚勢ではなかったのである。彼の説教は人心を摑み、アンティオキアのやくざたちから相当の額の上納金を集めることに成功した。それをエルサレム本家の長老ヤコブ――彼はイエスの実弟である――に渡したのだが、誰もが苦しいこの時に、まとまった金額の上納金をほいと差し出したパウロとバルナバの手腕を、本家が高く評価したのは当然であった。彼らは、男を上げたのである。だが、その帰り道もバルナバの顔は晴れることはなかった。

「おう、どしたんな、兄弟。そぎゃあないつまでも暗い顔して。わしのおかげで兄弟もええ男になれたじゃない、のう」

「…………」

「ヤコブさんもわしらのおかげで、エルサレムの若いモンを食わせていけるゆうて泣いて感謝しとったじゃない。じゃのに、なぁーにをメソメソ、犬が小便引っ掛けられたみたいな面ァしとるんじゃい」

「…………」

「あれか？　アンティオキアの若いモンが無理して金を出して困っとらんか心配しとる

んか？　そぎゃあな心配せんでええけえ、ええけえ。兄弟が言うた通り、わしゃちゃんと言うとるんじゃけえ。無理のない範囲でええんじゃぞ、気持ちだけ出しゃあええんじゃぞ、っちゅうて言うとるんじゃけん」

「…………」

だが、それでもバルナバの顔は晴れない。確かにパウロは彼らに言っていた。無理をする必要はない、と。けれど、その時の文脈や語勢を鑑みれば、彼らは決して文字通りには受け取らなかっただろう。パウロの言葉はむしろ彼らに無理を強いていたように思われたのだ。

それに、気がかりな点はもう一つある。良くも悪くもエルサレム本家はパウロの実力を知ってしまったのだ。パウロには類稀《たぐいまれ》なる集金能力があるという、その事実を……。

推定A.D.四五年　パンフィリア

「わしゃあ、もう、どうにもいけん！　いくらバル兄の供じゃいうて、もう限界じゃ。先、帰りますけん！」

パンフィリアのペルゲの宿屋にて。夜中、パウロが寝静まった頃合を見てバルナバを外に引っ張り出したマルコは、ついに溜まりに溜まった胸の内を爆発させた。バルナバも従兄弟の突然の激情に困惑の顔を見せる。アンティオキアから出発したバルナバ、パウロ、マルコの三人の宣教旅行が、サラミス、パポスを経由し、パンフィリアのペルゲへと至った夜の出来事であった。

「限界じゃあ言うて、こんなぁ、……やっぱりパウロの兄弟のことか？」

「他に何がありますのん！」

と、マルコは苛立たしげに応える。彼が初対面の時からパウロを好いていないことはバルナバも重々承知していた。あれからもマルコは遣いなどで度々アンティオキアを訪れたのだが、いつもパウロに対してはよそよそしい態度を取っていた。バルナバとしては仮にもパウロは兄弟分なわけだし、いつまでもこのままの関係では駄目だと考え、思い切ってこの度の宣教旅行にマルコも同伴させたのだが、これが逆効果であったようだ。

マルコはこれまでの旅で溜まった鬱憤をバルナバにぶつけた。

「あんのパウロのボケナスめが、なーにがキリスト組の宣教じゃ！　あのばかたれ、イエス親分の話なんざ何一つしようとせんじゃない。あいつが話しちょるんは、ただただ、失神してブッ倒れた時に聞いたいう、あいつの幻聴のイエス親分の話だけじゃない。これ以上、あいつの妄想に付き合《お》うとられんですわ。下らん、下らん！　わしゃもう帰るけん！」

と、拳を震わせ怒鳴り散らすマルコにバルナバは返す言葉もない。それは彼もまた以前より危惧していたところであった。果たして、パウロは一体何を語っているのか……。

彼の目指すキリスト組の任俠道は、自分たちが追い求める任俠道と本当に同じものなのだろうか……。

バルナバも危惧するパウロの「宣教」であるが、彼は一体どのようなことを語っていたのだろうか。それを述べるには、まずユダヤ組の「律法」という概念について説明せねばならない。ご存じの通り、ユダヤ組の大親分であるヤハウェは恐怖のやくざであった。敵を殺すのはもちろん、仲間であっても、裏切り者は勿論、自分の命令に背いた者、ミスをした者は直ちに殺す。本人を殺すだけでは飽き足らず、家族を殺し、子孫も殺す。その圧倒的恐怖にユダヤ組のやくざたちは縛られて生きているのである。

そして、ヤハウェ大親分から発せられた数々の命令は「律法」と呼ばれた。これに違反すると殺されるのである。実際は、ヤハウェ大親分もいちいち殺すのは面倒くさいのか、それとも自分で言ったことを忘れているのか、後でまとめて殺すつもりなのか、分からないが、律法を犯した者が皆必ず死ぬわけでもないため、部分部分ではなあなあになったりもしている。一方では恐怖により自粛自粛が進んで過剰に厳しくなっている律法もある。

ともあれ、ユダヤ組のやくざたちは律法を犯すことを恐れて戦々恐々としながら日々を過ごしているのだが、パウロに言わせれば、もはやこれに怯える必要はないのだという。かつてのユダヤ組やくざたちはうっかりと律法を犯してしまった場合、サドカイ組の事務所たるエルサレム神殿へ動物などを献上していた。ヤハウェのルールを破れば、当然ヤハウェは怒り狂うので贈り物を贈って宥《なだ》めるのである。ヤハウェは肉の脂身が大好物だった。

だが、パウロに言わせれば我々はもはやステーキを献上する必要はない。なぜならば、動物の肉よりも素晴らしいものが、既に宥めの贈り物としてヤハウェに届けられたからである。その贈り物がイエスであった。神殿で動物を殺す代わりにイエスが殺されてくれた。この贈り物に大満足したので、ヤハウェはもう律法を破ったくらいでは怒らないのだ。そして、このイエスという贈り物を贈った贈り主が、なんとヤハウェ自身なのである。そうまでして、ヤハウェは我々を律法に怯える生活から解き放ってくれたのだ。なんというヤハウェ大親分の心の清らかさ、誠実さであろうか。だから我々は、ヤハウェの誠実ささえ信頼していれば、後はもう律法を守る必要性も動物の贈り物も何も要らないのだ、そういう理屈を滔々と述べたのであった。

もちろん、これは理屈としては異常である。ヤハウェが自分の怒りを制御できないからといって、子分をわざわざ死地に追いやり、そうして惨めに死んだ子分の姿を見て苛立ちが解消されたのだ、と言われても何が何だか分からない。いや、ヤハウェの凶悪さを考えればそのくらいのことはやりかねないのだが、とはいえ、これがヤハウェの誠実さだと言われても常人には理解に苦しむ話である。しかし、パウロの熱烈な弁舌もあり、この理屈にうっかり納得してしまうやくざも相当数いた。

ともかくパウロにとっては、自分たちのために十字架で死に、そして生き返ったイエスだけが重要なのであって、それ以前のイエスの活動などは彼の興味の範囲外であった。もちろん、エルサレムでペトロを訪ねた時に、彼はイエスの生前の話も聞いたのであるが、いかんせん興味がないので人には語らない。パウロにとって生き返ったイエスと言えば、パウロが失神直前に聞いたというイエスの声だけなので、結果、彼の語るイエスとは、要するに夢想家の彼が聞いたと信じる「イエスの声」だけなのである。マルコが怒り狂っていたのはまさにこの点であった。

そしてパウロは、イエスが死から復活したように自らも不死の肉体を手に入れて、不死身のやくざと化すことを夢見ていた。不死身のやくざとなる時はもう間近に迫っていると彼は信じていたのである……。

思い出したらまた腹が立ってきたのか、マルコはこめかみに青すじを浮かべて、

「わしゃあの、確かにイエスの親分のことはよう知らん。人伝にちょこちょこと聞いただけの頼りない知識じゃ。パウロの言うとることがイチからジュウまで皆間違っとるとも言わん。……じゃけんど、わしゃイエス親分の俠気に惚れてキリスト組に入ったんじゃ。サドカイ組じゃろうがパリサイ組じゃろうが構わず喧嘩を売って、ヤハウェ大親分への仁義に生きる、その生き様に惚れたんじゃ！　わしらキリスト組はイエス親分あっ

てのキリスト組じゃ。勧誘するんならイエス親分の生き様こそ語るべきじゃろうが。わしゃ、これ以上、パウロの妄想に親分が汚されるんは我慢ならんのじゃ！」

と、一気呵成に言い切ると、グイと顔を近づけた。

「兄ィ……兄ィも、本当は分かっとるんじゃろうが」

「…………」

「パウロは、危険じゃ。ただのボンクラなら捨て置けばええが、アレにはおかしな力がある。人を妙な妄想に取り込む力があるんじゃ……」

「…………」

「このまま野放しにしとったら、あいつは多くのボンクラを取り込んでいくじゃろう。そしたら、キリスト組は今より遥かにデカイ組織になるかもしれん。じゃけど、そん時にはわしらが目指しとったキリスト組は跡形も無くなっとるわい。パウロ組とでも言うべきものに、取って代わられとるじゃろう……。兄ィ、手ェ切るなら、早い方がええど」

「…………」

熱っぽく迫るマルコ。だが、バルナバは静かに首を振ると従兄弟の肩を軽く二度叩いた。

「兄弟のことは……わしが、もう少し様子見るけん」

マルコはこの答えにまるで納得しかねる様子であったが、バルナバが逆に彼に問い質した。

「——で、帰る言うて、こんなぁ、どこへ戻る気じゃ。エルサレム本家のペトロさんのところか？　それとも、ヤコブさんか？」

話を強引に変えられて、マルコは苦い顔をしながらも、それでも吐き出すように答えた。

「わしゃ、ペトロさんもヤコブさんも好かん」

「…………」

「なんじゃ言うて、ペトロさんはいざという時にイエス親分を見捨てて逃げた言うじゃない。いや、そりゃ恐ろしかったじゃろうけん、気持ちは分かるけんど。じゃけえ言うて、そん時の不義理をすっかり忘れて、今デカイ顔してふんぞり返っとるんがマン糞悪いわい」

「…………」

「ヤコブさんに至っては昔はイエス親分のことをキチガイ扱いしくさってからに、組が大きうなってきたら、今度は親分の実弟じゃ言うて本家の幹部にすっぽり収まりくさった。今じゃペトロさんも追い抜いて事実上の組長じゃ言われとるし、これも！　またッ！　マン糞悪いわいッ！」

と言って、マルコは力任せに宿の柱を殴りつけた。当然、拳の方が痛かったらしく、彼は泣きそうな顔を作る。

「……で、結局、こんなあ、どこ行くん？」

「そうじゃのう……」

赤く腫れ上がった拳を撫でながら、瞳に涙を溜めて言う。

「ま、でも、なんじゃ言うても、わしゃペトロさんとこ行くわい。マン糞は悪ィが、言うてもヤコブさんよりはマシじゃし、何より生前のイエス親分のことを一番よう知っとるんはあの人じゃけん。ペトロさんから色々聞いて、他の人にも話聞いて、イエス親分の言葉集とかあったらそれも読んで、そんで、わしゃあ……」

マルコは確かな熱意を込めて言った。

「わしゃ、イエス親分の伝記を書くことにするわい。このままパウロの好き勝手にさせとったら、みんな本当のイエス親分のことなんざ忘れて、パウロの妄想の親分しか知らんゆうことにもなりかねんけえの。ま、それにどんくらい意味があるんか分からんけど、わしみたいなはみ出しやくざが一人くらいおってもええんじゃないか、思うての」

後年の話だが、彼の描いたイエスの伝記は、後に『マルコ福音書』として知られることになる。史上初めて成立したとされる福音書である——。

翌朝、パウロが目を覚ました時、既に宿にマルコの姿はなかった。パウロは怒りを爆発させ、途中離脱したマルコの惰弱さをバルナバに向かって詰《なじ》りに詰った。「あのマルコの餓鬼！　お母ちゃんのおっぱいが恋しうなったんかいの！」などと喚くパウロに、「こんなぁと一緒は耐え切れん言うて帰ったんじゃ」とは言えないバルナバは必死にパウロを宥めた。

二人はそれからも旅を続け、ピシディアのアンティオキア――スタート地点のアンティオキアとは別の土地である――、イコニオン、リュストラ、デルベなどを移動した。どこでもパウロの宣教の結果は大同小異であり、パウロが話をすると、大勢のユダヤ人やくざやギリシア人やくざがこれを信じた。そして、同じく大勢のユダヤ人やくざたちが彼を敵視した。律法を守らなくても良いなどと触れ回るパウロは、彼らにとっては極めて危険なやくざであったからだ。パウロとバルナバはどこの街でも逃げ回る破目になった。旅が苦しくなるとパウロはいつも離脱したマルコを罵倒し、その矛先はしばしばマルコを誘ったバルナバにも向けられた。バルナバはパウロの口汚い罵りも平然と受け流していたが、彼の心中にも一点の不安があった。リュストラにおいて、彼とパウロは人々から大親分と目されそうになったのである。ヤハウェでもなくイエスでもなく、自分たち旅の宣教やくざ風情が人々から大親分と見なされかけたのであった。バルナバの心中にマルコの言葉がリフレインする――。

「そん時にはわしらが目指しとったキリスト組は跡形も無くなっとるわい。パウロ組とでも言うべきものに、取って代わられとるじゃろう……」

もしかすると、いつの日にか、パウロがイエス親分やヤハウェ大親分と同じ位置にすっぽりと収まってしまうのではないか。そんな光景を幻視し、バルナバはぶるりと身を震わせたのである。果たして、彼がリュストラで見た光景はそんな不吉な予言の予型であったのだろうか――。

推定Ａ.Ｄ.四八年　アンティオキア

パウロとバルナバ――、脆く危うくも成立していた二人の友情が儚くも崩れさることとなる事件が起こったのはこの年の暮れのことであった。だが、その事件を語るには、先にこの年の晩夏からの流れを追って説明せねばならない。

事の起こりは、エルサレム本家からアンティオキア教会に、幾人かのキリスト組やくざが訪れたことだった。彼らはアンティオキアのやくざたちが割礼を受けていないと知ると、仰天してこう言ったのだ。

「おどれら、なんで割礼受けとらんのじゃ。割礼はヤハウェ大親分の定めたルールじゃろうが。……はあ？　割礼受けんでも不死身のやくざになれるとパウロさんが言うちょった？　誰ねえ、そのパウロいうチンピラは。おう、誰ねえ、ここの責任者はよう。モタレを好き勝手させてなぁにをやっとるんじゃい。……えっ。えええッ⁉　バ、バルナバさんじゃと！　な、なしてバルナバさんがそんな阿呆を放っとるんじゃ……」

　このやくざたちは早速バルナバへと詰め掛けた。バルナバもパウロの理屈に諸手を挙げて賛成していたわけではないが、とはいえ、ヤハウェ大親分の恐怖に縛られて生きることには疑問も感じていたから、それなりにパウロのことも弁護する。やくざたちは納得のいかぬ面持ちながらも、バルナバの顔を立ててエルサレムへと引き返していった。

　なお、ここで彼らの言っている割礼というのは男性器の包皮の一部を切除する儀式のことである。現代で言えば包茎手術にほぼ等しい。なぜ、このようなことをヤハウェ大親分が命じたのかはよく分かっていない。ともあれ、この割礼ルール、つまり「律法」を、パウロとしては断じて容認できなかったのである。彼の理屈では律法の遵守は最早不要であるからだ。翌日、アンティオキア教会へ戻ってきたパウロは、バルナバからこの話を聞くと血管もはち切れんばかりに怒り狂った。

「わ、わ、わしの不在中にウジ虫どもが入りこんできよったか！　え、え、ええか、おどれら。わ、わしの言うたことがのう、わしの言うたことこそが、真実じゃ。そ、そいつらはの、エルサレム本家から来た言うとったようじゃが、わしゃ間違いのう言える。そ、そいつらは偽物じゃ！　キリスト組やくざのフリをしたどこぞのチンピラに違いないけん。じゃけえ、なんも信じちゃいけん。わしの言うとるのと違うことを言うやつは全部偽物じゃけえ、信じちゃあいけん」

と、パウロは断言するが、アンティオキアやくざたちの動揺は簡単には静まらない。これまで彼らはパウロの宣教しか聞いておらず、ゆえに、パウロの言葉だけを信じていた。だが、他のキリスト組やくざがパウロと真っ向対立する考えを残していったために、彼らの中でのパウロの絶対性が揺らいだのである。パウロ王国の城壁に亀裂が入った初めての瞬間であった。これを王国の主たるパウロ大王はヒステリックなまでに危惧したのである。

「え、え、ええか、おどれら！　もしも……もしも、おどれらが割礼する言うんじゃったら、不死身のやくざになれる可能性は潰えたと思えっ！　お、おどれらは、知らんじゃろうけどの、律法なんぞというものは、守ろう思うて守りきれるようなものじゃないんじゃ。誰もが失格する。じゃけん、ヤハウェ大親分はイエス親分を殺してまでわしらを赦そうとしてくれたんじゃろうが。そ、それでも割礼する言うんじゃったら、……い、い、いっそのこと、お、おどれらの一物なんぞ切り落としてしまえいっ！」

怒りのあまり半ば痙攣まで起こしながらパウロはこんなことを叫ぶのである。だが、アンティオキアのやくざたちはなおも何を信じれば良いのか分からず顔を曇らせるばかりだ。埒が明かぬ。パウロは決心した。バルナバと共にエルサレム本家に乗り込み、この問題に決着をつけねばならぬ、と。それを告げられてバルナバは眉を曇らせた。

数週間後、エルサレムへと到着したパウロとバルナバは直ちにエルサレム本家へと足を運んだ。割礼の問題に関し、本家のはっきりとした回答を得るためである。これがいわゆる「エルサレム使徒会議」だが、パウロは自称使徒だし、バルナバは自称でも使徒などと名乗っていないのでこの名称が適切かは分からない。彼らを出迎えたペトロは、二人の用件を聞いてこれまた眉を曇らせた。

そんなペトロの顔付きを見たバルナバが、彼の前に進み出て穏やかに言った。

「のう、ペトロさん。わしゃ、パウロの兄弟の言うことも一理ある思うちょるんですわ。なにせアソコの皮を切るいうたら血ィも出ますし、しばらく動けんようなりますじゃろう。元からのユダヤ人やくざならともかく、ギリシア人のやくざなんかは割礼せえ言われたら恐ろしい思うのは当然ですわい」

「じゃいうて、怖いけえいうて、やらんゆうんじゃったら、極道は務まらんじゃろうが」

ペトロが反論する。バルナバは言葉を重ねた。

「それにイエスの親分は、ヤハウェ大親分の律法に縛られ過ぎるんもようない言うて、それでパリサイ組やサドカイ組と喧嘩しとった面もあるんじゃろう?」

「そ、それはそうじゃけんど……。お、おどれらが思うちょるよりも、大変な問題なんじゃぞ。律法っちゅうのは、高度に政治的な問題で……」

ペトロはどうにも歯切れが悪い。バルナバの後ろではパウロがイライラとして、今にも暴発しそうな危険な雰囲気を醸していている。だが、勘の良いバルナバはペトロの妙な歯切れの悪さの裏にあるものを徐々に理解し始めていた……。バルナバも耳にしていたのである。昨今のユダヤ人やくざたちの民族主義的な傾向を――。

つまりはこういうことだ。ユダヤ人やくざたちは、近年、自分たちの支配者であるギリシア人に対する敵対感情をますます強めていた。これはイエス在世時から既に燻っていた問題であったが、時を経るにつれてヒートアップしていき、終いにはユダヤ人やくざの一斉蜂起――ユダヤ戦争へと繋がるのである。今はその一歩手前の段階にあったのだ。

このような状況下でキリスト組がギリシア人やくざに配慮して割礼を免除したならば、当然、ユダヤ人やくざたちはキリスト組を裏切り者と見なすであろう。また、キリスト組の中にも「ユダヤ人寄り」のやくざは一定数いたため、割礼の免除は彼らの反感も買い、キリスト組が内部分裂を起こす可能性もある。割礼の免除は「ユダヤ人のルール」から一歩遠ざかることであり、すなわち、ユダヤ人連帯意識からの逸脱をも意味するのである。ペトロの言う「高度に政治的な問題」とは、このような意味合いを含んでいたのであった。

が、もちろんパウロには通じない。彼は元気に怒鳴り散らした。

「おう！　ケファっちゃん、何をぐだぐだ言うとるんじゃい。なーんも考えるこたなかろうがい！　こんなぁの仁義に照らして白黒パリッとつけたりゃあえかろうがい！」

単純に白黒パリッとつけられないから高度に政治的な問題なのである。能天気極まるパウロに、バルナバとペトロが揃って呆れた視線を向けていると、その時、奥の方から、のっそりと一つの影が現れて、静かに彼らへ歩み寄ってきた。気配に気付き、振り返ったペトロが声を掛けた。

「お、おう？　ヤコブか」

「やあ、みなさん」

満面の笑みを湛えた、恐るべき肥満体の男がそこにあった。口調も異様にのんびりとしていて、表情は作り事めいて穏やかである。頭はツルリと禿げ上がり、鼻の下からは二本の長い泥鰌髭《どじょうひげ》が丸い顎の辺りまで垂れている。男は柔和な笑みを崩さずに言った。

「実はねぇ、先程からお話を聞かせて頂いちょりましてねぇ。わたくしには、パウロくんの言うこと、甚だもっともじゃと思われましてねぇ」

「お、おい、ヤコブ！　何を言うちょるんじゃ！」

と、ペトロは慌てるが、突然現れた意外な援軍にパウロの方は喜色満面である。このヤコブという男、かつては実兄イエスの気が触れたと思って母マリアと共にイエスを家に連れ帰ろうとした程であるが、キリスト組の組織が育つにつれて、いつの間にやらすっぽりと幹部に収まり、さらには組長の実権をペトロからほぼ収奪しつつある段階であった。だが、この経緯の詳細は分からない。初期キリスト組の権力を巡るペトロとヤコブの暗闘について、筆者の手元の資料「新約聖書」は何も語ってはくれない。

ペトロはヤコブの軽率な一言に食ってかかった。

「おう、ヤコブ！　こんなぁもこれがどういう問題か、よう知っとろうが！」

「ええ。ええ。もちろん存じちょりますとも……。ところで、わたくし、パウロくんとは一度腹を割ってお話がしたいと思うちょるのですが、申し訳ないんじゃけど、バルナバさんには一時、席を空けてもらえませんかねえ」

やはり、ゆるりとした調子でヤコブはそう言うと、子分に命じて上等な酒を持ってこさせ、無理矢理にバルナバの手に盃を握らせた。

「では……。パウロくんは少しお借りしますけん。バルナバさんも、しばし、お楽しみ下さいね」

ヤコブがパンパンと手を叩くと、今度は酒肴を持った若いやくざたちが現れ、バルナバの前に手際良くそれを並べていく。パウロは指を咥《くわ》えてそれを羨ましそうに見ていたが、

「ささ、パウロくん、行きましょうかね」

ヤコブに手を引かれ、ペトロと共に奥の部屋へと消えていった。バルナバは何とも不気味な思いに駆られながらも、こうなっては仕方ないので諦めて葡萄酒をちびちび舐め

ていたが、小一時間も経たぬうちに奥から三人が連れ立って戻ってきた。ヤコブは相変わらずの柔和な表情で、パウロに至ってははちきれんばかりの笑顔を浮かべ、一方ペトロは複雑な顔のままだ。呵々大笑しながらパウロはバルナバの背をドンと叩いた。

「兄弟、話は付いたぞ！　いやあ、ヤコブさんはほんまに話が分かるお人じゃ！　ケファっちゃんとは器っちゅうもんが違うわい、ガハハハ！」

と、ペトロの目の前で無思慮に言った。もうペトロも諦めているのか、完全に無視である。パウロはバルナバの前に並べられた皿から野菜料理を摘んで口に放り込んだ。

「……で、どういうことになったんね。兄弟」

とまれ、パウロの上機嫌からして概ね我々の意見は通ったのだろう。その点に関しては安堵しながらバルナバは尋ねた。

「おう！　ヤコブさんからお墨付きを貰ったわい。律法の中の最低限のルール以外は、後は好きにせえ、守らんでもええ、いうことになってよう。もちろん割礼もじゃ！」

「ほう、ほう、良かったのう」

バルナバは素直に喜んだ。

「おう、兄弟。実は、それだけではなくてのう、こっちはの、大ニュースじゃ！」

「なんじゃね」

「聞いて驚けよ、兄弟！　実はの、ヤコブさんのきってての頼みでの、この度、わしが異邦人財務部長いう大役を任されることになったんじゃ！」

「財務……？　は……？」

ここで一転してバルナバの表情が曇る。財務部長……。その響きに彼はこの先立ち込めるであろう暗雲を予感していた。そんなバルナバの態度には一向気付かず、パウロはなおも自慢げに言う。

「いッやぁ～！　わしにゃ、そんな大役は無理じゃ言うたんじゃが、何度断っても、ヤコブさんにどうしてもどうしても言うて頼まれてのう！　今後は宣教する傍ら、あちこちの教会から上納金を集めての、エルサレム本家に送金してくれえ言われたんじゃ。なんでも聞いた話じゃと、エルサレム本家は相当厳しうて若いモンに食わせるメシもないくらいに困っとるらしいけえのう！」

バルナバはちらりと向かいのヤコブを見た。恐ろしい程の肥満体がにこにこと笑っている。

「そ、それで……兄弟は、その仕事を……」

「おう、もちろん引き受けたわい！　考えてみりゃあ、こんな仕事ができるんは、キリスト組のやくざの中でも、ま、わしくらいしかおらんじゃろう！　じゃけん、わしが一肌脱いでヤコブさんを男にしちゃろう思うての。ガハ、ガハハハ！」

相変わらず上機嫌に笑い続けるばかりである。バルナバは真っ青な顔でパウロから目を逸した。ペトロと目が合った。ペトロの顔も困惑に包まれている。

翌日、エルサレム本家に使徒や長老など主だった幹部やくざが集められて、ペトロ、ヤコブの口から律法に関する昨日の決定事項が皆に伝えられた。会場は騒然としたが、ペトロの名演説により場は何とか収まった。流石にペトロも役者である。そうして一応の諒解が取り付けられ、パウロとバルナバはエルサレムを後にした。二人が立ち去った後でペトロは不安そうにヤコブに尋ねた。

「のう、ヤコブの。これで、本当に良かったんかのう。上のやつらはともかく、下のやつらが納得するとは限らんわい。いや、今日の雰囲気じゃと、あの場にいた幹部たちもすっかり納得したとは思えん。きちんと下に伝えてくれるんじゃろうか……」

「わたくしはね、パウロくんみたいな人が大好きなんですよ」

ペトロの憂慮には応えず、ヤコブはいつも通りの穏やかな調子で言った。

「パウロくんは、いつも一生懸命で、真っ直ぐで、正しいと信じたことは決して曲げない。どんな苦境にあっても決して挫けず、全身全霊で取り組む。純粋で、素朴で、エネルギッシュで、パワーもあってガッツもある。それに何より彼は……」

ヤコブはふくよかな頬を一層緩ませてニンマリと笑った。

「大変に扱い易い」

推定Ａ.Ｄ.四八年　アンティオキア

エルサレムより戻ってきてから、バルナバはずっと考え続けていた。……とりあえずパウロの主張は通った。アンティオキアの教会はこれまで通り自分たちのやり方でいくことが認められた。これから先、新たに開拓した宣教地でもそうだ。ここまでは単純に喜んでいい。

だが、パウロが破顔して受けた「財務部長」とやら……、あれが厄介だ。肩書きだけは結構なものだが、要は交換条件ではないか。好きなように宣教していいですよ、たくさんやくざを勧誘して下さいね、その代わり彼らから上納金を取り立てて本部に送ってくるように！　……つまりはそういう話だ。パウロは分かっているのだろうか？　単に面倒な仕事が増えたというだけではない。近々パウロと共に行く予定だった宣教旅行の色合いもこうなると少し変わってくる。

これまでの自分たちは上納金という問題をあまり前面に押し出してはこなかった。パウロと話し合って、相手先の負担とならぬよう、できるだけ旅費や滞在費は自分たちで稼ぐようにもしてきた。もっとも完全に自己負担でやってこれたわけでもなかったから、少なからぬ援助を彼らから受けていたのではあるが、今度からは加えてエルサレム本家への上納金も用意するよう言わなければならない……。言われる方からしてもたまったものではないだろう。金目当ての宣教だと疑われるに決まっているし、我々を見る目も変わってくるはずだ。これからの宣教の旅は今まで以上に過酷なものとなるだろう。とんでもない重荷を背負わされてしまった……。

と、バルナバは悶々とした気持ちでいたのだが、一方のパウロと言えば、エルサレムより戻ってきてからというもの連日上機嫌で、アンティオキア教会のやくざたちを前に何度目とも分からぬ武勇伝を繰り返している。

「で、そこでじゃな！　バルナバの兄弟が弱腰でのう。ケファっちゃんも、あんまりにも煮え切らんもんじゃけん。こりゃあ、わしが助けてやらにゃどうにもいけん思うてな。ズバーンと言ってやったんじゃ！　ズバーンとな！　ええか、よう聞いちょれよ。…………のう、ケファっちゃん。おどれの仁義に照らしてみりゃあ、答えは一目瞭然じゃろうが！　……ってな具合によう！　そしたらケファっちゃんシュンとしてしもうてなあ。ちょっと強う言い過ぎたかな思うとったら、横からヤコブさんが助け舟を出してくれてのう。全部パウロさんの言うとおりじゃ言うて、で、そのヤコブさんが、どうしてもわしに財務部長をやってくれ、こんな大切な仕事はわし以外には絶対に頼めん言うんじゃ。ケファっちゃんに言われたかて、そがいな面倒な仕事はできんけんど、ほれ、ヤコブさん言うたらイエス親分の弟さんじゃろ。ま、しょうがにゃあなあ思うて引き受けてやったんよ。ガハ、ガハハハ！」

とまあ、このような有様である。最初のうちは目を輝かせてパウロの武勇伝に聞き入っていたアンティオキアやくざたちも、あまりのヘビーローテーションに流石に辟易としている様子だ。それでも割礼を受けずに済みそうな流れなので彼らはホッとしていたのだが、バルナバはこの点に関しても楽観視していない。確かにエルサレム使徒会議では、ギリシア人やくざの割礼は必須とされない結論に至った。だが、この決定の意味をヤコブは本当に分かっているのか？　ユダヤ人やくざの民族主義的感情は高まる一方だし、この一件がキリスト組内部分裂の決め手となるかもしれないのだ。いや、そもそも本当にヤコブはこの趣旨を貫徹するつもりがあるのだろうか？

――バルナバの憂慮は、その年の暮れに現実化することとなる。

推定Ａ．Ｄ．四八年　アンティオキア

四八年末。アンティオキア教会に一人の客が訪れた。その客とは、誰あろうペトロその人であった。彼が何の用事でここを訪ねたのか、我々にそれを知る手掛かりはない。バルナバたちはこの賓客を出迎え食卓を囲んだ。自分をケファっちゃんと呼び、馴れ馴れしく肩を組んでくるパウロにペトロは相変わらず苦虫を嚙み潰したような顔を見せていたが、ともあれ、しばらくは穏やかに日々が過ぎていった。アンティオキア教会に第二の客が訪れる、その時までは……。

次に訪れたのはヤコブの使いと名乗るやくざたちであった。この時に、バルナバの憂慮は的中したのである。彼らの顔を見た途端、ペトロは哀れなまでにうろたえ始めた。その姿を見てバルナバは事情をそれとなく察する。夕食の前にペトロさんを逃がした方が良さそうじゃの……、バルナバがそう思い、立ち上がろうとしたその瞬間、

「おう、晩飯の支度ができたようじゃぞ！　ケファっちゃん、今日も一緒に食ってくじゃろう？」

背後でパウロが明るい声を上げていた。ペトロはごくりと唾を飲み込み、バルナバは顔をしかめた。これはまずい……。

「ほら、ほら。みんなもう食卓に着いとるけえ。ケファっちゃんも早《はよ》う座りんさいや」

パウロはなおも無邪気に呼び掛けてくる。食卓にはギリシア人であるアンティオキアやくざたちが一堂に会していた……。ペトロは逡巡した挙句に青ざめた顔でこう言った。

「の、のう、パウロの。わ、わしゃ今日は、ちょっと、別の机で、メシ食おうか思うとるんじゃが、のう？」

「なんじゃそりゃ」

その瞬間、パウロは真顔になって静かに立ち上がっていた。先程までの無邪気さはもはや微塵もない。

「おう、ケファっちゃん、もっかい言ってみいや」

ペトロに対し、声を低めて凄んでみせる……。

だが、なぜパウロは怒ったのか？　実はユダヤ人の感覚からすれば、ギリシア人などの異邦人と共に食卓を囲むのは好ましいことではなかったのだ。アンティオキアのやくざたちが割礼を受けていれば、まだユダヤ人の仲間だということで言い訳も立つが、彼らは割礼をしていない。いま彼らと同じ食卓に着いてしまうと、ペトロは異邦人側に擦り寄ったと見なされ、キリスト組内部にも根強く存在するユダヤ民族主義的なやくざたちの反感を買ってしまうことになる。ヤコブの使いとして現れたやくざたちはまさにそういった人間であり、キリスト組の内部分裂を恐れるペトロとしては、ここで容易に食卓に着くわけにはいかなかったのだ。バルナバが危惧していた通り、あのような取り決めがなされたからと言って、キリスト組内部の人心が一致したわけでは全くなかったのである。

しかし、この時、ペトロも焦っていたが、アンティオキアのやくざたちも心かき乱されていた。

「パ、パウロさん……や、やっぱり、わしらが割礼しとらんけん、ペトロのおやじさんは一緒にメシが食えん言うとるんじゃろうか……」

「割礼しとらんとホンマの仲間とは思ってもらえんのじゃろうか……」

こんなことをぼやき始める。パウロとしてもここで退いては一大事である。割礼の必要などないことを本家連中に認めさせたと、あれだけ自信満々に吹聴したのだ。ここで退いてはパウロの威厳も消し飛んでしまう……。

「の、のう、兄弟……」

パウロとペトロ、二人の顔色を交互に見比べながら、バルナバはおずおずと言った。

「ペトロさんにも、のう、事情いうもんがあるじゃろ……。ま、思うところも色々あるじゃろうが……今日のところは、のう、ペトロさんの顔を立てて……」

「じゃかあしゃあ！　おどれはスッこんどれえ！」

唐突にパウロがバルナバの胸をドツイた！　バルナバは驚いて尻餅をつき、見開いた目でパウロを凝視しているが、パウロはむしろペトロの方をギッと睨みつけて、

「おどりゃ昨日までは一緒にメシ食っとったろうが！　それがなんじゃ、今日になったら割礼せえ言う気か！　あ？　そぎゃあな理屈が通る思うとンかい、こんボケがあ！」

この罵倒には、先程まで青い顔をしていたペトロも、途端に真っ赤に顔色を変えて逃げ出すようにアンティオキア教会から飛び出していった。次にパウロはバルナバを指差して、

「おどれも同罪じゃこの糞ボケェ、なしてあがいなヤツの肩持つんじゃ！　おう、おどれ、わしに嫉妬しとるんじゃろうが。わし一人だけがヤコブさんから財務部長の任を受けたけえ、嫉妬しとるんじゃろうが！　じゃけえ言うて、次にわしの足引っ張るような

ことぬかしおったら、たとえ兄弟じゃ言うて容赦せんけん。覚えとれよ、この糞ばかたれが！」

怒りのままに喚き散らしたのである。

だが、相手は流石のバルナバであった。これだけの罵倒を好き勝手に並べられても、彼の顔色は些かも変じてはいない。ただし、悩める時も苦しい時も常に彼の瞳に浮かんでいた、あの穏やかな色合いが、この時だけは消し飛んでいた。その瞳に射竦められて、やがてパウロの方が居た堪れなくなったのか、彼もまたその場からそそくさと逃げ出していった。

バルナバはなおも動かない。彼は考えていた。……あまりにもタイミングが良すぎる。ペトロがアンティオキアに来たタイミングを見計らったかのようにヤコブの使いが訪れた……。パウロの性格を考えれば、彼がペトロを怒鳴り散らすのは当然の展開だ。ペトロは大恥をかいた。この噂は時を置かずエルサレム本家にも広がるだろう。ペトロの威厳が失われればヤコブの地位は磐石となる。まさか、ここまで全て、ヤコブの……。

推定A.D.四九年　アンティオキア

ペトロ、パウロ、バルナバの三者によって演じられた喜劇の如き一幕の数週後、パウロとバルナバはかねてからの予定通り、新たなる宣教旅行へと旅立っていった。いや、予定とは異なる点が一つだけある。パウロとバルナバは袂を分かち、パウロはシラスという若者を連れてシリア、キリキア方面へと向かい、バルナバはマルコと共にキュプロス島へ渡ったのである。決別のきっかけはマルコであった。バルナバはこの度の宣教旅行に再びマルコを同伴したいと告げ、パウロは怒り狂って拒絶したのだ。

「あぎゃあな根性なし、連れて行けるわけなかろうがい！」

それからもパウロは延々とマルコとバルナバの悪口を言い募り、バルナバはずっと黙ってそれを聞いていたが、最後に一言、「ほうか。じゃあ別れよう。達者でな」。こう言い残して、さっさとアンティオキアを後にした。マルコ云々というのもパウロと縁を切りたいがためのバルナバの口実だったのかもしれない。

「な、なんじゃい……。兄弟、えらい冷たいのう。わしゃ、ちッと言い過ぎたんじゃろうか。……ああ、いやいや。もう、わしの知ったこっちゃないわい！　ハッ、わしがおらんで兄弟一人でどこまで出来るんかのう！　どうせ、そのうちわしに泣きついてくるに決まっとるわい！」

そう言い切ってパウロは自信満々で旅に出たのであるが、バルナバというバランス感覚に優れた同伴者を失った彼の旅路は、以前のそれよりも遥かに厳しいものと化したのである。

とはいえ、変わらぬところもあった。パウロの説教は行った先々で概ね効果的に機能し、多くのやくざ者をキリスト組に引き入れることに成功した。宣教師としてのパウロの実力は確かなものであった。そして、味方を作るのと同じく、彼は行く先々で敵も作った。多くの街で彼は捕らえられ、鞭打たれ、追い払われ、暴動に巻き込まれることすらあった。成果と危険、二つの果実を同時に収穫するパウロの宣教スタイルは、バルナバと旅していた時と変わらない。

変わったのは、やはり金の問題であろうか。「財務部長」に命じられたパウロは、宣教した先々で、エルサレム本家への上納金を用意するよう命じていった。これも、パウロが現場にいた時はまだ良かったのである。「人を妙な妄想に取り込む力がある」パウロが、熱っぽく説教を始め、力強く上納金の必要性をアピールすると、人々は些か顔をしかめるけれど、まあ、そんなものかと金を用立てしようという気になる。だが、パウロがその場を離れると人々の熱はどうしても冷めてしまう。これは仕方がない。

問題はそれだけではない。パウロが宣教先の地から離れて別の地へと旅立つと、パウロ不在となった教会に後で様々な宣教師が立ち寄ることになる。それはペトロ派の息のかかった宣教師だったり、最近頭角を現してきた期待のルーキー、アポロだったりするのだが、如何せんパウロの語るイエス親分というものは非常に特殊なもの――、つまり、彼の幻覚の中に現れたイエス・キリストでしかない。他の宣教師たちからすれば、そんなものはイエス親分では断じてない。

「まあ、パウロさんも……悪い人じゃないんじゃろうけど。その、ちょっと頭が……アレじゃけえのう。あんまり真面目に話を聞くのも、どうじゃろう、のう」

「こんなが、パウロさんの話に感銘を受けた言うんじゃったら、わしは悪いとは言わんよ。じゃけんど、実際のイエス親分がどういう人じゃったか、そういうことをのう、きちんと教えてくれる人から話を聞くのも、大事じゃ思うけん」

「まーた、パウロの馬鹿たれが阿呆な妄想垂れ流しちょるんかい！」

ある者は穏やかに、ある者は歯に衣着せずパウロを批判した。すると、当然ながらパウロへの信頼は揺らぐ。「わしゃ、ペトロ親分の言うとることがもっともじゃと思う」「アポロさんはええこと言うのう」「いやいや、みんな待て待て。じゃ言うても、わしらはパウロさんへの恩を忘れてはいけん」と、やくざたちの意見も分裂し始める。そうしてパウロへの不信感が高まっていくと、今度は上納金にも疑いの眼差しが向けられ始める。「なんでわしらがエルサレム本家に金を送らにゃならんのじゃ」「ちゅうか、これ、パウロさんの懐に入るんじゃないの」「素直に旅費が欲しい言うてくれりゃあ、わしらも喜んで世話するのに。本家をダシにしとるんじゃったらタチが悪いのう」。こんな声も漏れ出てくる。ある教会などは、上納金要求を無視することに決めてしまった。

当然だが、パウロには彼らのこのような態度が許せない。彼は手紙を書いた。

「おい、おどりゃ。この糞ボケどもが。聞いた話じゃが、おどれら、パウロ派じゃアポロ派じゃペトロ派じゃ言うて分派争いしとるそうじゃのう」

パウロにとっては、これは分派争いなのであった。なぜなら、イエスから直々に命じられた自分は絶対的に正しいからだ。

「おどれらはほんまに餓鬼じゃのう。妬みや争いから離れられん糞餓鬼どもじゃ。ええか、わしがじゃ。わしがキリスト組の全ての土台を作ったんじゃ。わしの作った土台の上に、ペトロなり、アポロなりは建物を建てとるんじゃ。それが分かりさえしたら、おどれらの分派争いが如何に馬鹿らしいことか、おどれらも気付くじゃろうが！」

絶対的に正しい自分の主張がまずあり、その自分の主張を基礎とした上で、ペトロなりアポロなりが補足的に働くのがパウロの考える宣教の姿であった。その「補足」の部分で派閥争いをするなど如何にも馬鹿らしいことではありませんか、とパウロは言うのだ。もちろん、相手方からしてみれば、これは分派争いなどではない。パウロの主張に対する根底的な問題意識なのだが、パウロは自分が絶対的に正しいことを微塵も疑っていないので、そんな発想には全く至らない。

それで、こんなことを居丈高に言い募るので相手も当然カチンと来る。大体、パウロがこんなに居丈高なのも、彼が「自分はイエスから直々に命じられた」と信じているせいなのだが、そんなもの、冷静に考えれば世迷言以外の何物でもない。相手はパウロに食ってかかる。「パウロさん、そぎゃあに言うんじゃったら証拠見せてつかぁさいや！」

「言うたらなんじゃけど、こんなぁ頭ァ茹だっとるんじゃないですか」。もちろんパウロは手紙で大激怒である。

「おおおどりゃふふふざけんなよこのボボボボボケどもが……。え、え、ええか。人を裁けるのはのう、ただ一人、ヤハウェ大親分だけなんじゃ！　じゃけえ、わしはの、おどれらがわしをキチガイ扱いして裁いたところで、ぜえっんぜん！　まあったく！　微塵も痛《いと》うないわい！　まぁ……………ッッッたく気にならんのじゃけえ！　わしゃ何一つ良心の呵責を覚えとらんけえ、ぜんっぜん気にならんのじゃ！　じゃけえ、たかがいちやくざの分際でわしを裁こうなどと、馬鹿げた考えはやめんかい！　おどれらの方こそ、キリスト組やくざとして相応《ふさわ》しからぬことをしとるいうて、聞いとるけん。わしをどうこう言う前にそう言うやつらを先に何とかせえや。言うとくがの、わしゃ、体は離れとっても、気持ち的にはイエス親分の名において、もうそいつらを裁いとるけえの！　覚悟しとれや！」

無茶苦茶である。人には自分を裁くなと言いながら、自分は相手を既に裁いているという。まあ、パウロとしても困ってしまうところだろう。イエスに命じられた証拠を見せろと言われても、証拠などあるわけがない。なので、

「わしゃのう！　生前のイエス親分のことなんざ、知ろうとも思わんのじゃ！」

と、言い切ってしまう。パウロにとってイエスとは、あの時自分に声を掛けてくれた

幻想のイエス、ただそれだけなのだ。証拠があろうとなかろうと、彼はそれ以外に関心はない。

諸教会からの攻撃的な手紙が続々と舞い込んできて、パウロは必死に返事を書きながらとうとうぼやき出す。「なんじゃ……あいつら……わしが骨を折ってやったけえ、わしのおかげで、割礼じゃのなんじゃの、律法を守らんでもようなったんじゃろうが……わしが……わしが、あいつらの負担を軽うしてやっとるのに……」。だが、かくいうパウロも、実は律法とは全く別のルールを極めて恣意的に彼らに課していたのであった。例えば彼はこんなことを手紙に書いている。

「教会とか公共の場に出る時ァ、女は頭に覆いを着けんかい。あと、そもそも女どもは教会では黙っとけえや。わしらの教会では女どもに発言権なんぞないんじゃ！」

後半の女性蔑視が甚だしいことは言うまでもないが、はて、前半はどういうことだろうか。これは当時のユダヤ人社会の習俗だったのである。習俗――、つまりパウロにとっては当たり前の常識であった。だから、彼はギリシア人にも当然強要した。しかし、ギリシア人にとっては常識でもなんでもない。奇妙な風習を無理矢理に押し付けられただけである。割礼のように血が出るものではないが、問題の根っこは同じであった。だが、パウロは気付かない。

パウロは自分の常識を平気で他人に押し付けていく。肉を食うな、酒を飲むな、結婚をするな……。中にはそれなりに理屈が付けられ納得できるものもあるが、理屈も糞もないものもある。我々は律法から解放された、後はただヤハウェ大親分の誠実さを信頼していればそれで良い……そう言ったパウロだが、本人は至って無邪気に他人に自らのルールを押し付けるのだ。

だが、旅の苦労と度重なる心労で、さしものパウロも頰がこけ始めていた。これほど人心は思い通りにならぬものか。今更ながらに彼は、自らに課せられた上納金徴収の重荷を実感し始めていた。諸教会が自分にこれほどの敵意を向けてくるのは、やはり金が絡んでいるせいもあるのではないか……。あの時のバルナバの曇った表情が脳裏にちらつく。それでも、今更後には引けない。彼は手紙を書いた。

「カネはわしが行く時までにきちんと作っとけよ。わしが行って、初めて金を集めるようなみっともない真似はすんなや。おどれら、わしの着服を疑っとるんじゃろうが、おう、思い返してみいや。わしがいかにおどれらのために無償で骨を折ったか、忘れたとは言わさんけえの」

「他の教会は気前良うカネを作ったいうのになんじゃお前らは。言うとくがの、カネを出せいうんはわしの命令じゃないけん。大親分への愛が試されとるんじゃけん。……おどれらはほんまにようできたやくざじゃのう。なんじゃ言うても、わしを批判するくらい頭もおよろしいんじゃけん。上納金ものう、おどれらのようできとるところ見せてみいや」

「わしゃのう、他の教会のやつらに、おどれらがいかに熱心にカネを集めとるか、繰り返し自慢してしもうたわい。じゃけん、あいつらがわしと一緒に来たら、わしゃえらい大恥かくわい。おどれらが恥をかくかどうかは、わしゃ、あえて言わんがのう」

と、あの手この手を尽くして金を払え金を作れ金を用意しろと言い募る。このような言い方をされれば、相手だって意地になっても金を作ろうとはしないだろう。そして、彼はこんな調子で締めくくるのだ。

「おどれら、わしはおどれらの目の前におると弱気じゃが、離れて手紙となると途端に強気じゃとか言ようるらしいの。おどれらんところ行った時に、わしが強気にならんで済めばええんじゃがのう！　わしが手紙でだけ強気じゃ思うとるなよ、おどりゃ。まあ、多くのアホタレどもはこの手紙でわしに服従するじゃろう思うとるが、あくまでもわしに逆らう言うやつがおったら、わしの方にも考えがあるけえの。覚悟しとれや！　ええか、肝に銘じとれよ。おどれらはの、わしを見習って、わしのような立派なやくざになることだけ考えとりゃあええんじゃ！」

皆がパウロになった世界はあまり想像したくない。

推定Ａ．Ｄ．五七年　エルサレム

パウロがバルナバと袂を分かち、旅立ってから実に八年後。パウロを含む各教会の代表者により組織された一団がエルサレムの地を踏みしめていた。この一行は現金輸送団であった。

流石はパウロである。苦心惨憺、辛苦を極めながらも、彼は自らの仕事をやり遂げたのだ。幾つかの教会は上納金支払いを断固拒否したが、それでも他の教会を彼は何とか説き伏せて、恥ずかしからぬ額の現金をしっかりとかき集めてきたのである。出発前は小太り気味であった彼も、今やすっかりと痩せ細っており、この間に受けた心労を顕にしていた。

「確かに受け取りましたよ。ご苦労様です、パウロくん」

各教会代表者からの多額の現金を受け取ったのは、エルサレム本家で今や実質的組長にのし上がっていたヤコブである。彼はあの時以上にでっぷりと肥太っていたが、九年前と同じく満面の笑みで彼らを出迎えた。

「パウロくんにも皆さん方にも、今日は上等な宿を用意しとりますけん。エルサレムにおる間は本家が何不自由させせんけえ、こちらでゆっくり羽を伸ばしてからお帰り下さいね」

輸送団の一行の間で小さな歓声が上がった。だが、大きな仕事を成し遂げたはずのパウロの顔に喜びの色はない。むしろ、彼は心配そうにちらちら辺りを窺いながら、小声でヤコブに告げた。

「ヤコブさん。実はのう、わしは今日にもエルサレムを発とう思うとるんじゃ」

「ほう、それは残念ですな。しかし、どうしたのです?」

「それがじゃのう、わしゃあちこちで宣教する間に、この通り、味方も多数作ったんじゃが、敵も多く作ってしもうての。わしは律法を守る必要はない言うてきたけえ、それが我慢ならんいうユダヤ組のやくざがぎょうさんおるんじゃ。で、エルサレムはユダヤ組の総本山じゃろう。わしが長居しとったら危な………あ、いや、決してわしが恐れとるわけじゃないんじゃが、皆がわしのことを心配しとっての、危ないけえ早《はよ》う帰ってきてつかぁさい言うてうるさいんじゃ。そがいに心配させるんも悪いけん、早う帰ろう思うとるんじゃ」

「ほうほう、それはいけませんねえ……」

ヤコブは、少しだけ考える素振りを見せてから、

「パウロくん、わたくしに妙案がありますよ」

にこにこと笑いながら言った。パウロも興味深く拝聴する。

「いいですか。問題はですね。あなたが律法など屁とも思わずヤハウェ大親分を馬鹿にする、ユダヤ人の裏切り者じゃと思われとることですよ」

「と、とんでもない!　わしゃあ誰よりもヤハウェ大親分のことを信頼しとる!　そこ

らへんのユダヤ組やくざどもより、遥かに、ずっとじゃ！」

「それですよ」

ヤコブは太った体をぐいと前に乗り出させた。

「その、パウロくんの気持ちをですね。よく分かる形で皆さんに伝えるのです」

「ど、どういうことじゃ……？」

「明日、エルサレム神殿に行きなさい」

「……！」

パウロもこれには顔を青ざめさせる。エルサレムはユダヤ人やくざの本拠地だが、エルサレム神殿となればさらにその中枢である。いまパウロを殺したいと思っている人間が全員集まっているのがこの場所だと言っても過言ではない。首から生肉をぶら下げて虎の穴に入るような愚行である。

「虎穴に入らずんば虎子を得ず……と言うでしょう？　いいえ、心配は無用です。エルサレム神殿でヤハウェ大親分に平伏するあなたの姿を見て、誰があなたを害するでしょうか。あなたへの敵意は迷いであったと、皆、思い直してくれるはずです。そうして、あなたの疑いが晴れたなら改めてゆっくりと羽を伸ばしてからお帰りになれば良いではないですか。あなたのお師匠のガマリエルさんも、最近では体調が優れぬと聞いちょりますし、疑いが晴れたら土産の一つも持って見舞いに行けば、彼も喜ぶことでしょう」

「おお……、お師匠……懐かしいのう。パリサイ組のお師匠とは今更考えも合わんじゃろうが、でも、優しい人じゃったしのう。会いに行けば、意外と喜んでくれるやもしれん……。お師匠……会いたいのう……」

「でしょう、でしょう。ガマリエルさんに元気な顔を見せてあげる最後の機会かもしれませんしね。本家からも若い者を四人出しますけん。彼らと一緒に明日はエルサレム神殿に行って下さいね」

そうして、パウロは翌日のエルサレム神殿行きを了承し、その場を後にしたのであった。パウロ一行が事務所を発ってから、それまでずうっと押し黙っていたペトロが躊躇《ためら》いがちに口を開く。

「……やっぱり、パウロも知っとったのう。ユダヤ組のやくざどもに狙われとることを」

「そうですねぇ。なにせあちこちでの彼の宣教の噂が、ここエルサレムまで届いているほどですからねぇ。派手にやったのでしょうねぇ」

ヤコブは手元に残された大量の硬貨をじゃらじゃらと片手で弄んでいる。

「ヤコブ……おどれにも責任はあるど。パウロの噂が広まったせいで、今やわしらまでがユダヤ組やくざどもの怒りを買っとろうが。わしらまで律法を無視する裏切り者じゃ思われとる。この状況、どないするんじゃ」

ペトロはヤコブの目の前に山と積まれた金を見ながら言った。

「おどれの計算通り、確かにカネは集まったわい。じゃけんど、わしらが潰されたらカネも糞もなかろうが。このままパウロがエルサレムにおったらユダヤ組やくざどもを刺激するだけじゃない。小賢しい小細工などせんで、一刻も早《はよ》うパウロを帰した方がええんじゃないんか」

ヤコブは両掌で、硬貨の山をじゅるりと掬い上げた。

「パウロくんは、本当にようやってくれました。流石はわたくしが見込んだ男です。これほど働けるとは思いませんでしたとも。素晴らしい働きです」

ヤコブの太った指の間から硬貨がぼろぼろと零れ落ち、銀色の光を輝かせながら机の上で跳ねる。彼はにこにことした笑顔のまま言った。

「けれど、もう用済みですねえ」

ヤコブがパンパンと手を叩くと、奥の方からキリスト組の若いやくざが二人、飛んできた。ヤコブが彼らに告げる。

「ちょっと、お使いをお願いいたしますね。あなたはパリサイ組に、あなたはサドカイ組に。用件はどちらも同じです。行って、組長さんにこうお伝え下さいね」

いつもと何ら変わらぬ穏やかな口調であった。

「明日、パウロくんがエルサレム神殿に向かいます。後のことはどうぞご随意に」

推定A.D.五七年　エルサレム

翌日、パウロはエルサレム神殿にて、待ち構えていたやくざの群れに囲まれてリンチを受けた。危ういところでローマ警察に逃げ込んだパウロは一命こそ取り留めたが、この後、パウロが自分の命を守るにはローマ警察の保護下に甘んじるしかなかった。パウロは暴動の被疑者としてローマ警察の監視下に置かれたのだが、それでもやくざたちはパウロの命を付け狙い、ローマ警察との裏取引なども駆使してパウロを亡き者にせんと狙い続けた。

結局、パウロは敵の多いエルサレムを捨てローマでの裁判を望んだ。厳しい航海旅行の末にローマについた彼は、そこで裁判が行われるまで二年間の緩やかな幽閉生活を送ることとなる。この二年の後、彼が如何なる運命を辿ったのか、筆者の手元の資料「新約聖書」は黙して語らない。

［解説］

ユダヤ、キリスト教の神ヤハウェを愛の神と呼ぶのはある意味正しい。口語訳では「ねたむ神」、新共同訳では「熱情の神」、岩波訳では「熱愛する神」と訳されているが、私見では岩波訳が最も適切だろうか。ヤハウェは愛ゆえに妬む。恐るべき嫉妬感情に突き動かされ凄まじい暴力を振るう。妻が自分を裏切ったらどうするか？　死ぬ寸前まで殴るのである。殴れば妻が帰ってきてくれると本気で思っている。恐るべきDV神であり、若者言葉で言うならばヤンデレの神である。

パウロもこれに似たところがある。自分が目をかけていたやつらが、いったん自分に不服従な態度を見せると猛烈に怒り出す。今でこそパウロの手紙は正典化されキリスト教におけるオーソドクスとなっているが、当時は様々な宣教師がキリスト教に対して各自好き勝手に色んなことを述べていた時代だ。パウロも好き勝手に言ってる一人でしかない。当時の人々からしてみれば、誰を信用すれば良いのか分かったものではないだろう。特にパウロなどは、自分は幻覚の中でキリストにあったのだ、だから自分の権威は絶対なのだ、お前らは俺さまの言うことに従え、といった調子である。少なからぬキリスト教徒が彼のことをクルクルパーだと思っていたのではないだろうか。パウロとは異なる意見を持つ別の宣教師に流れたとしても何も不思議ではない。しかし、パウロは猛烈に怒るのである。

　では、なぜそんなパウロが初期キリスト教の中で特別視されるに至ったのか。一つには、彼の手紙が新約聖書に多く含まれていたから、というのがあるだろう。実に新約聖書の三分の一が彼の手紙である（「パウロが書いたと思われていた手紙」も含む）。正典の中でこれだけの頁数を占めているのだから、自然、後世の人たちも大きく扱うことになった。

　しかし、パウロ書簡が正典に含まれたということは、そもそもその時点でパウロが相応に評価されていたということでもある。新約聖書の成立以前の話となるが、パウロの書簡を集めて一セットとして提示したのはマルキオンというパウロファンであった。パウロの書簡はそれまでもあちこちの教会でそれなりに大事にされたり、逆に無視されたりしていたのだが、これを集めて書簡集としたのはどうやら彼が初めてらしい。この書簡集にルカ福音書をくっつけて、マルキオンは「新約聖書のようなもの」を作った。

　しかし、マルキオンは旧約聖書を否定していたため、正統派から異端とされてしまう。マルキオンが正典を作ったことで、正統派も正典を作る必要性に駆られたのだが、マルキオンのものをそのまま使うわけにもいかない。そこで他に色々とくっつけていき、時間をかけて出来上がったのが今の新約聖書なのである。もちろん異端のマルキオンが担ぎ上げたパウロを問題視する向きもあったのだが、パウロ書簡を完全に退けてしまうには、既にパウロファンは増えすぎていたようだ。

さて本文であるが、演出過多である。本文は主に使徒行伝とパウロ書簡を基に構築したが、書簡と言っても残っているのはパウロ側の物だけで相手側の主張は全く分からない。なので、いまいち話が見えない。欠けた情報は想像で補うしかない。聖書学者の方々の説明もこの辺りは想像が多い。本文の流れも解釈の一つの可能性としてはありうるが、やはり一つの可能性に過ぎないことは断っておく。

まずパウロが命じられた資金集めについてだが、使徒行伝はこの問題について多くを語りたがらないので、実際どういう性質のものかはよく分からない。新興宗教団体のトップが「新規信者から金を集めてこい」と言っているのだから、どうしてもきな臭いものを想像してしまうが、しかし、組織の運営上、金が必要になるのは実際的な話でもある。ともあれ、パウロが書簡で「金を出せ」と言い募るさまは本文にある通り非常にいやらしいものである。

パウロとバルナバ、マルコの関係性も演出である。使徒行伝に描かれているのはマルコが宣教旅行から早々に脱落し、バルナバとパウロはマルコを再び旅に連れて行くかどうかで喧嘩別れした、ということだけである。なぜマルコが脱落したのか、バルナバの喧嘩別れの深い理由などはよく分からない。だがマルコが、幻覚のイエスばかりを語るパウロの宣教方針を嫌い、彼の下から離脱して生前のイエスの伝記――「マルコ福音書」を書いたという流れは可能性としては十分にありうると思う。

聖書というものは旧約にしろ新約にしろテキストの寄せ集めであり、主義主張が一貫しているわけでは全然ない。各テキストが相互に批判し合っていることもしばしばある。パウロ批判は、マルコ福音書でははっきりしないが（マルコ福音書はむしろペトロ批判の方がはっきりしている）、ヤコブの手紙とテサロニケ人への第二の手紙は明らかにパウロ主義を修正しようとしており、ペトロの第二の手紙もパウロを警戒している。マタイ福音書にもパウロ批判が含まれている可能性がある。

ヤコブがパウロを罠に嵌めた下りは些か穿《うが》ち過ぎか。小説作品の演出としてご寛恕《かんじょ》頂きたい。可能性としてはもちろんなくもないが、そこまでヤコブが邪悪だったとは私も思わない。むしろヤコブは単純素朴に、神殿参りのポーズを取ればユダヤ教右翼どもも納得するでしょう、と助言したのではないか。しかし、そんなポーズも理屈も怒れる群衆には関係がなかった。ここは少しパウロが可哀相なところである。

バルナバに関しては多少美化しすぎかもしれない。実際に感じの良い人物ではあったらしいが。嫌われ者のパウロをペトロに紹介してやったのも彼だし、ルカも使徒行伝で

「立派な人物」だとわざわざ書いている。ただ、それ以上のことは資料が少なすぎてよく分からない。

一方、パウロの方は、少なくとも書簡を読む限りでは大体本文通りのキャラクターと思われる。パウロ書簡というものは恐ろしく居丈高で傲岸不遜な内容なので、読んでいると嫌気が差してくる。著者の人間性をまざまざと見せ付けられるようだ。パウロというと、信者に説く時には幼子を育むように優しく、皆に苦労をかけまいと働いて日銭を稼ぎ、敬虔《けいけん》で、義しくて……といったイメージがあるかもしれないが、あれは全て書簡の中でパウロが自画自賛していることである。

第5章　ローマ帝国に忍び寄るやくざの影

「あら、奥さん、聞いちょって？　キリスト組とかいう新興やくざの話じゃけんど」

「最近よう聞く名前じゃね。ユダヤ組の仲間じゃ言うて聞いちょりますけど」

「それがじゃね、隣の奥さんから聞いた話じゃけど、なんでも秘密のパーティーを開いて、毎晩、近親相姦の乱痴気騒ぎしょうるゆうて」

「えっ⁉　そぎゃあなことしょうるん？　三軒隣の奥さん、旦那さんがキリスト組のやくざじゃようたけど、私も挨拶したことあるけんど、大人しい人じゃし、全然そんな風に見えんかったわあ」

「キリスト組のやくざは、大人しゅう見えても陰で何しょうるんか分からんけえ怖いんよね。知っちょります？　初めて組員になったやくざはね、パンの中に子供の死体を詰めて一緒に食べさせられるんじゃ言うて」

「こわいわあ」

「最初に犯罪の片棒を担がされるけえ、もう足を洗えんようになるんよ。じゃけえ、逮捕されて警察からやくざ辞めえ言われてもよう辞められんのんじゃって」

「本当に怖いわあ。それにしても、奥さんよう知っちょるんね」

「四軒隣の奥さんが知り合いの従兄弟から聞いた話じゃけえね。間違いないんよ」

「なんでそんなやくざが野放しになっとるん？　ローマ警察は何をしょうるんかね」

「ほんまよねえ……はよう取り締まって欲しいわあ」

以下、「日刊ローマ新聞」より抜粋。

「ローマの大火は放火？　警察はキリスト組の犯行と発表」　六四年×月○日

首都ローマを襲った未曾有の都市火災から○ヶ月。ローマ警察は火災の原因をキリスト組による放火と発表した。キリスト組とはユダヤ組系列の新興任俠組織であり、近親相姦や幼児殺害など様々な犯罪に関与していることが以前から囁かれていた。今回の火災では、かねてより市民の間から「皇帝ネロによる放火ではないか？」と噂されていたが、警察当局はこれを全面否認しキリスト組の犯行と発表した。なお、政府の内情に詳しいタキトゥス氏によると「明らかに冤罪。ネロ帝への疑惑を逸らすためのスケープゴートでしょう。実際にはネロ帝もキリスト組も関与していないはず」としながらも、「しかし、キリスト組は破廉恥漢で人類を敵視しているので、誤認逮捕をされても仕方のない面はある」とも述べている。さる筋からの情報によれば、ローマを訪れていたキリスト組の幹部ペトロ、並びに、ローマにて係争中であった同幹部パウロが既に処刑されたとのこと。裏付けは取れておらず、事実の確認が待たれる。

「クレメンス処刑、貴族階級に忍び寄るやくざの暗い影！」　九六年×月〇日

ローマ警察はドミティアヌス帝の従兄弟であるフラウィウス・クレメンスを処刑したと発表した。クレメンスは昨年、「ユダヤ的風習」の罪により死刑を宣告されていた。妻のドミティラはポンティア島に追放とのこと。ローマ警察は「皇帝の親近者を処刑することになり慚愧に堪えない思い。しかし、ユダヤ組系やくざの貴族階級への浸透は放置しておけず、この度、一斉検挙へと踏み切った」と述べている。ユダヤ組は六六年、ローマ警察に対し大規模な抗争を引き起こした。「ユダヤ戦争」と呼ばれる一大抗争であるが、警察による殲滅作戦の後もユダヤ組やくざの生き残りは各地に潜伏しており、徐々にその影響力を増してきている。今回の検挙はローマ政府中枢に侵食していたユダヤ組やくざの勢力を一斉排除することが目的であったとされる。ユダヤ組の情勢に詳しい元ユダヤ組幹部のヨセフス氏によれば「混同されがちだがユダヤ組とキリスト組は別物。キリスト組も元々はユダヤ組から枝分かれしたものだが現在では別種の団体と考えた方がいい。クレメンス氏はキリスト組の構成員だったが、おそらくユダヤ組と混同されて処刑されたのだろう」とコメントしている。

「キリスト組系アンティオキア組組長イグナティオス処刑」　一〇七年×月〇日

キリスト組系アンティオキア組組長イグナティオスがローマで処刑された。イグナテ

ィオスは同組の最高幹部である使徒に継ぐ地位にあったとされており、キリスト組構成員の間にも波紋が広がっている。どのような罪状でイグナティオスが処刑されたのかは判然とせず、一部のやくざからは政府の横暴だという声も上がっている。以下、政府のやくざ対策に詳しいプリニウス氏のコメント。「警察当局もキリスト組のやくざであるというだけで積極的に検挙はしません。周辺住民から訴えなどがあって初めて逮捕に動きます。イグナティオスの場合もおそらくは住民からの訴えがあったか、キリスト組の内部抗争の結果、組員が密告したのでしょう。逮捕後も決して横暴な扱いはしません。組から足を洗うよう三度呼びかけ、それでも足を洗わない場合にのみ処刑されます。やくざであるということよりも、警察当局に不服従な態度が罪とされるからです」。

「やくざ撲滅キャンペーン強化、ペルペトゥアに死刑宣告」　二〇三年×月〇日

ローマ警察のやくざ対策が効果を発揮している。昨年、セプティミウス・セウルス帝はユダヤ組、ならびにキリスト組の構成員になることを法律で禁止した。違反者は死刑に処されるが、今年に入って、キリスト組の女性構成員ペルペトゥアが他四名と共に死刑宣告を受けた。彼女たちは競技場において獣によって処刑されるとのこと。匿名の政府高官の談。「近年、キリスト組の動きに不穏な点があります。来年にもイエスという新組長がどこからともなく現れ、やくざの楽園を築くといった思想が広まっているので

す。一部ではこれを終末思想と呼んでいるようですが、彼らはこれらの夢想に夢中になって、帝国の基盤たる家族や国防を無視し、そのことにセウルス帝は頭を痛めていました。今回の撲滅キャンペーンは、キリスト組問題を根本的に解決しようという動きでしょう」。

「オリゲネス解放、市民からは不満の声も」二五〇年×月〇日

キリスト組構成員オリゲネスが拘束と拷問から解放された。今回のやくざ撲滅キャンペーンに対し、デキウス帝は以下のようにコメントしている。「昨今、我がローマ帝国の国力の衰退が著しい。我々が古代ローマやくざを崇敬していた頃はあれほどの繁栄を誇っていたのに、である。明らかにユダヤ組、キリスト組のやくざどものせいである。彼らはヤハウェというやくざのみを崇敬し、アポロやバッカスといった古代ローマやくざを決して崇敬しない。我が国に再び繁栄をもたらすためにも、ユダヤ組とキリスト組は根絶やしにすべきであると私は考える」。しかし、警察当局はオリゲネスが組を辞める前に拷問から解放しており、市民からは「手ぬるいのではないか?」といった不満の声も上がっている。デキウス帝によれば、「キリスト組のやくざを処刑しても、殉教者と呼ばれて祭り上げられてしまう。脅迫と拷問を効果的に用い、殉教者を作らずにやくざたちに足を洗わせるのが大切だ」とのことである。だが、拷問から生き延びて戻って

きた構成員は「聖証者」と呼ばれて結局祭り上げられているらしく、デキウス帝の政策にも疑問の声は絶えない。

「キリスト組最高幹部を処刑、だが内部からも疑問視？」　二五八年×月○日

ウォレリアヌス帝のやくざ撲滅キャンペーンにより、キリスト組系の教皇シクトゥス２世がローマにて処刑された。教皇とはキリスト組系ローマ組の組長を指す言葉である。大物やくざの逮捕、処刑に市民は沸き返っているが、政府内部では「今回の撲滅キャンペーンで処刑されたのは富裕層のやくざばかり。逮捕後の財産は国庫に収めているし、国庫を潤すための逮捕劇ではないのか。やくざは撲滅すべきだが、正義とは言い難い」といった声も上がっている。ある政府高官は「裏を返せば、キリスト組がそれだけの財力を蓄えていたということ。昨今のキリスト組の勢威は無視できないものになっている」とやくざの蔓延に警戒を呼びかけている。

＊

キリスト組のやくざたちがユダヤ組のやくざに襲われ、しばしば命の危険に陥ったことは前章までに見てきたとおりである。だが、キリスト組のやくざたちを心胆寒からしめたのはやくざ同士の抗争だけではなかった。伸長著しいキリスト組やくざの勢威に怯

えた無辜《むこ》の一般市民たち、そしてローマ警察もまた、やくざ撲滅に向けてその剣を振り下ろしたのであった。極道団体に立ち向かう一般市民、治安維持組織という構図であるが、しかし、市民や警察の側に常に理があったわけではない。

概観するならば、最初期のキリスト組やくざたちは、何やらいかがわしい存在としてローマ市民から嫌われていた。それは多分に誤解であった。例えばキリスト組のやくざたちは、同じ組内のやくざ者を兄弟、姉妹といった呼び方で呼んでいた。夫婦の関係であっても、やはり兄弟姉妹と呼んでいたのである。親子盃、兄弟盃など、やくざが擬似血縁社会を築くのはよく知られた話であり特に不思議なことではない。

だが、これが誤解を招いた。キリスト組やくざは乱交パーティーを開き近親相姦をしていると思われたのである。他にも、やくざたちは、「キリストは幼子であり、キリストの血と肉によって養われる」と主張していた。これもまた誤解され、キリスト組やくざは幼児の肉を食っていると噂されたのである。いかなやくざとはいえ、ここまで言われる謂れはない。

とはいえ、これらは所詮根も葉もない噂に過ぎず、皇帝などローマ警察上層部は信じていなかったようだ。ネロ帝などが民衆のキリスト組嫌いを利用することはあったにせよ。こういった庶民たちの素朴な噂話や、知識階層からのキリスト組批判に対しては、キリスト組側からも護教家と呼ばれるインテリやくざが登場し反論を行った。拷問されたオリゲネスもまた護教家の一人であった。

だが、最初期は民衆の素朴な嫌悪感と、キリスト組やくざの当局に対する生意気な態度に端を発していたキリスト組撲滅キャンペーンも、次第に、より政治的なものへと変質していく。セウルス帝は国家戦略上、キリスト組やくざの存在を危険視し、デキウス帝は帝国の衰退の原因をキリスト組の伸長と見なした。ウォレリアヌス帝の取り締まりは財政的な面が強い。

そして三〇三年、またしてもディオクレティアヌス帝によるキリスト組撲滅キャンペーンが行なわれた。これは最初は軍隊からのやくざ追放運動に過ぎなかった。実際にキリスト組やくざは軍隊に対し否定的な者が多かったので理にかなった政策と言えたが、後に公職からのやくざ追放へと発展し、さらにはやくざたちの持つ有害図書（彼らはこれを「聖なる書物」と呼んでいた）の焼却までを命じることになる。だが、この焼却命令にやくざたちが易々と従うはずもなく、結果、拷問や処刑が嵐の如く各地で吹き荒れることとなった。

この時の撲滅キャンペーンに熱心だったのは、ディオクレティアヌス帝よりもむしろ副帝のガレリウスであった。ガレリウスが皇帝となってからも、彼の支配地では撲滅キャンペーンは継続される。なお、ディオクレティアヌス帝は四人の皇帝による共同統治という斬新な制度を打ち立てたが、ディオクレティアヌス帝の引退後この制度は早くも破綻の兆候を示し、四人の皇帝と数人の実力者が帝国の単独支配を目指して動き出したのであった。この時からローマは野心家たちの群雄割拠する戦国時代の様相を呈し始める——。

A.D.三一三年　ミラノ

未来の宿敵であり、現在のところは自分の義兄弟であるリキニウスとの会談を終えて、コンスタンティヌスは自らの宿舎へと引き上げる途中であった。義兄弟と言っても、やくざの間で交わされるような兄弟盃の話ではない。彼らは二人とも皇帝であった。両者ともローマ警察のトップであり、いずれは帝国全土の覇権を賭けて争い合う仲なのだ。しかし、今はまだその時ではなく、この時、コンスタンティヌスは異母妹コンスタンティアとリキニウスの結婚を成立させたのである。

「うまくいきましたのう」

しかめ面で歩く鷲鼻の皇帝の横で、彼の側近たる文官が語りかけた。しかめ面は主君の機嫌が良い証拠である。機嫌が悪い時はもっととんでもない形相をしている。

「うむ」

歩みを止めず、真正面を向いたままコンスタンティヌスが返した。

「やくざどもの件も一応釘を刺しとったわい」

「ええことじゃ思います。先の戦いでもやくざの力を借りたことですし」

「じゃのう。義理は果たさにゃならんけん」

この時、コンスタンティヌスとリキニウスとの間で、後世「ミラノ勅令」と呼ばれることになる合意が成立していたのである。ガレリウスがキリスト組やくざ撲滅キャンペーンの旗手であったことは先に触れた通りだが、そのガレリウスが死の直前に突如としてキャンペーン終了の勅令を発した。痛みのひどい病にかかったガレリウスは、これが恐怖の大侠客ヤハウェの力によるものだと恐れたのだ。やくざの恐怖に時の警察トップが膝を屈しての勅令であった。もちろんガレリウスの病状にはそれから何の変化もなく五日後に彼は死んだ。

だが、この時の勅令は甚だ不徹底であったと言わざるを得ない。ガレリウスの側近であったマクシミヌス・ダイアはその後もなおやくざ撲滅キャンペーンを実行中である。一方、コンスタンティヌスは端から撲滅キャンペーンには加わっていなかった。リキニウスも同様である。ミラノ勅令はガレリウスの撲滅キャンペーン終了命令を再び確認し、キャンペーンの終結を徹底させようとした試みである。しかし、なぜ二人はキリスト組やくざに対し敵対的な姿勢を取らなかったのか？　これには幾つもの理由が複合的に作用していた。

まず、コンスタンティヌスとリキニウスにはガレリウスの唱導するやくざ撲滅キャンペーンに乗ってやる理由がなかった。ガレリウスは覇権を賭けて争い合う敵だからである。次にコンスタンティヌスの母親はキリスト組の女やくざであり、キリスト組は彼にとってはそれなりに親近感を抱ける存在であった。第三に、キリスト組のやくざは当局の上層部でも席を占め始めており、いまさらやくざの撲滅に走ることに理が感じられなかった。コンスタンティヌス自身も中道的な性格であって、無理にでもやくざを撲滅せねばならぬと考えるような男ではなかったこともある。

　そして、最大の要因は、コンスタンティヌスもリキニウスも大侠客ヤハウェの存在を畏れていたことである。ヤハウェという強大なやくざの名は死の淵にあったガレリウスを脅かしただけでなく、彼らの上にも恐るべき存在として伸《の》し掛かっていたのであった。だが、彼らは単にヤハウェに怯えるだけではなく、強大なその力を味方に付けようともした。昨年、コンスタンティヌスは強敵マクセンティウスを打ち破ったが、彼の軍の盾と軍旗にはギリシア文字のキー（X）とロー（P）を重ね合わせたように見える表象が描かれていたという。この二文字は「キリスト」の単語の最初の二文字であった。いわば、軍隊にキリスト組の代紋を掲げることで、大やくざヤハウェの虎の威を借りて敵軍を心理的に圧倒しようとしたのである。

　ともあれ、このような複合的事情により、コンスタンティヌスとリキニウスがキリスト組やくざ撲滅キャンペーンを牽制したのも理解できる流れと言えた。そして、この年、三一三年をもって、キリスト組は国家公認の任侠団体となったのである。とはいえ、ガレリウスの撲滅キャンペーンに乗ってやる義理がなかったように、マクシミヌス・ダイアにも彼らの通達を受け入れる理由がなく、ダイアの支配地ではそれからも撲滅キャンペーンは続けられたのであるが。

しかし、コンスタンティヌスは余裕である。

「なあに、ダイアの外道も長うはもたんわい。わしがリキニウスをけしかけて、あいつらにドンパチさせちゃるけえのう。やくざどももすぐに枕を高《たこ》うして眠れるようなるじゃろ」

「そりゃあええ事ですわ」

コンスタンティヌスに付き添う側近の男は、ツツツと歩みながら顔ににやりと笑みを浮かべる。男は秘していたが、実は彼もまたキリスト組のやくざであった。コンスタンティヌスの働きにキリスト組も大方満足している。コンスタンティヌスは実力のある男だった。

事実、この直後、マクシミヌス・ダイアはリキニウスに対し戦端を開く。開かざるを得ない状況をコンスタンティヌスとリキニウスが作り上げたのである。さらにダイアに対し、リキニウスが単独で立ち向かわなければならぬ状況を作ったのはコンスタンティヌスであった。リキニウスは首尾よくダイアを討ち果たし、やくざたちはリキニウスを褒め称えた。

だが、後にリキニウスの領土内でキリスト組やくざが内輪もめを起こし、リキニウスは鎮圧のために軍隊を出動させることになった。すると、やくざたちはリキニウスから攻撃を受けたと感じてコンスタンティヌスに肩入れする。ライバルであるコンスタンティヌスに領民が肩入れするのを看過できなくなったリキニウスは彼らに対してやかましく制限を加えた。やくざたちはこれに反発し、後にコンスタンティヌスがリキニウスを破ると、今度はコンスタンティヌスを褒め称えたのである。やくざの毀誉褒貶《きよほうへん》がいかに移ろいやすいものかを示すエピソードと言えるだろう。昨日まではリキニウスを自分たちの救世主の如くに称えていても、明日になれば狂人扱いし悪罵の限りを尽くすのであった。

だが、称えられたコンスタンティヌスも、決してキリスト組やくざに特別に肩入れしたわけではない。少なくとも三一三年の時点ではそうであった。他の公認任侠団体同様にキリスト組も公認したというだけであり、彼自身はヤハウェの他にも、偉大な古代ローマやくざたちに対する敬意を持ち続けていたのである。古くからローマにある他の公認任侠団体の儀式に参加することもあったし、時にはその組長となることさえあった。ヤハウェ以外のやくざを称えることを死に直結する不敬と考えるキリスト組やくざからしてみれば、このような態度には眉を顰めざるを得なかったが、皇帝の態度としては正解であっただろう。たとえ、この時点でコンスタンティヌスが皇帝の強権を振るおうとも、ローマに古くから存在する様々な任俠団体を潰し切る程の力は彼にはなかったであろうから。

A.D.三三五年　コンスタンティノポリス

ビザンティオンに建設した新都コンスタンティノポリスの豪壮な宮殿の中で、帝王の玉座に腰掛けたコンスタンティヌス帝は、その顔に鬼神の如き憤怒の形相を浮かべていた。周囲の腹心たちも皇帝の苛立つ素振りに不安を感じているのか、表情は暗く、揃ってそわそわとしている。だが、皇帝は一体何を気に病んでいるのだろうか。

リキニウスとの戦いに決着を付け、ローマ帝国の単独皇帝として君臨してから十年以上が経過していた。既に齢六十を超えた彼の老い先は長くはない。そのことは皇帝自身も自覚している。だが、彼がこれまでにも幾度も努力を重ねてきたにもかかわらず、止まらぬのだ。やくざたちの内部抗争が。自身に残された短い時間を思うと不安になってくる。焦りが苛立ちを呼び、周囲への当たり方も自然と厳しくなる。若かりし頃から苛烈な政治家であり軍人であったコンスタンティヌスだが、老年に達した彼が、この心境にあって、往時と比べややバランスを欠いていたことは否めない。ストレスのあまり彼の頭髪もまたバランスを失っていた。

玉座に座り、こめかみの血管を引き攣らせながら、彼が思い出していたのはドナトゥス派と呼ばれるやくざたちのことだった。「あのボケどもが禍の始まりじゃったわ……」と心中歯嚙みする。しかし、如何《いかん》ともしがたい問題でもあった。彼の懐古は三一三年、あのミラノ勅令に遡る――。

コンスタンティヌスとリキニウスの発したミラノ勅令によって、キリスト組が帝国公認の任俠団体として立ち位置を確立し、キリスト組撲滅キャンペーンが表向き終了したのは先に書いた通りであった。なおもキャンペーンを継続したマクシミヌス・ダイアも既に武力で排除された。もはや彼らが目の敵とされることはない。これでやくざたちも安心してシノギに集中できるじゃろう、義理は返したけえのう、あの時はコンスタンティヌスもそう思ったのだが、しかし、皮肉にもこれが別の争いを引き寄せてしまったのである。撲滅キャンペーン終了後、アフリカに事務所を置くキリスト組系列のやくざたちの一部が突如激発し、このようなことを声高に言いだしたのだ。

「おどりゃ、カルタゴ組の新組長がカエキリアヌスの阿呆じゃと！　そぎゃあなマン糞悪ィこと、わしらあ絶対に認めんけえのう！」

そして、彼らはドナトゥスなる人物を担ぎ上げ、この男こそが本物のカルタゴ組組長だと言い張ったのである。ここにカルタゴ組の跡目を巡る、やくざ同士の派閥抗争が勃発したのであった。

ドナトゥス側の言い分としてはこうである。カエキリアヌスが組長として親子盃を交わした時のことであるが、その媒酌人の親分衆の中に一人、官憲のガサ入れに対して「聖なる書物」を引き渡した者がいるという。「聖なる書物」なる有害図書は、キリスト組やくざたちにとっては神聖な書物と見なされていたため、官憲の脅しに屈して諾々《だくだく》とこれを差し出した者は仁義に欠ける半端者のチンピラとされ軽蔑されたのであった。そのようなチンピラが立ち会っての親子盃に効果などないと、ドナトゥス派は主張したのである。

撲滅キャンペーンを終了させ、やくざたちに平和をもたらしたはずが、それが契機となってかえって新たな派閥争いが始まってしまった。コンスタンティヌスとしては呆れる他ない。元々中道的な性格である彼は、何とかして彼らを仲直りさせ……、それが無理ならせめて白黒をハッキリと付けて事態を収拾せねばならぬと考えた。せっかく統一したローマ帝国の内部に諍《いさか》いや争いが生じるのは好ましいことではなかったからだ。

結局、コンスタンティヌスはキリスト組系組長たちの多数派の意見に与して、ドナトゥス派を非とした。具体的には彼らに事務所を明け渡すよう命じたのである。多数派のやくざたちはコンスタンティヌスの英断を称えた。

だがこの時、彼の心中には無視できぬ疑念が生まれていた。まずドナトゥス派のやくざたちが従順に事務所を明け渡すとは考えにくい。となれば、皇帝としてもナメられるわけにはいかないから強制力を発揮せざるを得ない。つまりローマ警察を動員して、武力行使により命令に従わせることになるのだが、とはいえ、これでは先代の皇帝たちが行なってきた撲滅キャンペーンと大差ないではないか？　撲滅の対象がキリスト組全体からキリスト組の一部派閥に変わっただけではないか？　確かに、過去、コンスタンティヌスは撲滅キャンペーンを停止させたことでキリスト組やくざたちからの絶賛を受けた。だが、ドナトゥス派からしてみれば、これまでの皇帝たちも自分も何も変わらぬ弾圧者なのではないか……。

「放っといたら争いばっか引き起こすやつらじゃけん……」

苛立たしげに肘掛を指先でコツコツと叩く。コンスタンティヌスはドナトゥス派のことを思い出すと、いつでも苛立ちのあまり頭が沸騰しそうになる。残り少ない頭髪が煮え落ちるのではないかと気が気でない。

厄介な連中であった。実際に、彼の死後、ドナトゥス派はさらに過激さを増して行き、キルクムケリオーネスなる過激派やくざ集団と手を組むのである。キルクムケリオーネスは敵対するキリスト組組長を暗殺し、事件を引き起こして警察と対立し、さらには興奮のあまり集団自決なども行なうようになって治安は甚だ悪化することになるのだ。迷惑極まりない。だが、やくざたちの内部抗争はドナトゥス派の一件だけではなかった。

「陛下の心中、お察し申し上げております る」

と、この時――。不機嫌さを微塵も隠さぬ皇帝の前に、つつと歩み出てきた一人の男がいた。えへえへと不気味な微笑を湛え、上目遣いでコンスタンティヌスを見上げる小役人然とした初老の男である。だが、どうしたことだろうか。彼の顔を見た途端、短気で知られた皇帝の顔色がぱあっと明るくなると、

「おおっ、エウッちゃん、来とったんかい」

玉座から立ち上がりハグして彼を迎え入れたではないか。臣下と皇帝の関係からすると常識外の待遇と言える。周りの腹心たちは男を胡散臭げに見つめるが、その視線に皇帝は気付いていないし、男は屁とも思っていない。

「おう、よう来てくれた。よう来てくれたのう。ほんまにのう。やくざどもが皆エウッちゃんくらい道理を弁えとりゃあ、わしゃなんも苦労はせんのじゃけどのう」

「へへええ、わしなんかには勿体無いお言葉ですけん」

エウッちゃんと呼ばれた男は、皇帝の言葉を受け深々とお辞儀しながらも、上目遣いでなおもちらちらと彼の方を見ている。卑屈なまでの低姿勢であるが、その瞳はギラギラと昏く輝いていた。そこに宿る情念は権力と復讐欲であった。この男こそキリスト組系ニコメディア組組長として世に名を知られたエウセビオスその人である。

「いやいや、エウッちゃんだけじゃけえのう。ほんまにわしの気持ちを分かってくれたんは、のう」

「へえええ、勿体無い！　勿体無い！」

エウセビオスは電撃にでも打たれたかのように、ぺこぺこ、ぺこぺこと頭を何度でも下げる。その素振りはあまりにも大袈裟で、まるで壊れた人形のようであり、見る者によっては皇帝を馬鹿にしているようにも思えただろうが、コンスタンティヌスは上機嫌のままであった。

が、壊れた人形は突如その動きを止めると、ピシィと背筋を正して、今度は手を揉み合わせながら言った。

「ところで、皇帝陛下。アレクサンドリア組組長のアタナシウスの兄弟のことですけんど……」

「おう、なんね。またおどれらに、あいつら何か言うちょるんか？　ええど、ええど、わしがええようにしちゃるけえの、言うてみい、言うてみい」

「へへえええ！」

なおも上機嫌の皇帝の様子に、再びぺこりぃぃ～と腰まで頭を下げたエウセビオスは、誰にも見られぬ角度で、その顔ににやりと汚い笑みを浮かべていた。ドナトゥス派同様、皇帝の心を騒がしたもう一つの内部抗争劇、その発端となったエウセビオスたちアレイオス派について語るには少し時を遡らねばならない——。

＊

コンスタンティヌスがその問題に気が付いたのは、彼がリキニウスを打倒した三二四年頃の話であったろうか。北アフリカで始まったドナトゥス派の問題はなおも解決されていないが、今度はエジプトのアレクサンドリアにおいて、もう一つのやくざたちの内部抗争が勃発していたのである。

皇帝には今となってもよく理解できていないのであるが、抗争の勃発原因となったのは、アレクサンドリア組組長アレクサンドロスと、同じくアレクサンドリア組の所属でありながら人気と人望では組長にも引けを取らない幹部やくざ、アレイオスとの間の口論であった。なんでもアレイオスは、偉大なる大侠客ヤハウェに比べると、イエスの方はほんの一枚だけ落ちると、そういったことを言い出したらしい。それにアレクサンドロスが猛反対して、ヤハウェとイエスのやくざとしての格は同じだと反論したのである。やくざ社会は親分が白だと言えば黒いものでも白くなる社会だが、この時、アレイオスは親分であるアレクサンドロスに真っ向から対立し、怒ったアレクサンドロスはアレイオスとの盃を水にした。

しかし、話はこれで終わらない。アレイオスも黙って引き下がりはせず、各地の名のあるキリスト組やくざに自分の応援を頼んだ。幾人かの組長たちが彼に味方し、間違っているのはむしろアレクサンドロスの方だと宣伝し始めた。そのうちの一人がニコメディア組組長のエウセビオスであったのだ。こうして、ローマ帝国東方のやくざ社会を二分する仁義なき戦いが幕を開けたのである。

中道的な性格のコンスタンティヌスは、やはりこの時も両派の争いを止めようと考えた。コルドバ組組長ホシウスを仲介人として派遣したが、彼ではこの抗争を収めることはできなかった。そこでコンスタンティヌスは一念発起し、ニカイアに各地の組長三百人前後を集めての一大やくざ会議を開催することを決定したのである。後のやくざたちはこれをニカイア公会議と呼んだ。

先に、皇帝はこの問題をよく理解できていなかった、と言った。だが正確に言えば、彼はこれを理解する気があまりなかったのである。ヤハウェとイエスの間の格の問題などというのは、彼にとっては全くどうでもいい、取るに足らぬ問題であった。もちろん、彼も一度は問題を理解しようと努めてはみた。腹心の組長に対して聞いてみたのだ。

「おう、アレイオスいうやくざは一体何に怒っとるんじゃ」

「へへえぇ」

組長はぺこりぃ～と頭を下げてから答えた。

「わしの聞いた話によりますと、アレクサンドロスはヤハウェ大親分とイエス大親分のやくざとしての格は同じじゃ言うとります」

「うむ」

「じゃけんど、わしらキリスト組やくざは尊敬するんはヤハウェ大親分だけじゃ思うとりますけん。アレイオスに言わせりゃあ、ヤハウェ大親分とイエス大親分の格を全く一緒にしてしまうと、二人のやくざを尊敬することになるけえ、間違いじゃ言うとるんです」

「はあ……。じゃが、おどれらはヤハウェ大親分とイエス大親分はほとんど同じようなもんじゃいうて思うとるんじゃろうが?」

「ああ、いや、それがですね……」

やくざは何やら困ったように頭をかいた。

「同じようなものじゃけえど、同じじゃないんですわ。同じじゃ言うのはサベリウスいうやくざがそう言うとったんですが、これはやくざ仲間皆から叩かれて否定されとりまして……」

「仁義の話はよう分からんのう」

皇帝は溜息を吐《つ》いた。彼は既にこの辺から嫌気が差している。

「で、アレクサンドロスは何じゃ言うて反論しとるんじゃ」

「はあ、それですが、それじゃあアレイオスの言うように、二人の格は全く同じではない、イエス大親分が一枚劣る、いうことにしやすと、今度はイエス大親分の凄味が失われるじゃろうが、言うて。わしらあ、大昔からイエス大親分を尊敬してきとったんですが、それをやめにゃあいけんようなる。じゃけえ、駄目じゃあ言うんです」

「言うても、おどれら、尊敬するんはヤハウェ大親分だけじゃ言うとったじゃない。それならイエス大親分を尊敬せんようなりゃあ、丁度ええんじゃないの」

「いや、ですけんど、ヤハウェ大親分とイエス大親分は同じようなものですけん……」

「でも、違うんじゃろうが?」

「そうですけんど……」

この辺りでコンスタンティヌスははっきり理解した。この問題は、やっぱり自分にはどうでもいい……。この時に彼がアレクサンドロス、アレイオス両者に向けて出した手紙は次のようなものであった。

「なーにをクソ下らん問題でぎゃあぎゃあ言うとるんじゃ。そぎゃあに騒ぐほどのことじゃなかろうがい。それにじゃのう、こぎゃあなことを延々議論してじゃ、難しい問題じゃろうけえ、誰も間違いを犯さん言うことはなかろうが。言う方もきちんと説明できんじゃろうし、聞く方もよう分からんじゃろう。それに考えてもみいや、おどれらやくざでもよう分からん仁義の問題をじゃぞ、カタギの民衆が聞いて、分かるわけないじゃない」

身も蓋もない言い振りである。それでも彼がやくざ会議を開いたのは、結論はもうなんだっていい、なんだっていいからとにかく一つの答えに至って欲しい、とにかく一致して欲しいと願ったからである。分かった、いいから、とにかく仲直りをしろ、と、彼は言いたかったのだ。

そして、会議に参加したほとんどの親分衆も、実は同じ気持ちであった。アレクサンドロスに激昂して息巻いているのは全体から見れば少数派のアレイオス派の一派だけであったし、そのアレイオス派を断じて許せんと激怒しているのもやはり少数派のアレクサンドロス派だけであって、ほとんど大多数の親分たちは、こんなクソ下らない問題はどうでもいいから早く終われと思っていた。ようやっとローマ警察に追われる日々が終わったというのに、続けて身内でのこの抗争劇である。彼らは飽き飽きしていた。

結論から言うと、この時の会議ではアレクサンドロス派が勝利することとなる。コンスタンティヌスはそれでもやくざたちが十分に議論を交わせるようにと、きちんと会議の場を設えたのであったが、アレイオス派の代表としてエウセビオスが演説を始めた時のことだ。

「えー……、わしが考えるところによりますと、イエス親分はヤハウェ大親分に比べれば、やはり一枚劣ると言わざるを得ず――」

などと言い出したところで、興味なさげに鼻くそをほじりながら聞いていた親分衆が突然に怒り狂って、「なんじゃワリャ！」「この外道、イエス親分をバカにするんか！」

など叫んで彼の元に殺到し、演説原稿を奪い取って引き裂き、足で踏みにじったのであった。

やくざたちはこのような蛮行を尽くした後、すっきりとした様子で自分の席へと戻っていき、壇上には一人、びりびりに引き裂かれた原稿の前で膝をつき、青白い顔で震えるエウセビオスだけが取り残されていたのである。コンスタンティヌスはそんな彼の様子を見ながら、可哀想だなと憐れみを覚えたし、所詮やくざどもに話し合いの機会を与えても何にもならん、とも思って落胆していた。――しかし、それでも答えは見えたわけだ。エウセビオスには気の毒だが、親分衆の多数派はアレイオス派を許容するつもりはないようである。理屈はどうでもいいから、とにかく何かしらの答えを見つけて一致して欲しいと願うコンスタンティヌスとしては、当然、多数派のアレクサンドロス派を勝利者と認定したのであった。

そして、アレクサンドロス派の言い分を文章化し、全員がこれに合意するよう署名を求めたのだが、困ったことにアレイオスやエウセビオスはこれに署名しようとしなかった。皇帝は、とにかく一致して欲しいのである。なぜ一致しないのか。短気な皇帝は彼らの頑迷さに怒り、都市からの追放刑に処したのであった。ともあれ、これで少数派は物理的に教会から消え去り、キリスト組は一致を取り戻したのである。そのはずであった……。

だが、その追放されたはずのエウセビオスが、いま、皇帝コンスタンティヌスの目の前にいて、彼に対し、全力の媚を売り続けている。

「わしゃあのう、とにかくのう、おどれらやくざにはのう、仲良うして欲しいだけなんじゃ。わしの気持ちを分かってくれたのは、悲しいことじゃが、エウッちゃん一人だけじゃったのう」

「へぇえ、へえええ、何よりも平和を願うちょる陛下のお優しい気持ちは、わしゃ痛いほど分かっちょるつもりですけん」

エウセビオスは米つきバッタのようにお辞儀を繰り返している。いや、そのお辞儀の迫力たるや、もはやお辞儀というよりも一種の身体運動である。実際に、復讐に燃える彼は凄まじいエネルギーを費やして、ここまでの復権を成し遂げたのであった。

エウセビオスは賢明な男だった。実力もあった。陰謀にも長けていた。ニカイア公会議で頑なに署名を拒み、コンスタンティヌスの不興を買って追放刑に処された後、冷静になってつらつらと考えていくうちに、彼はコンスタンティヌスの腹積もりを見通したのである。皇帝が、とにかく一致を望んでいることを。正解ではなく妥協を望んでいることを。

そして、もう一つ。彼の心中を占めるものは、やくざ会議において自分を罵倒し大恥をかかせたアレクサンドロス派——いまやニカイア公会議の勝利者という意味でニカイア派と呼ばれている——の連中に対する怒りと憎しみの気持ちであった。暗黒の情念を内に秘め、エウセビオスは動き出した。

彼はほとぼりが冷めるのを待ち、まず、コネクションを利用してコンスタンティヌスへと接近した。

「陛下、わしゃあ本当に反省しとるんです……。陛下が何よりも一致を望んどったことを、そのお優しい真心を、あの時のわしゃあ全然分かっとりゃしやせんでした。じゃけえ、他の親分連中にいびられたこともあって、わしも意地になっとりやした。じゃけんど、わしがいかに恥をかかされようと、陛下の気持ちに沿うのが一番じゃけえ。今では大人気ないことをした思うて反省しとるんですわ。わしもこれからは会議で決まったことを受け入れて、親分衆と仲良うやっていきたいと、そう思うちょるんです……」

しなだれて反省の色を見せるエウセビオスの姿にコンスタンティヌスも感じ入るところがあった。なにせ会議の時は、彼もエウセビオスのことを「可哀想だな」と思ったのである。短気な彼は、直後、エウセビオスの不従順さに激昂して追放刑に処してしまったが、それもあの時の彼の精神状態を慮れば、少し厳しすぎたかもしれないと思い始めてもいた。

何より、エウセビオスが自分の意見を殺してでも、大多数の主張に妥協し、皆と仲良くやっていきたいと言い出したことに彼は深く感動していた。この論争を端からどうでもいいものと見なし、とにかく一致して欲しい、と思い続けてきた彼にとっては、その時のエウセビオスの殊勝な態度こそ理想的なものだったのだ。結局、コンスタンティヌスはエウセビオスの追放刑を解くことにした。エウセビオスは「ありがたや～！」と叫ぶと地面にひれ伏し額を床に何度も擦り付けた。無論、その顔には薄汚い笑みが張り付いていた。

ここから彼の逆襲が始まったのだ。仁義なき政争のスタートである。皇帝の近くに侍り、ニカイア派の主要な組長たちの悪評を流し、讒言《ざんげん》し、罠に嵌めて、次々と脱落させていった。ある組長などは、コンスタンティヌスの母親の悪口を言ったという理由で潰されている。そうして十名あまりのニカイア派組長を毒牙にかけたエウセビオスは、今日ついに、憎きニカイア派の首領、アタナシウスをその標的に定めたのであった。アタナシウスはアレクサンドロスから跡目を継いだ現アレクサンドリア組組長であり、アレイオス派に対する最大の敵であった。

「で、えと、アタナシウスの件じゃったかのう。また、おどれらに何かしとるんかのう。あいつは、ほんま底意地の悪いやつじゃけえのう」

エウセビオスの周到な事前工作により、既に皇帝はアタナシウスの人格を軽蔑していた。

「いえ、いえ、いえ、陛下。今回わしがお伝えに上がりましたのは、決してわしらの保身のためではないんです。確かにアタナシウスの兄弟をはじめ、ニカイア派の親分衆は、わしらがこんなにも皆と仲良うしたい言うとるのに邪魔ばかりしてきよるんですが、今回はむしろ、陛下の御為にと思い……」

「ほう?」

これもエウセビオスの工作の成果である。キリスト組やくざの一致を妨げているのはむしろニカイア派の方であると皇帝に印象付けることに成功していた。とはいえ、全くのデタラメでもない。実際にアレイオスの追放刑解除などにアタナシウスは反対していたのである。「妥協でもなんでも、とにかく仲良うしてくれるんならそれでええんじゃ」と思っているコンスタンティヌスとしては、アレイオスが心を入れ替えて皆と仲良くしようとしているのに、頑なにそれを拒もうとするアタナシウスには苛立ちが隠せなかった。

エウセビオスが続けた。

「それがですね、陛下……。わしが聞いたところによりやすと……、いや、わしもまさか、アタナシウスの兄弟がそんな恐ろしいことを言うたなどと信じとうはないんですが……。何かの間違いであって欲しいと心から願うとるんですが……。いやしかし、やはり陛下のお耳に入れて後は陛下のご判断をと……」

「お、おう。分かったけえ、はよ言わんかい」

「それでは恐れながら陛下……。なんでも、あのアタナシウスのドサンピンめ。事もあろうに周りのチンピラどもに、『わしがその気になりゃあ、エジプトからローマへの穀物輸送を止めるなんざ朝飯前じゃけえのう！』などと吹聴しちょるようです」

「な、な、なんじゃと！」

皇帝はたちまち怒り狂って玉座から立ち上がった。そして次の瞬間、這いつくばって上申したエウセビオスの顔面を思いッ切り蹴り上げていた！

「どべェ〜！」

鼻血を吹き上げながらエウセビオスの身体が宙を飛び、したたかに壁に叩きつけられる！　そのままぐしゃりと彼は前のめりに地面に落ちた。皇帝は激しやすい性格で毎度このような展開になるので、エウセビオスが讒言をするのもなかなか命懸けであるが、にもかかわらず彼がこれまで讒言を繰り返しニカイア派の組長たちを陥落させてきたのは、ひとえにニカイア派憎しの執念によるものであった。

「なんじゃあ、あのガキゃあ！　わしを脅しゃあ、わしがなんでも言うこと聞く思うちょるんか！　ど許せぬ！　わしがローマ警察を動かしゃあ、エジプトごと火の海じゃいうことを教えちゃろうかい！」

なおも激昂し、怒りを顕にするコンスタンティヌスの前で、潰れたカエルのように地面に這いつくばったエウセビオスは、顔面を血みどろに染めながらもにやりと笑っていた。これで、アタナシウスは終わりだ……。少なくとも追放刑は免れまい。あと一歩、あと一歩でニカイア派の息の根を――……。復讐に燃えるやくざの、悍《おぞ》ましくも悲しい人生の一場面であった。

だが、怒り狂う皇帝、コンスタンティヌスこそがこの悲劇の真の主人公なのかもしれない。誰よりもキリスト組の一致を願っていた彼が、いまやキリスト組の一派閥を潰すための暴力装置と見なされ、エウセビオスの走狗《そうく》へと落ちていたのだから――。

［解説］

当たり前だが、キリスト教も当時は新興宗教である。自国の文化に誇りを持つギリシア人からしてみれば遥か東方由来のうさんくさい思想であって、よく分からない。よく分からないので根も葉もない噂が飛び交い、彼らは迫害を受ける。

私見では、彼らが迫害を受けた要因として、ローマ文化を否定した点が大きかったのではないかと思う。例えば、古典文学では異教の神々が重要な役割を持っているが、ヤハウェ以外を称えるわけにはいかないキリスト教徒は古典文学を拒否した。同様に演劇やスポーツへの参加も彼らは拒否したのだが、自分たちの誇りとする文化を否定されれば、ローマ人たちもイラッと来たことだろう。現代日本でもエホバの証人の学生は信仰上の理由で柔剣道の授業に参加しないが、これも自国文化を否定されたような気がして思うところのある人も少なからずいるのではないか。もっとも当時のキリスト教徒も現代のエホバの証人も、可能な範囲で社会との折り合いを付けようと努力はしているのだが、譲れぬところはやはり譲れない。結果、社会との関係性においてバランスを欠いた集団だと見なされることになる。

キリスト教の迫害が終結したのはコンスタンティヌス帝の時代。三一三年のミラノ勅令にて公認されたのがターニングポイントと一般に理解されている。なぜコンスタンティヌスがキリスト教を公認したのか、明確な理由は分からない。本文にもある通り、実際は様々な理由があって、それらが複合的に作用したものと思われる。もしくは、皇帝もあまり深く考えていなかったのかもしれない……。今でこそ世界宗教だが、当時はいち新興宗教だ。公認うんぬんもそれほどの大事という認識はなかろう。

理由として最も分かりやすいのは、ローマ帝国を統一するための統一的なイデオロギーとしてキリスト教を利用した、という説で、これは現代人の感覚からしても理解しやすいものである。筆者も以前はこれを受け入れていたが、しかし、ミラノ勅令はキリスト教を唯一の国教としたわけではなく信仰の自由を認めた内容であって（国教となったのは半世紀以上後のテオドシウス帝の時代）、国内イデオロギーの統一とは即座に繋がらない。晩年はともかくミラノ勅令の時点ではどこまで計算であったかは疑問に思えてきた。

そこで本文では、コンスタンティヌスがヤハウェを畏れていたため、という説を取った。皇帝と言えど古代人である。キリスト教徒である母親からも脅されて育っただろうし、ヤハウェにビビっていたとしても不思議ではない。勇猛な戦士であれ戦争を前にすれば神頼みの一つもしたくなるだろう。それで戦争に勝てたのだから、迫害なんてしなくていいじゃないかと、そのくらいの気持ちになったのではないか。もっとも、盾と軍旗にキリスト教の表象を描いたという話はどこまで信じて良いのか微妙なエピソードであるが。

ニカイア公会議に関して簡単に解説すると、これはイエスのキャラ設定の問題である。アレイオスの主張によると、イエスはヤハウェにより一番最初に創造された被造物であった。一方、アレクサンドロスの主張では、イエスは創造されておらず最初からヤハウェと一緒にいたのである。アレイオスから見れば、アレクサンドロスの主張は神が二人いるようなものなので多神教になってしまうし、アレクサンドロスから見れば、アレイオスの主張ではイエスはただの「創られたもの」なのだから拝んではいけないことになってしまう。なので、彼らは自説を譲らず互いに争った。

我々部外者からすれば全くもってどうでもいい問題である。イエスがキリストだというのは百歩譲って理屈は分かるとして、イエスとヤハウェが同じようなものだと言われても意味が分からない。そのような意味不明な事柄の細部を真剣に議論し合っているのである。元々が意味不明なのだから当然正解も不正解もない。

だから、彼らはただどちらの理屈が面白いかで戦っているのである。ここで私が言う「面白い」とは、理論の整合性や説得力、それを受け入れた時の心的感動なども含む総合的な「面白さ」のことである。要はどちらの意見が心にグッと来るか、どちらのイエスの方が好きになれるか、という勝負である。小難しいことを言っていようと結局はこういうことであろう。

ニカイア公会議ではアレクサンドロス派が勝利したのであるが、所詮正解も不正解もない問題なので、皇帝が代替わりして支持する派閥が変わるごとに、あっちが正解になったりこっちが正解になったりする。アタナシウスも追放されたり呼び戻されたり追放されたり……を繰り返す。最終的にはニカイア派が勝利し、これが正統思想となったのだが、キリスト教の言う正統、異端というのはこの程度の違いである。異端だから悪いとか間違ってるとか、そういうものでもない。

なお、政治権力がキリスト教を庇護することにより新たな問題が生まれている。異端思想とジャッジされた相手を皇帝が追放刑に処しているのだ。これまでのキリスト教徒同士の争いは互いに口汚く罵り合ってはいてもこのような実力行使に出ることはなかった。正統も異端も仲良く迫害される身だったからである。しかし、彼らが政治権力と繋がることにより、異端思想は国家権力により暴力的な攻撃を受けることになった。迫害は終わったが彼らは別の種類の自由を失うことになる。

第6章

実録・叙任権やくざ闘争

A.D.一〇七四年　ドイツ

「あんた、何の話じゃったん？」

しとしとと降り続ける雨の中――。

夜も更け子供もすっかり寝静まった頃合に、浮かぬ顔をして玄関をくぐった夫に対し、妻は不安そうな面持ちでそう尋ねた。

「何の話じゃ言うて――……。噂通りじゃった。ハッキリ言われたわい。こんなと別れるか、事務所引き払うか、どっちかにせえ言うての」

男は、やくざであった。小村にささやかながらも一家を構える組長である。とはいえ、彼の事務所も権力も本当にささやかなもので、実際の姿は農民とほとんど変わらない。彼のような組長を極道用語で司祭と呼んだ。

「ひどい……。なんで、そんな酷いことをシークフリートの兄さんは突然言い出したんかね……」

「兄さんじゃないわい。兄さんも上から言わされちょるだけじゃけえ」

「じゃ、じゃあ。グレゴリオスの親分さんが……？」

「ああ、そうじゃあ」

男はしとどに濡れた髪を乱暴に掻き毟ると、

「グレゴリオスのおやっさんが何を考えとるんか……わしにゃあさっぱり分からんわい！」

忌々しげに吐き捨てた。

この憐れな貧乏やくざ夫妻を困惑せしめていたのは、この日、マインツ大司教シークフリートから発せられた一つの通告であった。「やくざとしての純潔を守るため妻と別れるように」、さもなければ事務所から立ち去り、組長の職を捨て、一介のやくざとして暮らすようにとのお達しであった。

「それで……あんた、どうするん」

「どうもこうもあるかい」

男は妻の肩を抱き寄せた。

「可愛いお前と別れるなんぞできるかい。兄さんが何を言おうが、おやっさんが何を言おうが、そぎゃあな阿呆な話、聞いとれるかい」

「あんた……」

「じゃがのう。困ったわい。ガキもようやくはいはいができるようになったばかりじゃし。組長じゃ言うて大したゼニにはならんがのう。それでも事務所畳めえ言うんは聞けんわい」

「……」

「……まあ、心配しなさんなや。いくらグレゴリオスのおやっさんが必死におらんどってものう、おやっさん一人でどうなるもんでもないけん。わしらが皆で反対すりゃあきっと諦めるけん。シークフリートの兄さんも、おやっさんにわしらの気持ちを伝えてくれる言うとったしの。きっとなんとかなるけん。心配すんな、のう？　のう？」

「あんた……」

妻が男にもたれかかる。男は妻の口に吸い付き、そのまま夫妻はベッドへと向かっていく。十一世紀における一般的な司祭やくざの姿であった。教皇グレゴリオス七世から受けた圧力のせいで心中穏やかではなかったろうが、男は妻の不安を和らげるべく、安布団の中で必死に彼女を慰めたことであろう。

だが――、「妻を捨てるか、それともやくざとしての食い扶持を諦めるか」、末端の貧乏やくざたちにこのような非人道的二択を迫ったグレゴリオス七世とは一体いかなるやくざだったのだろうか。そして、彼は何故このような選択を強いて貧乏やくざたちの心痛を招いたのか。実は、彼には彼なりの思惑があり、如何ともしがたい事情がこの時のキリスト組の前に横たわっていたのである。

グレゴリオス七世によりもたらされたキリスト組任侠道革命――いわゆる「グレゴリオス改革」にまつわる戦いの歴史を、我々は三つのフェイズを追って見ていくことにしよう。

A.D.一〇七六年　ローマ

「破門じゃあ、破門ッ！　ここまでナメられとって黙っとれるわけなかろうがィ！」

キリスト組系任侠団体「ローマ・カトリック会」の会長である、教皇グレゴリオス七世の怒号がラテラノ宮殿に轟いた。枢機卿と呼ばれる周りの幹部やくざたちも、覚悟を決めて頷き、教皇の怒気を後押しする。

「ハインリヒの外道、明らかにケンカ売っとりますけん。買ったりやしょうや、おやっさん！」

「あぎゃあなナメた真似ェ見逃しちょったら、わしらもおまんまの食い上げですけん！」

彼らとしても、ドイツ王ハインリヒ四世の振る舞いには腹に据えかねるものがあったのだ。王は明らかにグレゴリオス七世をナメている。そして、ナメられてはオシマイなのは現代のやくざも中世キリスト組やくざも変わらない。

「ハインリヒの餓鬼ャあ……。ようもわしのこと偽やくざじゃ言うてくれたのう。シモニアとニコライスムさえきちんと取り締まる言うんなら、叙任に関しては大目に見てやるつもりじゃったが……話にならん阿呆じゃゃわい」

こめかみに血管を浮き立たせながらグレゴリオスが呪詛を吐く。

「のう……世間知らずの餓鬼に教えてやろうじゃァない。わしらがその気になりゃあ、あの腐り外道の王位なぞ、いつでも消し飛ぶいうことを、のう！」

そう、この時、グレゴリオス七世はキリスト組任俠道における三つの改革に着手していたのである。それは、シモニアでありニコライスムであり俗人叙任であった。彼の改革事業は方々で様々な反応を呼んでいたが、その中で最も明確な敵対行為として現れたのが、ドイツ王ハインリヒ四世であったのだ。彼はグレゴリオス七世を、キリスト組やくざの任俠道を破壊する偽やくざと罵っただけでなく、グレゴリオスを教皇の座から追い落とし、教皇の縄張りであったローマを奪取せんと目論んだのである。このハインリヒ四世の攻撃に対し、グレゴリオス七世の反撃がいままさに始まらんとしていた。

――だが、その前に。この事態を理解するため、いまやくざたちが直面している三つの問題、すなわち、シモニア、ニコライスム、俗人叙任についての説明が些か必要となるであろう。この三つの問題は、まるで違うことのように見えながらも一本の線で結ばれている。読者諸兄としては一刻も早くやくざ同士の血みどろの戦いをご覧になりたいであろうが、しばらく退屈な説明にお付き合い願いたい。

シモニアは日本の極道用語では「聖職売買」と言われる。その語の響きからあらかた想像は付くであろうが、要は司祭や司教と言った組長の地位を金で買うことである。ただ、明らかな賄賂ばかりではなく、地位に就けてもらったお礼に心付けを贈ったり、もしくはおべっかなどで歓心を買って地位を得ることもまたシモニアとされた。

なお、シモニアという言葉は、ペトロやパウロなど初期キリスト組やくざの活躍を描いた娯楽作品「使徒行伝」に由来する。当時、サマリアの地にシモンと呼ばれる一角のやくざがいた。その彼がペトロの任侠道を見て驚き、金を払って任侠道を買おうとしたのである。ペトロは彼に啖呵を切った。「おどれのカネはおどれと共に滅びるがええわい。ヤハウェ大親分の任侠道がカネで買えるわけなかろうが」。格好いい話であるが、真偽は非常に疑わしい。創作だとすれば、当時訳の分からない悪口を書かれた上に後世まで悪徳の代名詞として名が残ることになったわけだから、シモンとしてもいい迷惑である。

一方、ニコライスムの方の語源はよく分からない。どうやらこの時代には姦淫とほぼ同じ意味で使われていたようだが。司祭や司教などのやくざが妻を持ったり妾を囲ったりすることを問題視した言葉である。妾はともかく妻を持つことにどのような問題があるのか疑問に思われるだろうが、この問題は後でまとめて説明しよう。

最後に、俗人叙任である。これは司祭や司教などの組長の地位を「プロフェッショナルのやくざ」以外の王や資産家などが任命することである。この時代は王であれ資産家であれ誰しもがイエス大親分を尊敬しており、誰しもがキリスト組のやくざであったのだが、彼らには独自の収入源があった。一方、「プロフェッショナルのやくざ」とは、キリスト組のやくざ活動をメインに生計を立てている者たちのことである。少なくともそういう建前の者たちである。この「プロフェッショナルのやくざ」を極道用語で「聖職者」と言う。なお、プロフェッショナルではないやくざは「信徒」である。

キリスト組のやくざは任侠道を追い求める存在である。それはプロフェッショナルであろうとなかろうと変わらないが、司祭や司教といったプロフェッショナルのやくざには特にそれが求められた。だが、彼らの任侠道を阻む三つの問題があった。それがこれまで説明してきたシモニア、ニコライスム、俗人叙任なのである。

まず、司祭について見てみよう。これは一つのテストケースである。田舎にある資産家がいる。彼は自分が土地を持つ田舎に教会と呼ばれるやくざ事務所を建てる。そして、人を選び、その事務所を預けて、彼を組長とするのである。これが司祭だ。司祭やくざは付近住民から十分の一税と呼ばれる上納金を徴収する。その上納金の一部は資産家へと渡る。だから、資産家にとって教会は、一度建てさえすれば定期的な収入の見込める一種の不動産なのであった。

資産家が司祭を任命するのは「俗人叙任」であり、司祭になるために資産家に賄賂を送ったなら「シモニア」であるし、妻を娶り子供を産み、その子に教会を継がせるのは「ニコライスム」である。この流れの何が問題かと言えば、カネがなければ司祭になれないのである。さらに子供に教会を継がせてしまえば、カネがある層の中で司祭職が独占されてしまう。とはいえ、当時の司祭やくざがそれほど裕福だったわけではなく、せいぜい農民に毛が生えた程度であっただろうが……。

司祭が村レベルの縄張りを持つやくざだとすれば、司教は都市レベルの縄張りを持つやくざと言えようか。彼らは王から広大な土地を譲り受けた。これはもう封建領主のようなものである。経済力も武力も馬鹿にできない。となれば、そんな危険な勢力を放置するわけにもいかず、王は彼らの手綱を握らざるを得ないのである。よって「俗人叙任」をすることになる。自分に好意を示す相手を司教にしておけば幾らか安全である。自分に好意を示す相手……つまり、「シモニア」を犯す者たちとなる。

こうしてこの時代のやくざたちは組長の地位を金で買い取り、信徒やくざたちを任俠道に導く役目も忘れて、投資した金を取り戻すべくあこぎな集金活動に勤しんだのであった。グレゴリオス七世の五代前の教皇であるレオ九世の頃からこれは問題視され始め、そして、グレゴリオス七世がこの時、果敢にこの問題に挑んだのである。

グレゴリオスの推し進めた改革は当然多くの反感を買った。司祭やくざたちは妻と別れろと言われて悲しんだし、司教など高位やくざたちは自分たちが手にした特権的地位が失われるのではないかと恐れた。そして、王も叙任権をむざむざ手放す気などなかったのである。

いよいよ本筋へと戻ろう。これら三点を問題視していたとは言え、実際問題としてグレゴリオス七世は俗人叙任については口うるさく言わなかった。シモニアを感じさせせぬ適正な人選が行なわれているのであれば、王による司教任命も黙認してきたのである。だが、それに真っ向から対立してきたのがハインリヒ四世であった。彼はミラノで生じた暴動に乗じ、教皇の認めたミラノ大司教アトを差し置いて、テダルドゥスなる者をミラノ大司教として任命したのである。ミラノでは異なる後ろ盾を持った二人の大司教が並立する形となった。

ドイツ王のナメ腐ったこの態度をグレゴリオス七世が見逃すわけにはいかない。「おう、極道の流儀言うもん教えちゃるけん、早うワビ入れに来んかい。おどれ、わしを怒らせといて、のうのうと王やっとれる思うなや」。ハインリヒ四世に対し、こう凄んだのであるが、相手はワビを入れに来るどころか、先述のようにグレゴリオスを偽やくざと断じ、教皇位から追い落とさんと画策したのである。王と教皇、至上の権力を巡る二大やくざ勢力の、仁義なき戦いの幕開けであった。

グレゴリオス七世は報復措置として早速次のような訓告を行った。

「ハインリヒの餓鬼がキチガイじみた傲慢さを見せよったわい。なんじゃ言うて、わしら教会に逆らいよったんじゃけえのう。おう、ヤハウェのおやっさんとイエスのおやっさんに代わってわしが命じるわい。ハインリヒはドイツとイタリアの統治を即刻捨てえ。それと、どがいなやくざもハインリヒを王じゃいうて認めるのは許さんけえの！　もちろんハインリヒの外道は破門じゃ！　理由言うたらのう、簡単な話じゃ。わしら教会の顔潰そういうやつは、おどれの顔が潰されるんが当然じゃけん！」

グレゴリオス七世のこの訓告は効果てきめんであった。彼はハインリヒ四世の王位を廃し、ドイツ諸侯に対し、王に従う必要はないと明言したのである。といって、もちろん、次の日からハインリヒが統治を行なえなくなったとか部下全員にそっぽを向かれたとか、そういうわけではない。しかし、これはハインリヒ四世を快く思っていない潜在的な敵対勢力に対し、堂々と王に逆らう大義名分を与えることになるのだ。ドイツ諸侯たちはハインリヒ四世の王位を奪わんと画策を始める。王の旗色が悪くなったことを悟り、ドイツ司教などの高位やくざたちも王から距離を置き、様子見を決め込んだ。

事態が急速に悪化したことに動転したハインリヒ四世は慌てて教皇にワビを入れるも、もはやグレゴリオスは受け入れない。そうこうするうちに、ドイツ諸侯は「二月二日までに破門を解かれなければ王位を廃位する」との取り決めを行なう。破滅へのカウントダウンが始まり、ハインリヒは頭を掻き毟って呻く。

「糞が！　なんでわしがあの腐り外道に頭下げにゃならんのじゃい！　ワビ入れるいうだけでもマン糞悪ィのに、……まさかこぎゃあなことまでせにゃならんとはのう。じゃが、背に腹は代えられんわい。おどれ、糞外道が。覚えとれよ！」

ハインリヒはイタリアへと旅立った。そして、一〇七七年一月二五日、有名な「カノッサの屈辱」が起こるのである。カノッサ城に籠城するグレゴリオス七世の前で、雪の降る中、ハインリヒは粗末な修道やくざ服を身にまとい、裸足で城門の前に佇んで教皇の許しを乞うたのであった。背に腹は代えられぬと本人も言っていたが、プライドの高いハインリヒ四世にしてみればなんという屈辱であろう。当然、教皇派やくざたちは大爆笑である。

「ぎゃはは！　おやっさん、見てつかぁさいや、あの惨めな姿を！」

「ザマあないのう！　ハインリヒの外道、慌てて芋引きよったわい！」

「おやっさん、ハインリヒの情けない話をガンガン広めてやりやしょうや！　わしらに逆ろうたモタレがどういう目に遭うんか、ええ見せしめになるんじゃないですか！」

ハインリヒの憐れな姿を見下しながら、下劣な笑いを浮かべる枢機卿たち。だが、彼らに囲まれた教皇グレゴリオス七世の心境は如何ばかりか……。彼の表情には影が差していた。この状況の深刻さに気が付いていたのはグレゴリオス以外に何人いたことだろうか。その教皇が小声でぼやく。

「ハインリヒめ……。頭の足りん餓鬼じゃあ思うとったが……いらん知恵ェ付けおったわ……」

憎々しげに城外を見下ろすと、跪《ひざまず》き許しを乞うているはずのハインリヒがこちらに視線を向けて、ニタリと汚い笑みを浮かべた。グレゴリオスはぎりぎりと歯軋《はぎし》りをする。

「あの、糞餓鬼ヤア……」

確かに、一見すれば、今のドイツ王の姿はただただ哀れなばかりであった。しかし、この場の主導権を握っているのは、むしろそのハインリヒ四世なのだ。いや、もちろん彼は追い詰められていた。二月二日までに破門が解かれなければ彼は廃位される。だから、それまでグレゴリオスがハインリヒを許さなければドイツ王は詰みである。だが、そうはできなかった。

キリスト組は建前としては任侠団体であり、教皇に求められるのも俠気である。この俠気を皆が認めるからこそ、教皇は一目置かれ、他を圧する発言権を持つのである。それで、今彼の目の前には、雪中、裸足で赦しを乞い続ける憐れな男がいる。……お分かりだろうか？　これを許さなければ教皇の任侠道が疑われてしまうのだ。グレゴリオスが冷徹で合理的な政治家であれば、ドイツ王の姿をせせら笑いながら二月二日まで籠城を続ければいい。それで敵対者は破滅を迎える。しかし、教皇はただの政治家ではない。任侠を売り物とするやくざなのだ。だから、実際のところ彼に選択肢などなかった。いかにその姿が憐れに見えようとも、この場を本当にコントロールしているのはハインリヒ四世であったのだ。

結局、グレゴリオスは三日間粘ったが、最後には恐るべき政敵に赦しを与えざるを得なかった。これによりハインリヒ四世は二月二日の危機をとりあえず乗り切ったのである。その後、ドイツ諸侯たちは構わず王を廃位し、ルドルフなる男を王として選んだ。

ハインリヒとルドルフの間で戦争が始まった。

グレゴリオスも迷った末にルドルフに肩入れした。ハインリヒを再び破門し王位を剥奪するが、対するハインリヒ四世もグレゴリオスを廃位し、クレメンス三世という教皇をでっち上げてこれを押し付けようとする。剝奪だの廃位だのと言っても、互いが一方的に「お前はクビだ」と勝手に言っているだけなので、実際にクビにできるかどうかは実力勝負となる。

結果から言えばルドルフは戦いの中で倒れ、一〇八三年、勢いに乗ったハインリヒはローマをも攻撃する。多くの枢機卿たちがグレゴリオスを見捨てて離れた。グレゴリオスは城攻めを受けた挙句に亡命を余儀なくされ、結局、その地で生を終えることになるのである。

「わしは任侠道に生きた。ゆえにわしは追放されて死す」

グレゴリオスの有名な末期の言葉である。俠気のゆえに、彼は政敵に止めを刺すことあたわず、結果、身の破滅を迎えてしまったのであった。カノッサでの場面を思えば、両者の立場はまるで正反対である。無様な姿を晒したハインリヒ四世はあの状況から見事に逆転勝利を果たし、グレゴリオスを地面に這いつくばらせた。だが、これはドイツ王と教皇やくざとの戦いの第一ラウンドに過ぎなかったのだ。舞台は第二フェイズへと移る。

A.D.一一一一年　ローマ

ドイツ王ハインリヒ四世に追われ、教皇グレゴリオス七世は亡命し、王は代わりにクレメンス三世なるやくざを教皇へとでっち上げた。といって、グレゴリオスの死後、直ちにクレメンスが教皇となったわけでもなかった。例のカノッサ城の城主である伯爵夫人マティルダが堅牢なカノッサ城に立てこもってハインリヒの攻撃を凌いでいる間に、王は息子のコンラートに反乱を起こされ、これ以上、イタリアでの戦いを続けるわけにはいかなくなったのだ。グレゴリオスの跡目を継いだ教皇ウルバヌス二世は鬼の居ぬ間にローマへ舞い戻り、クレメンス三世から縄張りを奪い返したのである。そうして、叙任権闘争は続けられた。

王から聖職者の任命権を取り戻そうとするこの問題は、ドイツだけでなくイングランド王やフランス王の警戒も呼び覚ました。だが、教皇と両者の間での闘争は、彼らが互いに全面的衝突を望んでいなかったために、妥協策が選択され平和裏に解決した。一方、教皇の前に再び強大な敵となって立ちはだかったのは、やはりドイツ王――、コンラートに続き父ハインリヒ四世を裏切り、ついには王位を手にしたハインリヒ五世であった。

「どがいするんですかい、おやっさん！」

ラテラノ宮殿に枢機卿たちの怒号が轟いた。

「じゃけえ、わしら言うとったんですよ！　あがいな不義理なやつに肩入れするもんじゃありゃあせん、言うて」

ウルバヌス二世から教皇位を継いだパスカリス二世が、今こうして彼らから責められているのにも理由があった。ハインリヒ五世が反旗を翻した時、彼の側からも、父ハインリヒ四世の側からも教皇を味方に付けるべく打診があったが、パスカリス二世といえばその息子の方に肩入れしたのである。だが、ハインリヒ五世は、父が死に、自分が王位を確保すると、司教を勝手に任命し、叙任権を手放すつもりがないことを示した。この不義理にやくざたちは歯軋りしたが、それだけでなく、ドイツ王は三万の軍勢を率いて、いまイタリアへと侵攻して来たのである。叙任権に関しては両者共に譲る気がなかったため、王は武力による解決を目論んだのであった。目前に迫った圧倒的暴力の前に、焦った枢機卿たちが声を荒らげて教皇を詰ったのも当然であろう。だが、

「心配いらんよう」

パスカリス二世は呑気な声を出した。彼は様々な欠点を持っていたが、根っこは正直で素直なやくざであった。

「のう。つらつら考えてみたんじゃけどの。わしゃ、もうこれしかないいう結論に至ったんじゃ。なあに、これならハインリヒの外道もイヤとは言えんわい。心配いらんよう」

と、教皇はのんびり言うのだが、周りの枢機卿やくざたちはそれでも不安そうにざわめくばかりである。

そして、一一一一年二月四日。ローマのサンタ＝マリア＝イン＝トリブス教会において、ドイツ王と教皇は相まみえることとなる。豪華な椅子に腰掛け、足を組み、ふんぞり返ったドイツ王は片手にワインを傾け、メンチを切りながら教皇に向かって高圧的に言った。

「おゥおゥ、パスカリスさんよゥ！　戴冠の件じゃけえど、よう考えといてくれたかのォ！」

彼の今回の目的の一つが、この戴冠式なのである。ドイツでは教皇から冠を授けられる――つまり、王位を認められることが一つの伝統となっていたのだ。それにしても、武力を背景に戴冠を迫るとはなんと大それた態度だろうか。

だが、奢れるドイツ王に、パスカリス二世は落ち着いた声音で返す。

「じゃ言うてものう。わしの方としては、叙任権の問題じゃ。あれがええように解決せんことには、の。ハインリヒの、もうええじゃないの。諦めて叙任権は手放しんさいや」

「カァ～ッ、手放せえ言われて、わしが素直に手放す思うちょるんかいのう！」

そう言いながらハインリヒは呆れた素振りを見せる。そして、滔々と述べるのだ。

「おゥおゥ、おどれらがのう、どぎゃあに勝手なこと抜かしよるんか、分かっちょるんかいの？　ええか、パスカリスさんよォ。おどれらは任侠道の問題じゃけえ口ィ出すな言ようるけどよ。よう考えてつかぁさいや！　わしらはのォ、おどれらやくざに縄張りをくれてやっとろうが。銭ィ鋳る権利もくれてやっとるし、市場税やら関税やらもおどれらにやっとるわい。おゥ、これらのどこが任侠道じゃい。全部ゼニ儲けの話じゃない。これら全部わしからの恩恵じゃないの？　それならよゥ、司教やくざどもはわしを親分じゃゆうて認めるのが筋じゃないの。なら、どの子分に縄張りを与えてやるいうんも、当然わしが好きにしてえかろうじゃない。あァ？　どうかの、わしゃなんか間違うとること言うとるかの？　おう、どうなんじゃい、パスカリスさんよゥ！」

と、ドイツ王は激しい調子で迫るのだが、パスカリスと言えば、

「それに関しては、そうじゃと思うよ」

などと、さらりと返したので、ハインリヒも目を丸くしてしまう。だが、彼が真に己の耳を疑ったのは、パスカリスの次の言葉であった。

「じゃけえの。わしゃ、王から貰うとる特権を全部返そう思うとるんじゃ」

「は――？」

驚き慌ててハインリヒが聞き返した。

「か、返す言うて。……えッ、な、縄張りとか、市場税とか……？」

「おう、返すわい。じゃけえ、これでもう叙任に口出す理由もなかろうがい」

「じゃ、じゃけぇど……え、ええんか？　金が、これからは入らんようなるんじゃぞ……？」

「ええわい、ええわい。わしゃ前々から思うとったんじゃ。わしらやくざが任侠道を忘れがちになるんは、わしらが儲かりすぎとるけえじゃ……。金に溺れりゃあ侠気も忘れて、そこらのチンピラと変わらんことにならァなぁ。じゃけえど、ゼニが儲からんようなりゃあ、ほんまに任侠道を求めてやくざになろういうやつが増えるはずじゃけん」

「お……お、おお……」

と、それを聞いていたハインリヒ五世だが、見ると、彼は突然はらはらと涙を零し始めたではないか。さらに、感極まった様子で教皇の手をがっしと握ると、

「わ、わしゃあ……！　わしゃあ本物の男を見たわい！」

口から唾を飛ばし熱っぽく言った。

「パスカリスさん！　あんたこそ……あんたこそ本物の極道じゃあ！　わしゃのう……これまでおどれらやくざのことを糞のようなやつらじゃ思うとった。いや、糞そのものじゃと思うとった。糞の中の糞、糞のイデアじゃとさえ思うとった。じゃけえど、違《ちご》うた。やくざの中にも、こんなぁのような本物の男が、おったんじゃのう……。ええわい、ええわい。そこまでの侠気を見せられたら、わしも応えんわけにはいかんけん。男ハイ

ンリヒ五世、叙任に関しては二度と口を出さんと誓うたるわい！」

「分かってくれたか、ハインリヒの！」

こうして二人の男は互いに熱い涙を流しながら、交渉を平和的にまとめ上げたのであった。聖職者やくざたちは王から与えられた特権を返還する。代わりに王は叙任に関する口出しを金輪際やめる。こういった取り決めが交わされ、これは「ストゥリの協約」と呼ばれることになる。なお、この取引をドイツの司教やくざたちに同意させるのは教皇の責任となった。王の戴冠に関してもパスカリスは快諾した。

そして、二月十二日――。サン・ペトロ大聖堂において、ドイツ王の戴冠式が行なわれることとなる。この戴冠式の初めに協約は批准されることになっていたのだが……、

「パスカリスさんよぅ。まずは、こんなぁの方の条件を読み上げてくれんかのう」

「おう、ええよ」

ドイツ王の要請にパスカリスは気安く答える。その場には大勢のドイツ司教たちがいた。

「あー、あー、テス、テス。えー……、叙任に関してじゃがのう。ハインリヒのとわしはこういう約束をしたんじゃ。えー、ドイツのやくざは王から受け取っとる特権を全部返還すること。縄張りとか鋳造権とか市場税とかは全部捨てえ。十分の一税と寄付だけでこれからはやってくんじゃ」

だが、彼がそう言い終わらぬうちに、既に場内には喧騒とどよめきが溢れていたのである。「な、何を言い出すんじゃ」「ど、どういうことなら……」。いずれの顔色も困惑と怒りに染まっていた。

やくざたちの思わぬ反応にパスカリス二世が慌てふためく中、ハインリヒ五世はニヤニヤと笑いながら言った。

「おゥッ、パスカリスさんよゥ。思っとった反応とちィッと違うんじゃないかのゥ。悪いがの、協約にある通り、司教たちが納得せんと成立せんけえのゥ。わしゃちょっとみんなと話してくるけん、ちッと待っといてつかぁさいや！」

ハインリヒ五世は勢い良く立ち上がると、司教たちを引き連れて大聖堂から引き上げたのだが、ややあって、再び姿を現した時は、彼は多数の兵隊を引き連れていた。ハインリヒは鋭く命じた！

「兵隊どもゥ！　教皇と枢機卿どもを全員引っ捕まえい！」

「な、何を言ようるんじゃ……ハインリヒの！」

「カァ～？」

途端に慌て始めたパスカリスを尻目に、ドイツ王は舐め腐った態度を取ると、

「……何じゃ言うて、しょうがないじゃろォが？　ここにおるドイツ司教の皆さんが、おどれのことを異端かもしれん言ようるんじゃけえ。なァ、司教の皆さんよゥ！」

と言って彼らの方を振り向いた。司教たちはいずれも目を伏せながらも、口々に言う。

「お、親父が悪いんじゃ……な、なんじゃ言うて、わしらにゼニを捨てえ言うんじゃ……」

「そ、そうじゃ。わしらァ、平やくざから叩き上げて叩き上げて、ようやく旨い汁が吸えるようになったんじゃ。これから……これからなんじゃ……それが、それがなんでわしらがゼニィ捨てにゃならんのよ……」

「それに、わしらには特権を捨てえ言うて、親父は自分の縄張りを捨てる気ないじゃないですか……。教皇領は王のもんじゃないけえ返さんでええ、言うて」

「わしらに綺麗事言うなら……。それなら親父が先頭切って見本見せてつかぁさいよ……」

兵隊にがっちりと両腕を拘束されたパスカリスは怒りに顔面を紅潮させて叫んだ。

「お、おどれらァ、そこまで腐っとったんかあ！　同じこと、わしの目ェ見て言えるんかい！　おう、こっち見て喋らんかい！　もう一度言ってみい、おどりゃあ！」

教皇の激しい口ぶりに、流石に司教たちも恥ずかしげに目を伏せたままだが、そんな大聖堂に、カカッ……、カカカカッ……とハインリヒ五世の笑い声ばかりが轟いている。

「カカーッ、ざまぁないのゥ。パスカリスさんよゥ〜〜！」

そう言いながら、平手でぺちぺちと教皇の頭をはたく。

「いィやぁあ〜、おどれはホンマに……本物の極道じゃのう。認める。認めたるわい。……じゃけえどのう、一介のやくざじゃったら、立派な極道者じゃあ言われてえかろうがのう。おどれのような組長がの、仁義じゃ任侠道じゃいうて、大真面目に言うとったらいけまあが、の？　わしゃ、あの時からこうなることは見えとったんじゃ。なんじゃ言うてもの。おどれらやくざはの、糞じゃけえ。……糞が腐っとるのは当たり前じゃけえのゥ！」

「外道！　おどれ、こぎゃあなことして何がしたいんじゃ！」

「あァ〜〜ん？」

ハインリヒは帯びていた剣を抜き放つと、今度はそれでぺちぺちと教皇の頬をはたいた。

「なんじゃ言うて、決まっとろうがい。……わしゃあの、教皇さんとは仲良うしていきたいんじゃ。これから、ずっとのう。じゃけえ、まずはわしに快う戴冠してくれんかのゥ！」

「舐め腐りおって！　そぎゃあなことする思うとるんか！」

「それからの、もちろん叙任権もわしに返してもらうけえの。……カーッ、安心せえ。わしもきちィ〜んと司教の皆さんに特権くれてやるけん。今までどおりじゃ。司教の皆さんもゼニがありゃあ旨いメシ食ってマブイ女が抱けるじゃろうが。わしも幸せ。皆さんも幸せ。ついでに、ここから生きて帰れるおどれも幸せ言うことじゃ〜。おーゥ、パスカリスさんよゥ〜。おどれも任俠者なら皆を幸せにしてやってつかぁさいやァ、のォ〜ッ？」

このあからさまな侮辱にパスカリス二世は血管ブチ切れんばかりの憤怒の形相を浮かべていたが、遂に彼は覚悟を決めて「殺せェ！」と叫んだ。彼がここでハインリヒの暴力に屈してしまえば、前任の教皇たちの必死の戦いも全てが水泡に帰してしまうのだ。

だが、ハインリヒはそれを聞くと、

「カ〜〜ッ！　カッコエエのゥ〜〜、パスカリスさんよォォ〜〜！」

白目を剝いてカカーッと笑った。そして、聞き分けのない子供をあやすように言う。

「じゃあの、おどれがのう。わしの言うことを素直に聞けるようにのう。ええ言い訳やるけん。良《え》かったの？　ええか、おどれがわしの言うこと聞かん言うんじゃったら、おどれはもちろんぶち殺すけんど、ここにおる枢機卿どもも皆ぶち殺すけん。その後、教会もぶち殺して回ろうかの。……お、どうじゃろうか、親分さんよゥ。ええ言い訳になるじゃない！　のう、皆を助けるため、一肌脱いでやってつかぁさいや！」

「……ッ！」

こうして、結局、パスカリス二世はドイツ王の条件を全て呑むこととなったのである。教皇派やくざは叙任権闘争に決定的敗北を喫したのだ。

当然ながら世界各地のやくざから弱腰を叩く暴言の如き書簡が多数教皇に送り届けられた。王に裏切られ、司教に裏切られ、やくざたちからもボロクソに叩かれたパスカリスは失意のどん底に落ち、一方、ハインリヒ五世はカカーッ、カカカーッと高笑いをしながら悠々とドイツへ舞い戻った。だが、この奸智に長けたドイツ王でさえ、祖国で彼を待ち受けている運命を予見することはできなかったのである。王がドイツに戻ると、そこには貴族たち、ならびに地元に残っていたドイツ司教たちが揃って彼を待ち受けていた。

「おう、出迎えご苦労じゃのう、カカーッ！」

ハインリヒ五世はなおも上機嫌のままであったが、すぐに、一同の顔色の意外な険しさに気付き、

「ど、どうしたんか、の……？」

躊躇いがちに尋ねてみる。すると、

「ハインリヒさんよう……。ローマでの一件、こっちでもすっかり噂になっとってのう……」

貴族の一人が答えた。別の司教が言う。声音が怒りで震えている。

「なんじゃ、教皇と組んで、わしらの権力を取り上げようという腹じゃったそうじゃないの」

「おう、ハインリヒさんよぉ、一体何を企んどるですかのう。あれですかのう、司教どもの財源を自分のモノにして力を蓄えたら、今度はわしら貴族の特権も取り上げようという計算ですかのう」

一同はじりじりとドイツ王ににじり寄ってくる。

「ま、ま、待てえ、おどれら……。お、おどれらは勘違いしとる。あ、あれはパスカリスの阿呆を嵌めるための罠じゃ……」

「罠じゃ言うて……。ハッ、そんな罠がありますかのう。通ったら通ったでハインリヒさんが旨い汁吸えるじゃないですか」

「ば、馬鹿言うない。わしゃ、通らんようにちゃんと条件付けとったんじゃ。おどれら司教どもが納得せんかったら不成立じゃいうての。……わ、わしゃ信じとったけん。おどれらやくざの糞どもが、ゼニぃ捨てる訳ないいうて信じとったけん」

「ほ、ほう……糞じゃ、言われますか。わしらのこと、糞じゃ言われますか。のう?」

「あ……い、いや。その……」

「……ハッ、まあええですわ。わしらドイツやくざはの、今度、ハインリヒさんを破門しようか言うて、いま会議しとるところですけん」

「はっ、破門……⁉」

ハインリヒの声が素っ頓狂に裏返った。そう、彼の父ハインリヒ四世に「カノッサの屈辱」を強いたあの破門である。破門はキリスト組やくざ社会との断絶を意味する。社会との断絶はすなわち部下との断絶でもあり、部下との繋がりを立たれた王は裸の王様であって、それは当然廃位へと繋がるのだ。

ハインリヒは慌てて腹心の部下の一人を呼び寄せた。

「お、おう。おどれ、早うパスカリスんところ行ってこい。あんなんでも一応こいつらの親分じゃ。ガツン言うたれいうて、頼むわ！」

「そ、そりゃあ、行けぇ言われたらわしゃ行きますけど……」

部下もまごまごしながら答える。

「じゃけんど……パスカリスも解放してしもうたけん、もう脅すこともできんし。わしら、あれだけのことしたんですけえ……今更助けてくれる気はせんですがのう」

「…………」

こうして、ハインリヒ五世の奸計は思わぬ形で彼を逆に追い詰めたのであった。

一方、パスカリス二世に対しては、前述のとおり、彼の弱腰に対する暴言があちこちから飛び交っていたのだが、そのうち、むしろ同情的な意見が多くなってきて、「あぎゃあな暴力で強制された約束なんぞ守らんでええですわい」などと周りのやくざが進言し始める。周りの後押しを受け、パスカリスもついにはハインリヒに呑まされた約束を反故にするのであった。ハインリヒは教皇のそんな態度が許せるはずもなかったが、彼も司教や貴族たちの叛乱による内戦を戦わざるをえず、教皇に対し即座に制裁を加えることはできなかった。第二ラウンドの結果は痛み分けといったところだろうか。

そして、両者の戦いは最終ラウンドへと至る――。

A.D.一一二二年　ウォルムス

「こぎゃあな取り決めに何の意味があるんか、わしにゃあさっぱり分からんけどのう!」

ハインリヒ五世が虚勢を張って悪態を吐いた。けれど、彼の顔も終わりなき抗争にすっかり疲れ果てていた。

「まあ、ええじゃないですか。意味がない言うんなら、どうだってええことじゃないですか」

対して、彼の親族でもある教皇カリストゥス二世がそう言って宥めた。ともかくもこれでドイツ王と教皇との間の叙任権闘争はひとまず終了するのだから……。

「カーッ、これでおどれらやくざのメンツが立つ言うんなら、まあええけどのぅ」

そう言ってハインリヒは書面にサインを認《したた》める。ドイツ王と教皇、叙任権を巡り争いあってきた両者が、妥協案に達した瞬間であった。この地の名を取って、後に「ウォルムスの協約」と呼ばれることになるそれである。

ウォルムスの協約は、一見すると奇妙な取り決めであった。司教や修道院長を任命する際、まずドイツ王立会の下、聖職者やくざにより選挙が行われ、当選者には、まず純粋に任侠道によりやくざとしての権威が授けられる。その後、今度はドイツ王が彼らに世俗的な権威――、縄張りや各種特権などを授けるのである。このような二段階叙任システムにより、司教が生まれるとしたのだ。両者の顔を立てた妥協案である。なお、イギリスやフランスも同種の妥協に落ちついている。

これの何が奇妙かと言えば、実質的な叙任権はやはりドイツ王が握ったままだということだ。まず、ドイツ王立会の下に選挙が行われるのだから、この時点でドイツ王は人事にある程度の影響力を発揮することになるだろう。その後、俗権の叙任が王の手により行われるわけだが、中世において縄張りなきやくざはありえないため、王の叙任が必要となることも変わらなかった。ハインリヒ五世が首を捻ったのはこの点であった。

だが、一見それまでと大差なく見えたにしろ、この取り決めは実質的な効果を持っていた。それまでは王が任命し、やくざが了承するだけの関係だったが、曲がりなりにもやくざが選挙で人材を選出できる形が生まれたのである。たとえ、それが王からの多大なプレッシャーを受けながらのものであっても、ともかくも以前とは違ったのだ。王とやくざの戦いは様々な形でこれからも繰り返されていくが、今回の争いはやくざの任侠道を幾らか利する結果になったと言えるだろう。

両者の戦いはひとまずこれで決着である。ひとまずは……。

［解説］

コンスタンティヌス帝の後、キリスト教はローマ帝国の国教となったわけだが、世俗権力とキリスト教の蜜月関係は長くは続かなかった。キリスト教が世俗権力から力を与えられ看過できぬ勢力となると、世俗権力は今度はキリスト教をコントロールしようとし始めるのである。無論、キリスト教としては口を出されて面白いはずがない。本章に見られる叙任権闘争は、そういった両者の戦いの、特に有名な一幕と言える。

戦いの果てに彼らの達した「ウォルムスの協約」は、一見した限りでは王の側は何も損をしていないように見える。にもかかわらず、以降のシモニアやニコライスム、俗人叙任問題が改善されたというのは首を捻る話であろうが、筆者が思うに、これは最終的な着地点がこれであったというだけで、むしろこの一連の大騒ぎを通して、諸々の問題意識が広く共有されたことの方が大きかったのではなかろうか。皆が問題意識を持てば周りからプレッシャーがかかるため、あまり迂闊な真似はしにくくなったのだろう。

さて、今回の抗争劇の一方の主役である教皇という存在について少し解説を加えよう。

教皇とは司教である。司教とはある一定地域を監督する聖職者である。教皇はローマ地区の司教であり、起源を辿れば他の司教との上下関係があるわけではない。それが、いつの間にやらローマ・カトリックの首長と見なされるようになったのである。

一つには、ローマ司教がペトロの弟子の系譜だと言い張ったことにある。昔はどこの教会も「オレんトコはあの使徒の弟子の系譜なんだぜ」などと言い張って自分の教会に箔を付けたのだが、ローマ教会は大胆にも十二使徒のトップと見なされたペトロを担ぎ上げたのであった。なんとも面の皮の厚い話である。そのペトロであるが、マタイ福音書によれば、イエスから「天の王国の鍵」を与えられたことになっており、天国の管理人のようなものだと見なされていた。それもあって教皇は一種特別視されるのである。

とはいえ、このようなよく分からない伝説ばかりが権威の源というわけではない。四四〇年に即位した教皇レオは、西ローマ皇帝が全く頼りにならない中、司教の身でありながら前面に立って蛮族の攻撃に対処し、ローマ市民からの信頼を勝ち取った。その後の教皇たちもインフラ整備や外交などで活躍し、ローマ市の領主のような働きをしたのである。しかし、この頃はまだ「為政者が頼りにならないから代わりに頑張った」くらいの感覚であっただろう。それがフランク族と手を結んで土地を貰い、教皇領が生まれてからは、本当に「王様」になってしまい、世俗君主のような性格が出てくるようになる。

土地と金を持ち、宗教的影響力も備える教皇は、他の世俗君主から見ても捨て置くことのできない一大勢力であっただろう。となると、前述の通り、その国際的影響力ゆえに世俗君主は介入せざるを得なくなるのである。「ストゥリの協約」に見られるように、「お前たちが弱体化して怖くなくなるんなら、俺たちも口出ししないんだけどね」という世俗君主側の態度も納得である。あのような無惨な結果となったが、ストゥリの協約は理念的には立派なものであった。あの協約の通り、世俗権力を諦め信仰に専念すれば良さそうなものだが、彼らはそれを捨てられなかったのだ。歴史的には、教皇が教皇領、及びそれに伴う世俗権力を諦めるのは実に一九二九年のことであり、そうして生まれた小国がヴァチカンである。

第7章

第四回十字軍

A.D.一二〇二年、リド島

ヴェネチアの東部にリド島という細長い島がある。今日ではビーチリゾートとして知られ、ヴェネチア国際映画祭の開催場所でもあるが、十三世紀の時点ではほとんど開発はされておらず、わずかに聖ニコラウス修道院があるばかりであった。——一二〇二年、この地に二人の男が上陸したその時から、物語は始まる。

「ようけえ集まっとるのう」

「そりゃそうじゃ。これからイスラム組のモタレどもと戦争じゃけえのう。腕が鳴るわい。のう、兄者！」

「ほうじゃのう。イエス大親分のためにも気張らんとのう！」

馬を曳き、鎧に身を固めた二人の中年男はガハハと下品に笑い合いながら野営地へと向かう。先頭を行く男の名はロベール。騎士であった。そして、彼を兄者と呼び、やはり馬を曳いて後に続く筋骨隆々の醜男《しこお》。彼はロベールの実弟であり、キリスト組のやくざである——。

ここで用語の説明をしておこう。騎士というのは今で言えば暴力団員のことである。彼らは重武装に身を包み、馬に跨り、速度と重量を以て敵を圧倒し己の縄張りを守る。暴力を専らとし、暴力により物事を解決せんとする男たちであった。なお、この時代はキリスト組やくざの影響力が広く及んでいたためほとんど全ての住民をやくざと言ってよいのだが、彼ら騎士たちはキリスト組やくざが吹聴する任俠道の他に、独自の特殊な任俠道を抱いていた。騎士道と呼ばれるものである。これは過激な攻撃性の礼賛であった。

一方、弟のアロームは、こちらは正真正銘、プロのキリスト組やくざである。だが、彼もまた兄と同じく、いや、兄以上に苛烈な攻撃性を発揮しており、やくざであるにもかかわらず騎士と同様の鎖かたびらに身を包み、自らの馬を駆って前線に躍り出て戦うのが専らであった。事実上、ほとんど騎士のようなやくざが、この時代にはいたのである。テンプル騎士団などの騎士修道会がまさにそれである。

二人が野営地に着くと、既にその場所には多数の天幕が張られていて、うだるような暑さの中、戦士たちは滝のような汗を流しながらも、己の肉体を練磨し、肉を喰らい、ワインを体に流し込んでいた。全てはこの先に待ち構えているイスラム組との抗争のためであった。

どの男の顔も潑剌としていた。当然だろう。自分たちが最も得意とする暴力を遠慮なく敵にぶつけられるだけでなく、ヤハウェ大親分の怒りを宥め、我が身を救うチャンスでもあるのだ。今回の遠征――遠いエルサレムの地に巣くうイスラム組事務所にカチコミをかけ、奴らから縄張りを奪い取ることを目的としたやくざの大遠征部隊――後に人はこれを第四回十字軍と呼ぶのだが、この出入りは参加する騎士ややくざの魂を救い、さらには彼らに巨万の富を与えるかもしれないものなのだ。

さて、そんな野営地の中で、とある一人の騎士が、ロベールとアロームの兄弟を見つけて、「よう、兄弟」と、気安く声を掛けてきた。

「おう、マチューの。こんなぁ、随分早《はよ》う来たのう」

顔見知りであったロベール兄弟も親しげに挨拶を返す。ロベールは、サンポール伯という貴族の家来であるアミアン伯のそのまた家来という立場の貧乏騎士であるが、マチューはもう少し身分が上であった。彼は熱っぽく言った。

「そりゃあもう、なんじゃいうて、イスラム組との出入りじゃいうたら、いてもたってもおれんようなってのう」

「ほうじゃのう、あのモタレどもを早《はよ》うエルサレムから叩き出さんと、ヤハウェ大親分もイエス大親分もえろうお怒りじゃろうけえの」

「イスラム組のやつら、口じゃあヤハウェ大親分を崇敬しちょるいいながら、イエス大親分のことをキリストじゃあいうて認めようりゃせん。あんの糞バカタレの犬の種族どもは早《はよ》うぶち殺さんといかんわい」

力強くそう言い切るマチューであるが、イスラム組への好戦的情熱で言えばロベール兄弟も何ら変わらない。彼らにとってイスラム組との喧嘩は、ヤハウェ大親分の任侠道に適った正しい抗争なのである。だが、そのイスラム組もまた、ヤハウェ大親分を崇敬している任俠団体なのであった。イスラム組はイエスの死から約六百年後に旗揚げしている。

キリスト組とイスラム組――、同じくヤハウェを大親分として仕えるやくざたちなのだから、互いに手を取り合えば良さそうなものだが、そうはならなかった。そもそもユダヤ組からして、ヤハウェを大親分としながらもキリスト組と抗争状態になったのだし、同じキリスト組の内部ですら争いは起こっているのである。近親憎悪というべきなのか、どうやら人間は全くの別種の団体に対してよりも、ある程度まで同じながらも何かが決定的に違う集団に対して、より大きな拒絶反応を示すようなところがある。イスラム組で言えば、彼らはイエスを預言者《メッセンジャー》として尊敬はしながらも、イエスがキリストであることは認めようとしなかった。正確に言えば、キリスト組やくざが言うような意味で「キリスト」であるとは考えなかったのである。それはまあそうだろう。ヤハウェ大親分とイエス大親分がほとんど同じようなものだと言われても、普通は何がなんだか分からない。

そのイスラム組が六三八年以降、エルサレムの縄張りを我が物としていたのであるが、一〇九五年、時の教皇ウルバヌス二世がイスラム組の残虐非道ぶりを世に向かって強烈にアピールした。現地のキリスト組やくざがイスラム組に蹂躙されている、男は惨《むご》たらしい方法で虐殺され女はレイプされまくりである、と。そして教皇は聖地エルサレムの縄張りを取り戻すため、やくざの大遠征部隊の派遣を訴えかけたのだ。これが第一回十字軍である。教皇の過激なアピールの半面、エルサレムのイスラム組は実際はさほど無体な振る舞いはしていなかったようだが、なだれ込んできた十字軍やくざどもにエルサレムを奪い取られた挙句に虐殺された。この時の十字軍はついでにユダヤ組のやくざも虐殺している。

なお、十字軍派遣にあたりウルバヌス二世はこうも主張していた。我々人間は生きている限りは何かと過ちを犯してしまい、その度にヤハウェ大親分の不興を買っている。この過ちのツケはいずれ——おそらく死後に払わされることになる。だが、この遠征に参加し、見事にイスラム組やくざをぶち殺すか、もしくは途中で死んだとしても、その尽力によってヤハウェ大親分のお怒りが帳消しになるのだ、と。この時代にあっても、やくざたちは皆ヤハウェ大親分の恐怖に怯えていたから、現代人が考える以上にこれは魅力的な条件であった。暴力団員である騎士が得意とするのはもちろん暴力であるが、その得意な暴力を思う存分発揮することで、これまでの罪が赦されるのである。というわけで、彼らは全身が返り血で真っ赤に染まるまで、イスラム組やくざとユダヤ組やくざを元気に虐殺して回ったのである。

キリスト組が任侠道の下、一致団結して喧嘩を売ってきた、という事態にイスラム組やくざは驚いた。彼らも彼らでイスラム組の内部で延々と抗争を続けていたのであるが、この十字軍の動きに影響されて聖戦《ジハード》思想が育っていったのである。イスラム組も協力して外敵に当たる必要性に気付いたのだ。イスラム組は逆襲に出た。一一八七年にはイスラム組の偉大なる親分、サラディンの手によりついにエルサレムは奪還されてしまう。対して、キリスト組も第二回、第三回十字軍を派遣したが、これはどちらも失敗に終わった。なお、サラディンによるエルサレム奪還の際には、市内のキリスト組の非戦闘員（子供や老人、女性など）は、身代金こそ払わされたものの、特に虐殺されることもなく、生きて聖地から引き上げることができた。

さて、そのような前史があっての今回の第四回十字軍である。呼びかけ人は教皇インノケンティウス三世。今回もまた彼は熱烈に、かつ誇張して、当地の悲惨な状況を訴え、熱く熱く遠征を呼びかけたのであった。任侠道を訴えるやくざたちが、このような戦争行為に加担することを、現代人である我々は不思議に思うかもしれない。異を唱えるやくざはいなかったのかと訝しむかもしれない。だが、インノケンティウスは各地のキリスト組やくざに対し、十字軍の支援や資金提供を強い、さらには兵隊募集活動の監督まで義務付けたのである。逆らえばやくざ活動を差し止められてしまうので、末端のやくざたちにはどうしようもなかった。

「イエス大親分が泣いとるんじゃ。イエス大親分は聖地を追われ、権力の座から引きずり落とされてしもうたんじゃ。大親分自身が血を流したエルサレムの縄張りから追放されたんじゃ。こんなに悲しいことがあるわけないじゃない！」

末端やくざたちはこんなことを熱っぽく語って兵隊をかき集めたのである。ロベールもこれに胸を打たれただろうし、たとえ打たれなくても主君筋であるサンポール伯が十字軍に参加するなら彼も付いて行かざるを得なかった。なお、同時代人であっても、皆が皆、これに心を動かされたわけではなく、ギリシア人のキリスト組やくざ、ニケタス＝コニアテスなどは、

「空っぽの墓なんぞのために喧嘩するんかい」

と呆れている。

話を戻そう。マチューは長旅の疲れを隠しきれぬロベールたちを労わりながらも、やや、躊躇いがちに尋ねた。

「ところでロベールの。……なんじゃ、こんなぁ足代の方はよう工面できたんかのう」

マチューの意図するところをすぐに察して、ロベールは快活に答えた。

「おう、心配いらんけん。まあ、楽ではなかったが、の。家財も土地も大分処分したけんど、これのツテで教会からも幾らか援助してもろうたけん」

そう言って隣に立つ筋骨隆々の弟、アロームを指差す。

いま彼らが言っているのは、聖地遠征のための遠征費の話であった。今回の遠征では

十字軍親分衆とヴェネチアとの間で話が付いており、兵員輸送はヴェネチアの用意した艦隊で行う。その一年分の船代と九ヶ月分の食費が、人一人につき二マルクであり馬一頭につき四マルクであった。

現代のやくざ事情からすれば、組の都合での遠征に自腹を切って参加するというのも考えにくい話だが、当時はそれが当たり前であり、十字軍遠征にはとにかく金がかかった。道中の船代、食料費はもとより、馬を含む装備一式も購入せねばならぬし、従者や使用人のための経費も要った。概算では、騎士一人が十字軍遠征に参加するためには年収の四倍の出費が必要であったという。さらにその他に、領地に残してきた家族が食っていけるだけの蓄えも残しておかなければならない。行けばまず貧窮する遠征なのである。遠征前、やくざたちは土地や家財を処分して金を作った。足りない場合は「一年間遠征に従事する」などの条件の下に、教会から資金援助を受けることもあった。ロベールもその援助を受けた口である。

「それにの。どうしても、言うことになったら、サンポールの兄さんに相談するけえの」

と、ロベールが言葉を重ねる。道中で路銀が尽きた場合は、略奪して金を作るか、もしくはロベールの言うように身分の高い貴族の援助をアテにするかである。だが、そのロベールの言葉に、マチューは「ほうか、ならええが……」と答えながらも些か心配そうな面持ちである。「気が重いのう。無事に帰国できたとしても、これだけの借金じゃ……返せるんかのう……」。彼らの主君筋であるサンポール伯が暗い顔でそう呟いていたのを彼は知っていたのだ。サンポール伯のような貴族であっても莫大な遠征費用は悩みの種であった。

ともあれ、彼らはそれだけのリスクを承知の上で十字軍へと参加しているのである。功績を立てて名を成さしめんとする名誉欲、一攫千金のチャンスを摑もうとする現世的欲望、ヤハウェ大親分への畏れ、イスラム組への復讐心、そして任俠道に燃える熱い情熱がないまぜとなって、彼らを過酷な旅路へと惹きつけたのであった。

「……まあ、心配がないならええんじゃけど。そうじゃ、ロベールの。どうせこんなも、ここにおればそのうち耳にする思うけえ、先に言うとくけどの」

些か小声になって、マチューが言った。

「なんじゃ、一つけったいな噂があっての。……どうやら、わしら、エルサレムではなく、エジプトのアレクサンドリアを目指す言うんじゃ」

「なーに言うんない、冗談じゃあるかい！」

と、その言葉に直ちに反応して、筋肉質な肉体を震わせたのは弟のアロームであった。唾を飛ばし、怒気に駆られるまま、アロームが怒鳴り散らす。

「わしらぁイスラム組の犬どもから聖地を奪い返しに行くんじゃろうが！　それがなん

でアレクサンドリアじゃい。そりゃあアレクサンドリアもイスラム組の縄張りじゃけえど、そぎゃあにどこでもええ言うんじゃったら、わざわざ遠征なんぞするまでもあるかい。そこらにおるユダヤ組のカスどもをぶち殺せばえかろうがい！」

と、肩を怒らせて叫ぶアロームを、まあまあ、とロベールが宥めた。やくざらしい過激な言いように思われるだろうが、この五十年ほど前までは「イスラム組の前に地元のユダヤ組やくざをぶち殺すべきじゃないか？」という意見は普通にあったし、実際、第一回十字軍でも第二回十字軍でもユダヤ組やくざは襲われている。キリスト組の縄張り内にいる異分子という意味では、イスラム組もユダヤ組も同じだという感覚があったのだ。第四回十字軍の頃になって、ようやくそのような反ユダヤ感情が抑えられたのは、キリスト組がユダヤ組を遠征費用の財源として利用し始めたからである。

「アロームの、まあ気持ちは分かるわい」

マチューが宥めるように言った。

「じゃけえど、アレクサンドリア行きはおそらく戦略上の要請じゃ。あそこを押さえりゃあ軍事的にも経済的にも有利になるじゃろう。わしらはエルサレムを取り戻した後、そこの防衛もせにゃあならんけえのう。そうなるとアレクサンドリアが重要っちゅうことじゃ」

「……ん。わしゃあよう分からんけえ、サンポールの兄さんたちがよう考えてのことじやったら、それでええよ」

兄のロベールは朴訥にそう答える。アロームの方はいまだ納得のいかぬ面持ちのまま、しきりに舌打ちを繰り返している。たとえ戦略上適切であろうと、聖地エルサレムへ直行しないという迂回策はアロームの士気を大いに削いでしまったようだ。他のやくざたちにしても大同小異だろう。エルサレムを奪還すると聞いたからこそ、彼らは多大なリスクを背負い込んでまで十字軍に参加したのであって、アレクサンドリアに行くと言われたら最初から誰も参加しなかっただろう。だからこそ十字軍親分衆もアレクサンドリア行きを今まで秘匿していたのだが。

「まぁ、最後にはきちんとエルサレムを奪回できるんならええんじゃないの。それまでに何があろうと、そりゃ全部ヤハウェ大親分のお導きじゃろうし」

と、またしても朴訥にロベールは言うのだが、しかし、この時はロベールもアロームも、マチューも、いや、サンポール伯をも含む十字軍親分衆でさえ思いもしなかっただろう。まさか自分たちがエルサレムはもとよりアレクサンドリアにさえも渡らず、それどころかイスラム組と矛を交える機会さえ、遂に訪れないということを……。

A.D.一二〇二年　ザラ

——わしゃ何をやっとるんかのう……。

ザラの街を包囲しながら、ロベールは自問自答を止められなかった。ザラの城壁では市民たちが十字架を掲げて、十字軍やくざたちの任侠道に必死に訴えかけていたが、攻め手の攻撃は些かも緩む気配を見せない。陥落は時間の問題であろう……。

だが、エルサレム、もしくはアレクサンドリアを目指したはずの十字軍やくざたちが、なぜいまキリスト組やくざの街ザラを攻撃しているのか？　話はこの年の初秋に遡る――。

ロベールとアロームの兄弟がリド島の十字軍野営地へと着いたのはこの夏のことであった。燦々と輝く太陽の下、イスラム組との抗争に燃える騎士やくざたちは、充溢する気力を内に秘め、肉体を練磨しながらギラギラとした瞳で出航の時を待ち侘びていた。

……だが。

船が出ないのだ。夏の盛りが過ぎ、残暑も終わりの気配を見せ始める頃合いとなっても、いまだ十字軍艦隊はぴくりとも動かず、一向に出航する気配を見せぬのだ。イスラム組との喧嘩を前に気を高ぶらせていた騎士たちも、一夏を越していまだ出発の予定も立たぬ現状に些かうんざりし始めていた。「もうエルサレムでもアレクサンドリアでもどこでもええわい。ここで油売っとるよりは幾らもマシじゃ」。彼らはそう思っていたことだろう。しかし、ヴェネチア側にも、ここで十字軍を出発させるわけにはいかない切羽詰った事情があったのである。

「こんなぁにはのう、ほんま申し訳ないことじゃあ、思うとる」

ロベールたちの下を訪れてこう言ったのは、高位の騎士ヴィルアルドゥワンである。彼はシャンパーニュ潘のマレシャル——日本で言うところの家老であった。

「じゃがのう、悪いんは全部、イスラム組にビビって逃げ出した卑劣漢どもじゃけえ。ほんまにえらいことをしてくれたわい。我が身可愛さにわしらを見捨てて、のう。まったく、騎士にあるまじき外道どもじゃ」

彼は口汚く一部のやくざたちを罵って、言いたいことを言い終わると、それで弁解は終わったとばかりにロベールの天幕から去っていった。果たして、いまヴェネチアで何が起こっているのだろうか。端的に言うと、十字軍には大切なものが欠けていたのである。そう。カネが。

ヴィルアルドゥワン含む六名の使者が、ヴェネチアと十字軍やくざの輸送計画について契約を交わしたのは前年の四月のことであった。十字軍側は三万三千五百人のやくざを輸送する手段を求め、ヴェネチアは対価として八万五千マルクを要求した。これは現代で言えば数百億円規模の取引であり、ヴェネチアとしても一年間の交易事業を実質的に停止させて造船に励まざるを得ない程に大掛かりなものであった。リスキーな取引である。それでもヴェネチア側がこれを受けたのは、やはりキリスト組の任侠道に対する熱い情熱があったためだろう。この取引の成否はヴェネチアの進退に関わる問題であり、やるからには必ず契約を完遂せねばならなかった。事実、ヴェネチアは立派に仕事をし、期日までに艦隊を用意して、三万三千五百人を輸送できる準備を整えていたのである。

ところが、だ。夏が終わりに近付いても十字軍やくざの数は予定人員の約三分の一、一万二千人ほどしか集まっていなかったのだ。となると、どうなるのか？　十字軍やくざ一人当たりの船賃が三倍に跳ね上がってしまう。貧乏やくざに払える金額ではない。サンポール伯などの親分衆や兄貴分が借金をしてまで金を払ったが、それでも、まだ足りない。当然、ヴェネチアの総督ダンドーロは怒り狂う。

「おどれら、ふざけとるんか！　わしらヴェネチア人はの、この一年半、全ての商売を捨てて船を準備したんど。おう、約束のカネは耳ィ揃えて払わんかい！　それまで船を出さんのはもちろん、おどれらにはメシも水も渡さんけえの！」

半ば脅迫である。とはいえダンドーロとしても、自分の結んだこの契約のせいでヴェネチアを財政破綻させ、市民を路頭に迷わせる瀬戸際だったわけだから、このくらいの恫喝をしたくなる気持ちも分かる。

と、このような事情で十字軍やくざたちはリド島で足止めを喰らっていたわけだが、そんな話が噂となって方々に広がると、他の十字軍やくざたちもヴェネチアに寄り付かなくなる。こんな厄介事に巻き込まれたくないのだ。そして、人員が増えなければ船代も集まらない。ヴィルアルドゥワンが声を荒らげて怒鳴っていた相手は、この時にヴェネチアを避けて直接聖地に向かった十字軍やくざたちなのである。

とはいえ、ヴィルアルドゥワンの言い分も無茶苦茶だ。聖地に直接向かったやくざたちを「これからの戦いにビビって逃げ出した」と言うのも不適当だし、そもそも、ヴェネチアからの出発を誓約した一部の親分衆以外は、必ずしもここから船出する義務はなかったのである。それに皆が皆、面倒事を嫌がってヴェネチアを避けたわけでもない。単に地理上、ヴェネチアを経由しない方が楽だという者たちだっていたのだ。だから、元を辿ればヴィルアルドゥワンたち六人の使者が、「みんなヴェネチアから出航するだろう」と何の根拠もなくそう考え、三万三千五百人という大それた数字をポンと打ち出したのが全ての元凶であった。ヴィルアルドゥワンが卑劣漢だの何だのと言って騒ぎ立てているのは責任転嫁に他ならない。

こうなるとリド島の十字軍やくざたちの士気はダダ下がりである。イスラム組と一戦交えるどころか、リド島から一歩も出られない。腹を空かしてぼんやりと海を眺めながら、親分衆の決定を待つばかりの日々であった。「もう地元に帰ろうかのう……」。そんな声も漏れ聞こえてくる。第四回十字軍は出発する前から既に崩壊の瀬戸際にあったのだ。

あまりにも悲惨な十字軍の状況であったが、悲惨なのはヴェネチアも変わらない。金を満額受け取れなかっただけではなく、このまま十字軍が無益に解散してしまえば、西欧中のキリスト組やくざたちが、「ヴェネチアの腐れ乞食どもめ！　カネじゃカネじゃ言うて、聖地で苦しんどる同胞のことなぞ何も考えとらんわい！」と怒り狂うことは火を見るより明らかだ。リド島に閉じ込めているので当面の心配はないとはいえ、十字軍やくざが逆ギレしてヴェネチアを攻める可能性さえある。ヴェネチアとしてもさっさと十字軍を出航させたくて仕方がなかった。そこで、

「のう、親分方。わしの方から一つ、提案があるんじゃがのう」

ヴェネチア総督ダンドーロは居並ぶ十字軍親分衆を前にして言った。

「ザラ、いう商業都市があることは親分衆も知っとろうがの。そのザラがの、わしらが長年可愛がってやったいうのに、恩知らずにも今はわしらと縁切りおって、ハンガリーを頼っちょることも知っとるじゃろうか。わしゃザラを取り戻したい思うちょるんじゃが、じゃ言うてわしらの力だけでは落とせん。じゃけんど、十字軍が手ェ貸してくれるいうなら赤子の手をひねるようなもんじゃけえ。巧《うも》ういったら負債の支払いは延期するけん、手ェ貸してつかぁさいや」

これは恐るべき提案であった。ザラは長年ヴェネチアの支配下に甘んじ、ヴェネチアに稼ぎの上前をはねられてきたのだが、近年、ついにその支配下から脱してハンガリー王の保護下に入ったのである。それでこの提案の何が恐ろしいかというと、ザラは当たり前だがキリスト組やくざの都市なのである。さらにハンガリー王イムレは十字軍への

参加を表明していたのだ。イムレの参加表明はポーズに過ぎなかったのだが、建前上は十字軍が十字軍の都市を攻めることになる。

「なーに馬鹿なこと抜かしちょるんじゃい！」

たちまちに親分衆の一人が立ち上がって叫んだ。モンフォールのシモンと呼ばれる極道者であった。

「おどりゃ、そぎゃあなこととしてキリスト組の仁義に適う思うちょるんかい！　わしゃあの、イスラム組の犬どもをぶち殺すために来たんじゃ！　ヴェネチアのええように動かされてたまるかい！」

「おどりゃクソ、よう言うたのう！」

盲目の老やくざダンドーロも血相を変えて立ち上がった。

「この糞貧乏やくざが！　仁義じゃ言うんじゃったら、まずわしらへの仁義を通さんかい！　カネも持っとらんくせに仁義じゃなんじゃと一丁前の口を叩くない！」

一触即発の空気が場に流れ、これはまずいと察した十字軍親分衆は、慌てて二人を宥め始めた。

「ま、まぁ。待ちないや、シモンの。気持ちは分かるが、なんじゃ言うても、ダンドーロのを責めるのは間違いじゃ。そもそも、わしらがヴェネチアに迷惑を掛けたんじゃしのう」

「じゃけえいうて、ダンドーロの。わしらがザラを襲うたら、教皇が黙っとりゃせん思うんじゃがのう。そこんとこ、どうなんじゃろうか、のう、カプアーノの」

「そ、そうじゃのう……」

話を振られたカプアーノは教皇使節であった。つまり、教皇側から十字軍に派遣された、お目付け役のやくざである。唐突に話を振られた彼は返答に窮したが、

「た、多分じゃが……、インノケンティウスのおやっさんなら、このままむざむざと十字軍を解散するよりは……、ザラを襲う方を大目に見てくれるんと違うんか、のう……」

そう答えたのだが、これは全くの見当違いであった。しばらく後の話となるが、教皇インノケンティウス三世から、「おどりゃ何考えとるんじゃこのボケどもが。ザラにカチコミかける言うてわしがそぎゃあなこと許す思うちょるんか！　破門じゃ！　もしやったら全員破門じゃけえ、よう覚えとれよ！」、そんな内容の手紙が届くのである。だが、十字軍親分衆はこの手紙を握り潰すことになる。

親分衆は二択を迫られることになった。教皇の命令に背き破門されるか。それともダンドーロの要求を断り、金と時間を無駄に浪費した挙句に十字軍を解散するか……。結局、彼らは前者を選択しザラへと向かった。ここで冒頭の場面に繋がる。彼らは十日程の攻城戦の末にこれを攻め落とし、略奪を行なったのである。

――わしゃ何をやっとるんかのう……。

ロベールのみならず、アロームもマチューも、ザラへの出入りに参加した十字軍の面々は誰しもそれなりに困惑していたことであろう。彼らは出航の際には目的地も知らされず、エルサレムか、あるいはアレクサンドリアに向かうものとばかり思っていたからだ。それが、着いてみたら同胞のキリスト組やくざの都市である。惑いながらも彼らは流れのままにザラを攻めた。

一方、モンフォールのシモンの一派は断固としてこれに参加せず、野営地から引き上げていった。今回の元凶であるヴィルアルドゥワンはシモン一派に対しこのように述べている。

「おどりゃ、なんちゅうふざけたやつらじゃ。あいつらはわしら十字軍の結束をぶち壊すことしか考えとらんのんじゃ。毎日毎日十字軍を破壊することばかり計画しおって一日たりとも破壊を考えんことがなかったほどじゃけえの。まったく、あぎゃあに仁義にもとる真似して恥ずかしゅうないんかのう!」

同じキリスト組やくざを攻撃することに耐えられなかったシモンは、この後、十字軍を離脱することになる。そして帰国後、やはりインノケンティウス三世の呼びかけでキリスト組異端のアルビ派に対する十字軍が募られると、シモンはこれの指導者となり、アルビ派のやくざをたくさんぶち殺した。少なからぬキリスト組やくざがアルビ派やくざを庇ったが、これも一緒にぶち殺した。

A.D.一二〇四年　コンスタンティノポリス

——わしゃ何でこんなことしとるんかのう！

ヴェネチアから遠く離れたギリシアの地で——、コンスタンティノポリスの堅牢な城壁から雨のように降り注ぐ石や矢を、手にした盾で必死に防ぎながら、ロベールは自問自答を止められなかった。だが、ザラの時ほど呑気に思いに耽ってはいられない。状況はあの時より遥かに過酷だ。今も、矢や石では埒が明かぬと知ったギリシアの守備隊が、煮えたぎったタールの入った瓶をひっくり返して彼らの頭上から浴びせかけているのだ。

と、その時

「開いた！　開いたぞ！」

味方から歓声が上がった。ロベールの所属するアミアン伯ピエールのやくざ工兵部隊だ。彼らはコンスタンティノポリスの城壁を突破せんと、通用門の破壊工作を行っていたのだが、まさにそれが成し遂げられたのだ。ロベールは工作任務の支援のために、盾を掲げ彼らの傘となって、石や矢、煮えたぎったタールなどから工兵やくざを守っていたのである。工兵部隊の果敢な働きとロベールたちの勇気もあって、幸いにもアミアン部隊は大した傷も負うことなしにこの任務を成功させたのだが、しかし、城壁の向こう

には多数の敵兵が詰めかけている。ここに飛び込むのは無謀と思われたが……、

「わしが一番乗りじゃあ！」

「……ア、アローム！」

キリスト組のやくざでありロベールの弟であるアロームが単身進み出ると、穿たれた小さな穴に躊躇なく潜り込み、匍匐《ほふく》前進で突き進んで行く。弟の身を案じたロベールは慌ててアロームの足首を摑んで引き戻そうとしたが、逆にアロームは彼の手を蹴り飛ばして先へ先へと進んで止まらない。

「ア、アローム、やめえ！　死ににいくようなもんじゃ！」

「大丈夫じゃ兄者！　わしらにはヤハウェ大親分が付いとるけん！」

アロームはヤハウェ大親分の力を信じきっているのだ。とはいえ、相手方のギリシアやくざもまた、ヤハウェ大親分の子分に違いないのだが。

無論、彼がついに城壁の中へと侵入すると、たちまちに城内から激しい投石による歓迎を受けることになった。しかし――、

「おどりゃギリシアの糞虫ども！　ムルズフロスを連れてこんかい。わしが決《き》っとトッたるけん！」

と言って、彼がギラリと光るドスを抜き放つと、そこにいたギリシアやくざたちはアヒィと悲鳴を上げて蜘蛛の子を散らすように逃げ出していく。投石は奇跡的に一つたり

ともアロームに命中しなかった。

「なんじゃ、女々しい奴らじゃのう。ギリシアのモタレども、こぎゃあなことでよう極道が務まっとったのう！」

相手の不甲斐ない様を嘲笑ってから、彼は、

「兄者、早《はよ》うけえ！　ギリシアのやつら、ちびって逃げ出しおったわい」

城外の仲間たちに向かって叫ぶ。こうして十字軍やくざの軍団はビザンティン帝国の帝都コンスタンティノポリスへの侵入を果たしたのであった。この少し前には、城壁の別の箇所でヴェネチアやくざの操る艦隊が強風の力を借りて城壁への連結に成功し、そこも十字軍が占拠するに至っていた。そして今回、アロームの勇敢な働きにより、城内への侵入経路がついに確保されたのである。

城内へと入ったロベールたちは、この時、十字軍の勝利を確信したことであろう。事実、その数日後にコンスタンティノポリスは陥落するのである。兵数において遥かに勝る帝都コンスタンティノポリスを、人数も兵站も決して十分とは言えない十字軍が攻め落としたのだ。十字軍のやくざたちはこう思ったことだろう。

「こぎゃあな大それたカチコミが成功したんはわしらが正しいけえじゃ！　わしらの任侠道を認めてヤハウェ大親分が力を貸してくれたんじゃ！」

だが、ザラに続きキリスト組の国を攻め落とした彼らに、果たして仁義はあったのだ

ろうか。しかも、コンスタンティノポリスを落としたのはこれが二度目なのだ。彼らに葛藤はなかったのか。これはやむを得ぬ成り行きだったのか。コンスタンティノポリス攻略の経緯を語るには、一二〇二年十二月――、ザラ攻略の直後へと話を遡らねばならない。

＊

「ええ話じゃ思うんじゃけどの。こぎゃあなええ話、もう二度とない思うがの？」

居並ぶ十字軍親分衆を前にして、ビザンティン帝国の自称皇子であるアレクシオスはそう言った。いつぞやのダンドーロの提案を彷彿とさせる一幕であった。

「つまりじゃの。こんなぁが力を貸してくれて、わしが皇子に戻るじゃろう。そしたら、わしは帝国内のキリスト組やくざどもを皆揃ってローマ教皇の子分にしちゃるけん。それに、こんなぁ、金がないんじゃろが。わしがの、二十万マルクやるけん。無論、兵隊どものメシも付けるわい。あとエジプト行く言うんじゃったら、わしも一万の兵隊を連れて応援するけえの」

――と。居並ぶ親分衆はこの提案の抗いがたい魅力に心を奪われている。これは確かに、この上ない好条件なのであった。

アレクシオスは自称皇子である。いや、少し前まで彼はれっきとしたビザンティン帝国の皇子であり皇位継承者であった。それが今の如くに零落したのは七年前のことである。彼の親父であるイサキオス二世が、弟のアレクシオス三世に裏切られて帝位を簒奪《さんだつ》されたのだ。イサキオスは目玉を潰されて幽閉、アレクシオス皇子はほうほうの体で逃げ出して、いまは叔父のアレクシオス三世から帝位を奪い返さんと、西欧のあちこちで助力を求めていたところであった。そんな折、彼が耳にしたのが十字軍の話である。なかんずく、彼らがカネに困っているという話を……。

「どうじゃろうかの、親分衆。こんなええ話、過去になかったと思うんじゃがの。これを断る言うんなら、こんなぁはそこまでじゃ。この先も何一つ成し遂げられんわい。まぁ、よう考えてつかぁさいや」

そう念を押してからアレクシオス皇子は去っていった。当然、親分衆たちは直ぐに喧々囂々の議論を始める。やはりダンドーロの提案の時と同じく意見は分かれた。

「ええ条件じゃ……。確かにこの上ない理想的な条件じゃ。ヴェネチアへの借金も一挙に返せる。軍資金も得られる。じゃけど、のう……」

「うちのやくざどもも、なんぼ言うてももう限界じゃろう。ザラに行っただけでもあれだけブゥ垂れとったんじゃ。こっからコンスタンティノポリス行く言うてみい、流石にもう付いてこんど」

「じゃが、なんじゃ言うてもわしらにはカネがないけん。エルサレムに行くにしろアレクサンドリアに行くにしろ、今のままでは腹を空かした挙句に金玉いろうて帰るだけじゃ。何をするにもカネがないことには、のう……」

ザラを落としたことでヴェネチアに支払うべき負債は一時延期となった一行であったが、ザラで冬を越さねばならないこともあって彼らの軍資金は確実に失われていた。地中海の冬の航海は危険であり、船出はできなかったのだ。

「皇子の話に乗ればカネの問題と兵隊の問題は解決じゃのう。じゃけど、帝位を取り戻す言うたら、アレクシオス三世をトらにゃならんわけで、つうことはじゃ、帝都コンスタンティノポリスを落とさにゃならんちゅうことじゃろう」

「あそこもキリスト組の国じゃのう……。また教皇がヘソ曲げるんじゃなかろうか。……わしら出航してからキリスト組のとことしかケンカしとらんじゃない」

「……ほうじゃのう。じゃけえど逆にじゃ。帝都を落としたら、教皇も喜ぶんじゃなかろうか？　ほれ、皇子も言うとったろう。帝国内のやくざどもを教皇の子分にする言うて」

「あるかもしれんの。ギリシアのやくざどもの件は教皇もえろう気にしとるけえの」

彼らは教皇の機嫌についても心配せざるを得なかった。ザラを落とした時、教皇はブチ切れたのだ。事前に「十字軍に出兵するやつらの土地はわしが守ってやるけん。安心して行ってこいや」と教皇は請け負っていたのに、事もあろうにその十字軍が、十字軍の土地ザラを奪ったのだ。教皇の面目丸つぶれである。そりゃ怒る。今回もその二の舞となる可能性はあった。

だが一方で、ビザンティン帝国のやくざ事情は教皇にとっても頭の痛い問題であった。というのは、しばらく前から、コンスタンティノポリスを中心とする東方のキリスト組やくざと、ローマを中心とする西欧のキリスト組やくざは仲違いしていたからである。前者の組の名をギリシア正教会、後者をローマ・カトリック会と呼ぶ。

仲違いの原因は下らないものだった。ギリシア正教会コンスタンティノポリス組の親分の後継者問題（フォティオス論争）や、ヤハウェ大親分からだけでなくイエス大親分からもパワー（聖霊）が出るのかどうかの口論（フィリオクエ問題）、さらには東西での慣習やしきたりの違い――パンに酵母を入れるとか入れないとか、やくざは独身であるべきとかそうでないとか――から互いに反感を強めて、一〇五四年、ついに彼らはケンカ別れしたのであった。我々堅気の人間からすれば、全部ひっくるめてまるでどうでもいいことばかりに思えるが、やくざたちが任侠道を語る上では重大な問題だったのだろう。

そして、皇子が提案したのは、ビザンティン帝国内のギリシア正教会やくざを、ローマ・カトリックの配下に組み込むというものであった。もしこれが成れば教皇はそれは大喜びだろう。ザラでキリスト組やくざを襲ったことも、これからコンスタンティノポリスを襲うことも帳消しにしてくれるかもしれない……。

このように幾つもの点で皇子の提案は魅力的だったが、しかし、それでもこれが道義的におかしいことは親分衆たちも分かっていた。

「じゃがのう……なんじゃ言うても、これはやはり、おかしい話じゃない。わしらはイスラム組とケンカするために集まったんじゃ。行ったけえいうてカネがなけりゃあ何もできんいうんはそうじゃろうが、じゃけえど、何ができる、できんいうんではなく、ともかくもイスラム組を攻めるためにアレクサンドリアに行くべきじゃなかろうか」

「何言うとるんじゃワレ！」

だが、そのような意見が出ると、決まってヴィルアルドゥワンが立ち上がり叫ぶのである。

「おどりゃ、この期に及んでまだわしらの軍団をブチ壊そうゆうて狙うとるんか！　言うとくがの、皇子の話に乗ったけえゆうて、仁義にもとるわけじゃないけん。ええか、よう考ええよ。わしらはコンスタンティノポリスを襲うわけじゃないんじゃ。帝位を簒奪された憐れなイサキオス皇帝とアレクシオス皇子を助けちゃるだけじゃ！　むしろこれこそ仁義のための戦いじゃろうが！」

加えて、ヴェネチア総督ダンドーロももちろん皇子の提案に賛成した。十字軍に金が入れば負債が支払われるからである。それに、もしあの地一帯を支配できればヴェネチアは通商上大きなアドバンテージを手にすることになる……。

結局、十字軍親分衆はアレクシオスと手を結び、コンスタンティノポリスへと向かうことにした。なお、彼らが今から助けようとしているイサキオス元皇帝だが、彼は第三回十字軍の際には、裏でイスラム組のサラディンと手を結び、敵方に十字軍の情報を流していたのである。十字軍は助ける義理などまるでない相手を助けるべく出航したのであった。

＊

当然だが、十字軍のやくざたちは大勢がこの時に脱落した。親分衆がなんのかんのと理屈を付けて、仁義のための戦いだと説いたところで、同じキリスト組と戦うことへの疑念を拭い切れるわけではなかったのだ。だが、大勢が脱落したことで、逆に残った者たちはコンスタンティノポリスを攻める覚悟を決めた者たちばかりとなったのである。なお、ロベールの兄貴分であるアミアン伯ピエールも離脱しようとしたのだが、叔父であり兄貴分であるサンポール伯に引き止められて、迷った末に残留を決意した。こうなればロベールやアロームも残留せざるを得ない。

さて、アレクシオス皇子を伴ってのコンスタンティノポリス攻めであるが、これは案外容易に成功した。無論、双方に死傷者の出たそれなりの戦闘はあったのだが、堅牢なる大都市コンスタンティノポリスを相手取ったにしては双方共に軽微な損耗で片が付いたと言えるだろう。勝因は、ひとえに、敵方の皇帝アレクシオス三世に軍事的な才能が欠けていたためである。才能がなかったというか、戦闘的な性格ではなかったというべきか。帝位簒奪などという大それたことをしておきながらも、彼は切った張ったの命のやり取りにはトンと向かぬ弱気なやくざなのであった。マチューなども、一時は彼の守備隊が、アレクシオス三世の指揮する大部隊と直面し、絶体絶命という場面に陥ったのだが、しばらく睨み合いを続けた末に、なぜかアレクシオス三世の側が引き上げていった。この一件でマチューは名声を轟かせることになったのだが、本人はロベールに語りながら「あれは何じゃったんかのう……」と首を捻っていた。

戦況が不利になると、アレクシオス三世は部下と国民を見捨ててすぐさま逃亡。コンスタンティノポリスは盲目の元皇帝、イサキオスを復位させ、アレクシオス皇子は再び皇位継承者として迎え入れられたのである。十字軍は目標を達し、イサキオス皇帝、アレクシオス皇子は約束通りに彼らにカネを支払い始めた。全額の二十万マルクを即払い……というわけではなかったが、半額弱をすぐに支払ったようである。

と、ここまでは良かった。これで十字軍はヴェネチアに借金を返すことができ、軍資金も生まれ、いよいよもってエルサレムなりアレクサンドリアなりでイスラム組と戦える。彼らはそう思っていたことだろう。だが、話はこれで終わらなかった。カネの問題はいつまでも十字軍やくざたちを悩ませ続けるのである。

*

「じゃけえの。払えんのじゃ。これ以上、ビタ一文も払えんのじゃ。のう、分かってくれいや。わしだって払えるもんなら払いたいわい。仁義？　仁義じゃ言うて無い袖が仁義で振れるんかい！　のう、わしも困っとるんじゃ。そろそろ出て行ってくれんかのう！」

十字軍の奮戦により見事皇子として復位したアレクシオスであったが、すぐに彼がこんなことを言い出したのである。約束のカネが払えぬというのだ。それどころか、

「ああ？　ギリシアやくざを教皇の子分にする話……。あっ、ん、ん、んっ……。そ、そりゃあ……わしじゃって……そうせえゆうて何度も言うとるんじゃがのう。じゃ言うて、頑固で分からん屑どもばあじゃけん……」

こちらの約束もまるで守ろうとしない。当然、十字軍やくざたちは怒髪天を衝《つ》く勢いである。軍資金を得るため、借金を返すため、そして、教皇のご機嫌取りのために、多数の脱落者を出しながらも皇子の提案に乗ったのだ。これでは借金も返せず軍資金も手に入らず教皇もおかんむりのままである。おまけに、彼らは皇子の地盤を固めるためにアレクサンドリア行きを半年も延期していたのだ。親分衆も子分たちから「いつになっ

たらイスラム組と喧嘩できるんですかいの!」と大分せっつかれていた。その挙句にこの仕打ちでは、それは納得できるはずもない。

とはいえ、アレクシオス皇子自身の言葉にもあった通り、彼だって払えるものなら払いたかった。皇子の側にもいかんともしがたい事情があったのである。カネは無からは生まれない。それがたとえ皇帝であったとしても。

では、彼らはどうやって十字軍へ多額の金を贈っていたのか。実は教会の聖具を徴収し、それを溶かして金や銀へと変えたのである。聖具とはキリスト組やくざの事務所で使われている備品のことであるが、そんなことをしてまで異国の軍隊に金を与え続けるアレクシオス皇子のことを国民はどう思っただろうか。

そもそも、ギリシアの民は西欧人のことが嫌いだった。「十字軍の外道ども、聖地奪還を口実にしちょるが、ほんまはわしらを襲う腹積もりじゃなかろうか」と端から疑っていたし、これまでの十字軍もコンスタンティノポリスを中継地にするたびに互いに迷惑を掛け合っていた。文化や言語の違いも彼らの対立感情を掻き立てる要因となっており、例えば第二回十字軍の際など、当地の蛇使い芸人が十字軍やくざに芸を見せようと近付いたところ、言葉も文化も分からぬやくざたちは恐怖して彼を殺してしまったのだ。

このような事件もあって、ギリシア側は西欧人のことを「気取っていて、傲慢で、乱暴で……」と侮蔑していたが、反対に西欧人たちはギリシア人を「不正直で覇気がなく弱腰で……」と馬鹿にしていた。それでも当人たちに言わせれば、ギリシア人は「慎ましく穏やか」なことが美点であり、西欧人も「勇敢で男らしい」ことを誇っていたのだ。

両者の間には、このような反感と相互不信が以前から存在していた。そして、十字軍のコンスタンティノポリス滞在中に、そのような相互不信が一つの小競り合いを引き起こした。十字軍がコンスタンティノポリス近くにあるイスラム組事務所にカチコミをかけたのだが、なんとイスラム組のやくざとギリシア正教会のやくざが共に協力して十字軍やくざを追い払ったのである。十字軍やくざは報復として事務所に火を放った。だが、これが大火災と化し、なんと三日もの間コンスタンティノポリスを焼き尽くしたのだ。当然、ギリシア人は十字軍やくざに怒り狂う。困窮する国民をよそに、黙々と聖具を溶かし続ける皇子にも敵意は向けられた。

ムルズフロスと呼ばれたギリシア貴族は皇子にこう告げた。

「若、もうええじゃないですか。カネなら十分にくれてやったじゃありませんか。仁義はもう果たした言うてええと思いますがね。もう十分ですけえ、あのボンクラどもにはそろそろ出て行ってもらいやしょうや」

十字軍の引き起こした大火、そして、自分の金策が国民の反感を買っていることは皇子も十分に承知していたから、彼はこの進言に従った。そこで先の言葉に至るのである。皇子としては、このままカネを払い続ければ国民が牙を剝くだろうし、かといって、カネを払わなければ十字軍が怖い。前門の虎、後門の狼といった状況である。

対して、十字軍側はヴィルアルドゥワンを含む一行で宮殿へと乗り込み、再度、カネを払うよう督促して、最後にこう告げた。

「どぎゃん言うても払わん言うつもりじゃったら、わしら、もう皇子とは縁切らせてもらいますけん。どぎゃあな手段を使うても頂くべき分は頂いて帰りたい思うちょりますけえ、よう考えといてつかぁさいや」

ヴェネチア総督ダンドーロも個人的に皇子を呼び出して説得したが、皇子は「ビタ一文払わん」と態度を頑なに変えない。皇子と最も親密であったダンドーロも最後には、

「仁義のジの字も知らん浅ましいやつじゃのう……。糞まみれじゃったおどれをわしらが引き上げてやったいうのに。また、糞ン中に戻るがええわ」

と言って彼を見限ってしまう。

こうして戦争が始まった。

A.D.一二〇四年　コンスタンティノポリス

――わしらは一体何をしとるんじゃろうか……。

荒らされ、踏みつけられ、破壊された礼拝堂の中でロベールは自問自答を止められない。いま彼の横では同僚の騎士が股間を顕にして、馬の頭のように巨大なものを、ギリ

シア正教会の修道女に差し込み、激しく前後している。

「ガハハ、天国じゃ。天国はこんなところにあったんじゃのう！　これも、みんなみんな、ヤハウェ大親分のおかげじゃのう！」

修道女の方はぐったりとしてなされるがままであるが、一方、聖なる祭壇の方を見ると、こちらでは十字軍が地元から連れてきた娼婦がこの上に飛び乗って、両足をVの字にパカーンと開き股間を開けっぴろげにしている。周りの騎士たちは女の股間に惜しみない拍手喝采を送っていたが、そんな光景を見かけた別の騎士の一団が慌ててやってきて、

「おどりゃ売女！　何しとるんじゃい、降りんかい！」

と怒鳴って、娼婦を聖なる祭壇から引きずり下ろすと、手にした巨大な槌で滅多矢鱈に祭壇を打ち付けて粉々に砕き、にやりと笑ってそれを懐にしまい込む。この祭壇は多数の貴金属を組み合わせて作り上げられた職人の手による傑作であったが、こうして今やただの貴金属の塊へと戻り、やくざたちの懐に収められたのであった。

「か、堪忍して……堪忍してつかぁさいや…………グワワッ！」

修道女を救おうと、勇気を振り絞り嘆願してきたギリシア正教会のやくざの胸に、騎士は当然のようにドスを突き立てていた。前後する騎士は止まらない。また別の場所では、騎士が人妻を捕まえて、その股間に強引に手を差し込んでいる。人妻の顔が苦痛に

歪んだ。

「な、何をするんですか……。金目のものは、もう全部差し出して……」

「どこに隠しとるんか分からんけえの！　特におどれら女にはの、隠し場所がわしら男より一つ多いけえ、念入りにせにゃあならんじゃろうが！　フ、フヒィ～、これも全部ヤハウェ大親分のおかげじゃあ！」

略奪が始まる前、やくざたちは親分衆から「女性を襲わないように」「教会に押し入らないように」とはっきりと言われていた。「そぎゃあなことしたらわしらの任侠道が笑われるけえのう」。そう言われていたのだが、それを思い出した者などほとんどいなかった。

＊

話を戻そう。

──あの時、アレクシオス皇子との間に戦争が始まった。しかし、皇子はあまり戦争に積極的ではなく、十字軍としても皇子がカネを払う気になってくれればそれが一番なので、戦線は動かなかった。しかし、そのうちに、例のムルズフロスが帝位を簒奪したのだ。せっかく復位したのに再びこれである。アレクシオス皇子も今度は簒奪者に殺されてしまった。ムルズフロスは徹底的なアンチ十字軍派であり、さらにアレクシオス三世と違って軍事的な才能もあったため、十字軍との戦いは激化した。

だが、十字軍は強かった。何のかんの言って、彼らはザラ攻略戦、第一次コンスタンティノポリス攻略戦と大掛かりな戦争を二度も経験しており練度が高かったのだ。かつての友、アレクシオス皇子の敵討ちという大義名分も手にした。そして、激戦の末、前述の如くアロームたちの活躍によりコンスタンティノポリスの城壁は突破され、十字軍は市内に侵入。ムルズフロスも諦めて逃亡し、そこから十字軍の略奪が始まり、先の有様となる。

「わしら、なんでこんなことやっとるんかの……」

かき集めた聖遺物を袋の中に詰め込みながら、ロベールがぼやく。聖遺物とは、かつてのキリスト組大物やくざにまつわる品々のことで、例えばコンスタンティノポリスには、イエスの血の入った小瓶、茨の冠の刺、イエスのおっ母《か》さんであるマリアが着ていた服の切れ端、洗礼者ヨハネのしゃれこうべなどがあったらしい。要するにがらくただが、当時のやくざたちはこういったものに何か不思議な力が宿っていると考え珍重していた。

「まあ、そう言うなや、兄者」

こちらも黙々と聖遺物を詰め込みながら弟のアロームが答える。

「なんじゃいうて、こぎゃあな大都市をわしらのような少数の兵隊で攻め落としたんじや。これは歴史的な快挙じゃ。わしらがこぎゃあな大それたことができたゆうんも、全部、ヤハウェ大親分が手助けしてくれたからに違いなかろうが」

「……」

「わしらは、確かにイスラム組との喧嘩が目的で集まったが、何一つ思うようにはならなんだわい。ほんまにのう、わしらのような木っ端やくざが必死こいて頭使《つこ》うて計画立てたいうても、思うようにはいかんもんじゃ。じゃけえど、最終的にはヤハウェ大親分がわしらの思いもよらん形で力を貸してくれて、そんで、わしらは成功したんじゃ。なんのかんの言うて、わしらのやっとったことは正しかったいうことじゃ」

「そんなもんかのう……」

「そんなもんじゃ、兄者。それにのう、イスラム組との喧嘩はここからが本番じゃけん。ここを前線基地にすりゃあ、エルサレム襲うんもアレクサンドリア襲うんも思いのままじゃけえのう！　おどりゃ見とれよ、イスラム組の犬畜生ども！　おどれらの余命は残りわずかじゃァ！」

実際、この勝利は快挙であった。当初、コンスタンティノポリス攻撃に反対していた教皇インノケンティウス三世さえも、勝利の報を聞いて「奇跡じゃ！」と舞い上がって喜んだ。これだけの奇跡が起こったのだ。これは前触れに違いない。これからギリシア正教会のやくざたちは教皇の子分となり、エルサレムの奪還にも成功し、イスラム組のやくざどももキリスト組の軍門に下り、それどころかイエス大親分が再び姿を現して裁きの時が訪れるのではないか。教皇はそんなことまで夢想していた。だが、そのいずれも実現しなかった。

第四回十字軍は唐突に終了した。教皇使節カプアーノが「もうエルサレムには行かんでええけん」と彼らに告げたのだ。これで十字軍の目的は消え失せ、軍団は事実上の終了となったのである。エルサレム奪還を期待していたインノケンティウスは当然ブチ切れたが、しかし、カプアーノの判断も分からなくはない。コンスタンティノポリスを征服した十字軍はそこにラテン帝国という国を作ったが、生まれたての新帝国には敵が多く、いま兵力を割いてエルサレムで戦争をする余力などなかったのだ。

さらに、ギリシア正教会のやくざどもが教皇の子分になるわけもなかった。自分たちの国を力ずくで占領し、財産を略奪し女を陵辱した西欧のやくざどもに、恨みを抱きこそすれ、なびくはずもないのである。インノケンティウスも根っこでは任侠道を重んじるやくざであったから、後に十字軍の略奪や陵辱の噂を聞き及んで酷く困惑した。だが、大都市コンスタンティノポリスを落としたのが奇跡的な大勝利であることに違いはなく、ヤハウェ大親分の力添えがなければ到底考えられないことである。十字軍の任侠道を認めたからこそヤハウェ大親分は力を貸したはずなのに、その十字軍の振る舞いには全く任侠道が感じられないのだ。彼はこう述懐している。

「ほんまにのう……ヤハウェ大親分の考えちょることは……わしらには、トンと分からんわい……」

十字軍が解散したため、ロベールはおうちに帰った。

「わしゃ一体何しに行ったんかのう。イスラム組とは結局戦えんかったし、わしらは小銭をもろうただけで、旨い思いをしたのも親分衆だけじゃった。……まあ、お土産もあるし、ええか」

彼の持ち帰った聖遺物は地元で大層喜ばれた。だが、今日、ロベールの持ち帰った聖遺物は何一つ残されていない。フランス革命の際に破壊され、失われたのだという。

［解説］

誰もが知っているキリスト教の二大汚点と言えば、やはり魔女狩り（異端審問）と十字軍であろうか。人間の排他性、攻撃性、残虐性が明瞭に現れた残念なムーブメントである。「愛の宗教」を謳うキリスト教徒が異教徒をぶち殺すというギャップに頭がクラクラしてくると思うが、しかし、それも現代人がキリスト教を「愛の宗教」だと思っているからであって、たとえば旧約聖書などを読むと、これは非常に攻撃的、戦闘的な内容である。その流れで考えれば、十字軍などもむしろ自然な流れであって特に違和感はない。

さて、今回はそんな十字軍の中でも、最も残念な十字軍として知られる第四回十字軍を取り上げてみた。「イスラム教徒から聖地を奪還するために組織された十字軍がなぜか同じキリスト教徒の都であるコンスタンティノポリスを占領した」という、そのあらましを聞くだけでも、心底から残念な気持ちになることだろう。

だが、そんな残念十字軍であっても、本文の通り、それなりのドラマがあって、当事者の身になって考えてみれば仕方がないと思えるところもなきにしもあらずであった。ヴェネチアとしても財政破綻の危機に立たされ引くに引けなかったし、十字軍騎士たちもいたずらに解散するわけにもいかなかった。コンスタンティノポリスに攻め入る大義名分だって一応はあったのだ。とにかく不幸な事件であった。誰が悪いかと言えば、一番最初に人数計算を誤ったヴィルアルドゥワンのような気がする。

なお、学者の中には、一連の流れはやむにやまれぬ不幸な成り行きなどではなく、全てアレクシオス皇子の義兄フィリップ、ヴェネチア総督ダンドーロ、十字軍指導者の一人ボニファッチョなどが計算ずくで行なった意図的な征服作戦であるという説を唱える人たちもいる。その説に従うならば、契約不履行を盾に十字軍をリド島に閉じ込めたのも、ザラで軍資金を消費させて皇子の提案に乗るしかないところまで追い詰めたのも全て作戦のうちとなるが、本書ではその説は採らなかった。

また、「同じキリスト教徒の都を襲った」と聞くと、酷い騙し討ちのようにも思えるが、これも本文にある通り、西欧とビザンティン帝国との関係は第四回十字軍以前から良好とは言えない状態であって、ビザンティン帝国側は早くも第一回十字軍の頃から彼らを警戒していたのである。なので、あらましから受ける印象ほどには酷い話でもない。

少し歴史の話をしよう。三九五年にローマ帝国は東西に分裂した。この時は行政上の措置であり、特にケンカ別れをしたわけではなかったが、四七六年に西ローマ帝国が滅ぼされた辺りから東西の関係は悪化する。ビザンティン帝国（東ローマ帝国）は保身のために敵の矛先を西ローマ帝国に向けたりしていたからである。

そして、両者はだんだんと疎遠になっていく。言語が分かれ意思疎通もままならず（東ローマはギリシア語、西ローマはラテン語）、両者の中間点にスラブ人が侵入したことで地理的にも断絶し、さらには聖画像破壊論争、フォティオス論争、フィリオクエ問題など、宗教面においても論争が勃発した。こうして互いに反感を育てていった前史があったのである。第二回十字軍でもビザンティン帝国側が十字軍を騙し討ちにしたり、十字軍側にも「もうコンスタンティノポリスを攻め落としちゃおうぜ」という話が出ていたりする。それを思えば第四回十字軍の狼藉もその流れの中にあったと言える。ロクでもないことには違いないが。

コンスタンティノポリスを占領したことで、その後の十字軍のエルサレム奪回に大きなアドバンテージが生まれたのかと言えば、全くそんなことはなかった。エルサレム周囲の最前線にいた兵士たちは、金の臭いを嗅ぎつけてコンスタンティノポリスに押しかけ、肝心の聖地周辺の戦闘力が低下した。さらに、生まれたての新帝国には敵が多かったので、これの防衛のために、本来は聖地に向かわせるべき部隊を新帝国に派遣することになった。前線基地の防衛にリソースを割かれ、本来の目的であるエルサレムに手が出せなくなってしまったのだ。本末転倒と言うしかない。だが、そんなテコ入れも効果がなく、ラテン帝国の成立からわずか半世紀後、コンスタンティノポリスはギリシア人に取り返され、帝国は滅亡する。

と、このように、コンスタンティノポリス征服は軍事的には確かに快挙であったのだが、関わった者たちは大抵不幸な結果に陥った。しかし、不幸中の幸い……と言っていいのか分からないが、皆が皆、不幸になったわけでもなかった。戦果としてクレタ島を手に入れたヴェネチアはここを拠点として地中海の制海権を押さえ、交易を発展させ莫大な富を手にしたのである。第四回十字軍は総じて見ればロクでもなかったが、ヴェネチアは十字軍との契約はきっちりと履行したし、戦闘においても練度の高い海軍が活躍して大いに勝利に貢献した。彼らは相応の努力を支払い、リスクを乗り越えて自国の発展をもたらしたと言える。なお、ヴェネチア程ではなかったが、アカイアを支配したヴィルアルドゥワンもなかなか良い思いをした。

第8章

極道ルターの宗教改革

A.D.一五一七年　ヴィッテンベルク近郊

——打《ぶ》ち殺せェ……

裏通りは閑散としている。建物の影ばかりが覆う中を、呪詛を吐くように呟きながら歩を進める男たちの一団があった。先頭を行く男はみすぼらしく痩せこけている。だが、その瞳は狂犬の如き攻撃性を秘めて昏《くら》く輝いていた。

——締め殺せェ……刺し殺せェ……

先頭の男がひときわ甲高い声を発して呪詛を唱えると、後に続くやくざたちがくぐもった声音でリフレインする。裏通りの影の中から発せられた一団の呪いは、静かにゆるりと表通りへと流れていき、明るい陽の下で人々を集めて説教する別のやくざたちの耳に微かに届く。鍵を持った男はそれを聞きつけると、輿に乗って説教をするやくざへとそっと耳打ちした。

「テッツェルさん……」

「分かっとるわい。引き上げ時じゃあ」

テッツェルと呼ばれたドミニコ組の修道士やくざは、小さく頷くと正面へ向き直る。そこには大興奮の坩堝《るつぼ》にある町民たちの姿があった。彼の怒濤《どとう》のセールストークは今まさに山場を迎えており、町民の興奮も最高潮に達していた。商品の免償符も飛ぶように売れている。最後の一稼ぎに向けてテッツェルは声を張り上げた。

「おゥ！　この糞外道のやくざども！　おどれらには聞こえんのかい。おどれらのお父《と》っつぁん、おっ母《か》さんが煉獄の炎に焼かれて苦しんどる声が、のう！　おどれら、なんちゅうケチくしゃあゴミどもじゃい。お父っつぁん、おっ母さんがおどれらカスを産んで育てて財産まで残してくれた恩を忘れたんかい！　それがなんじゃ、苦しんどる両親のために金貨一枚出せん言うんか。あ？　分かっちょるんか、おどりゃ、この糞外道ども！」

そう言って、ドミニコやくざは傍らに立つ男を指差す。男は樫で作られ、鉄で補強された頑丈な箱を担いでいる。

「ええか、この箱にのう。金貨を一枚入れるんじゃ。そしたらのう、チャリーンいう音を立てた瞬間にじゃ。煉獄で苦しんどるおどれらのお父っつぁん、おっ母さんの魂はたちまち飛び上がって天国にまで飛んでいくんじゃ！　おゥ、外道のおどれらにも人並みの情くらいあろうがい！　四の五の言わずにこの免償符、一枚と言わず二枚三枚、四枚五枚と買《こ》うたらんかい、この糞ボケども！」

しかもじゃ！　とテッツェルはここで一段と声を張り上げて、

「今なら出血大サービス！　免償符を買《こ》うたらなんと償いの全免除が付いてくるんじゃ！　煉獄におるお父っつぁん、おっ母さんが助かるだけじゃのうて、おどれら糞どもの罪の償いもキレイさっぱり免除され、さらには今後犯すであろう罪の償いまで全免除じゃ！　こぎゃあなええ機会、もう二度とありゃせんぞ！　昔は十字軍じゃ言うて、遠征して戦争せにゃ全免除なんざありえんかったんじゃが、おどれらはほんまに幸せ者じゃのう〜。今ならこれ一枚買《か》うだけでええんじゃけえ！　なにせこの免償符一枚ありゃあ、おどれらの糞汚い陰茎をのう、イエス大親分のおっ母さん、マリアさんにブッ刺しても許されるんじゃけん！」

と力説すると、それを聞いた群衆たちはもはやたまらんとばかりにいきり立って、手に手に金貨を握りしめ、血眼になって免償符売人に群がるのである。広場に凄まじい喧騒が巻き起こった。

「へい！　まいど！　まいど！　へい、おーきに！」

箱の中からはチャリーン、チャリーンと金貨の跳ねる音が響き渡り、下卑た笑みでテッツェルの顔が醜く歪むが、しかし、喧騒の中、彼の耳に、

——打《ぶ》ち殺せェ……

例の呪詛が聞こえてくる。ハッと我に返ったテッツェルが傍らの手代を見ると、男も不安そうな表情で、もう限界じゃ、引き上げましょうや、とばかりにテッツェルを見つめている。ドミニコやくざも同意するかのように頷いた。

「へい！　皆さんおーきに！　おーきに！　わしゃまだまだ善行を施したいんじゃけん

ど、あいにく今日は所用があってのゥ！　これまでじゃ。また来るけえのう！　たくさん金用意して待っといてつかぁさいや！」

彼はそう叫んでそそくさと引き上げようとするが、今度は熱狂した町民やくざたちが彼を離そうとはしない。輿に乗るテッツェルの足首を一人のやくざがガッシと摑んだ。

「どこ行くんじゃい、テッツェルさん！　わしゃまだ免償符、買《こ》うとらんぞ！」

「このゴミクズがァ！　離さんかいィ！」

足首を摑むやくざの顔面をテッツェルが激しく蹴りつけた。「ぐばぁ！」。やくざは悲鳴を上げて吹き飛んだが、しかし、その隙に他の群衆たちが輿を取り囲んだ。引くに引けない！

「テッツェルさん、わしにも売ってくれいや！」

「わしゃ今すぐマリアさんを犯したいんじゃ！　免償符売ってくれいや！」

「く、糞……。この外道どもが……」

進退窮まったテッツェルの額に冷や汗が浮かんでいる。何かを警戒するように仲間のやくざたちはしきりに周囲に視線を投げかけている。どの顔にも怯えの色が一様に浮かんでいた。

——締め殺せェ……刺し殺せェ……

身動きの取れぬテッツェル一行の耳に届く呪詛の声は、確実にそのボリュームを増し

ていく。亡者のようにまとわりつく町民たちを、輿の上のテッツェルは必死に足蹴りしていたが、ついに、

「打《ぶ》ち殺せェ……」

ハッキリと聞こえたその声に、ハッと慌ててテッツェルが顔を向けると、そこには呪詛の源たる男たちの一団があった。「打《ぶ》ち殺せェ、締め殺せェ、刺し殺せェ……」。先頭に立つ痩せた男の、狂気すら感じさせるおぞましい笑みを目にしたテッツェルは「げえぇッ！」と叫ぶと、ヒステリックに喚きながら、その男の名を口にしたのである。

「ルッ、ルッ……ルタァァーッ！！！」

A.D.一五一七年　ヴィッテンベルク城

「派手にやっとるようじゃのう、ルターの」

ヴィッテンベルク城の城内にて——。ルターと呼ばれたキリスト組系列アウグスティヌス組の修道士やくざに、直々に声をかけたのは城主フリードリヒ賢侯であった。ザクセン選帝侯でありヴィッテンベルクの領主である。一方、そのルターといえば、体は痩せ細っているが態度はでかく、来客用の肘掛け椅子にゆったりと腰掛け、足を組んだ姿勢で、

「ちィと脅かしてやっただけじゃい」

と、悪びれずに応える。血走った眼のルターの一団を目の当たりにしたテッツェルは、あの時、輿を捨てて慌てて逃げ出したのだった。フリードリヒはほくそ笑む。

「テッツェルの外道、教皇に泣きつきおったわい。……ところで、こんなぁ、アルブレヒトにもアレを送ったようじゃのう」

「おう、あぎゃあな外道を野放しにしよって。あのボンクラぁ、何考えとるんじゃい」

フリードリヒの言うアレとは、今年の十月三十一日にルターがヴィッテンベルク城の教会の扉に打ち付けた文書、『九十五ヶ条の提題』であった。それをルターはテッツェルの上司に当たるマインツ大司教アルブレヒトにも送りつけたのである。アルブレヒトの監督不行届を指弾する意図であった。

「アレを見て、アルブレヒトがあの外道をクビにすりゃあええんじゃがのう」

「……」

裏事情を知るフリードリヒは沈黙をもって応える。あの提題を叩きつけられたところでアルブレヒトがテッツェルをクビにするとは思えない。というのは、あのやり口はアルブレヒトも教皇も重々承知の上でのことだからだ。実際、アルブレヒトもルターを問題視し、教皇に対処を要請したと噂で伝え聞いている。

「箱にカネ入れてチャリーン言うたら魂が煉獄から飛び上がるじゃと？　馬鹿言うない。確かにのう、金貨が箱の中で音を立てたら、財布の中身と貪欲さは増すかもしれんけど、の。まったく、意地汚いやつらじゃ。あいつら、言うてみりゃあ人の罪でメシ食うとるんじゃ」

眉間に皺を寄せながらルターがぼやく。それは彼の任侠道に照らせば決して許されることではなかった。彼に言わせれば、やくざに必要なのは、ただヤハウェ大親分を心より信頼する、その心意気一つなのである。それが彼の任侠道であり、そんなルターにとっては免償符などというものはただただ馬鹿げた代物なのであった……。

少し解説を入れよう。今から始まる事件の発端となった免償符とは、果たしていかなるものか。それは文字通り、償いを免じるものである。一般に言われる「免罪符」という呼び名は正確ではない。というのは、これは罪を免じるものではないからだ。

任侠道から外れたやくざ――、つまり、罪の状態にあるやくざは、将来、ヤハウェ大親分により酷い目に遭わされる、という共通感覚がまず彼らにはあった。その罪を解決しておけば、きたる時に天国と呼ばれるやくざの楽園に住むことができる。では、罪を犯したやくざはどうすればいいのか。これは痛恨の念をもって神父やくざに罪を告白することで、罪自体は解決されるのだ。しかし、罪が赦された後も、罪に対する「償い」が必要となる。要は落とし前である。日本の伝統的やくざであれば小指を詰めるところであるが、彼らキリスト組やくざには独特の落とし前の付け方があり、例えば「祈り」であり「巡礼」であり「隣人への奉仕」であり「十字軍に参加してのイスラム組へのカチコミ」であった。そして、その一つに「献金」があり、つまり、免償符を金で買うことで「償い」を済ませるのは、そういう理屈なのである。

生前に償いを済ませていなかったやくざは、死後、一時的措置として煉獄という網走のような場所にぶち込まれ、しばらくの間、辛いお勤めをすることになる。テッツェルは、免償符を購入することで自分の「償い」が帳消しになるばかりでなく、現在、煉獄に服役中の肉親やくざの懲役刑すらも解決できるのだと、そう説いていた。

ルターはこのようなやり口に嚙み付いたのである。先述の通り、彼は心底ヤハウェ大親分のことを信頼している。彼に言わせれば、大切なのはとにかく大親分への信頼だけであり、ローマ・カトリック主催の様々な興行への出席や、聖地への巡礼、聖人と呼ばれる偉人やくざの崇拝などには意味がない。これらは同時代人の多くが「任俠道に適ったこと」だと考えていたが、そんなものはまやかしである。そんなことをしてもヤハウェ大親分の機嫌が良くなるわけではない、そう主張していた。

そうではなく、大親分は一方的に自分たちを「任俠道にきちんと適ったやくざである」ということに〈してくれている〉のである。実際に任俠道に適っているかどうかは別として、大親分はそういうことにしてくれるのだ。だから、そんな大親分を信頼していればそれでいい。自分の力で何かを成し遂げて、その働きを大親分に認めてもらい、「おどれも男になったのう」と褒められることでやくざとして大成する……。そのような伝統的やくざ観をルターは否定したのであった。

だから、金を出せば任侠道が認められるという免償符も彼は当然否定する。免償符も理屈自体で言えばそれほどおかしなものでもないのだが、一般のやくざたちが理屈を真面目に考えるはずもなく、彼らは免償符を天国へのパスポートか何かだと勘違いしていた。そんなことではヤハウェ大親分への信頼などは軽視され、任侠道は廃れてしまう。ルターにはそれが許せなかったのだ。「ほんまに反省しとるんじゃったら、あぎゃあなもんなくても完全に赦されるわい」「あぎゃあなもんにカネ使うくらいなら、そこらの貧乏人にカネをくれてやった方がよっぽど男になれようが」などと彼は言っている。

加えて、もっと理論的な問題もあった。百歩譲って、いま生きているやくざに対しては免償符で償いができたとしよう。しかし、煉獄にいる死んだやくざたちの懲役が免償符で本当に解決されるのか？　教皇の権力は死後の世界にまで及ぶのか？　死後の世界にまでニラミを利かせられる程の大物やくざといえば、世界でただ一人、ヤハウェ大親分の他にいないのではないか。おどりゃ教皇、いつから大親分と同じくらい偉《えろ》うなったんじゃい、というわけである。

こういった問題意識を叩きつけたのが、ルターの『九十五ヶ条の提題』であった。しかし、それを送りつけられたマインツ大司教アルブレヒトと言えば、彼は教皇から金でマインツ大司教の役職を買ったばかりであり、その時の借金を補塡するために、教皇と結託して免償符販売を始めたのである。彼の雇ったやり手の営業マンがドミニコ組やくざのテッツェルであり、そのテッツェル一行に付き従っていたのがアルブレヒトの借入先であるフッガー家の手代であった。彼が鍵を持っており、毎夜、金貨の入った木箱を開けて、半分を教皇へ、残り半分をフッガー家へと送っていたのである。なので、ルターは「部下のテッツェルに対する監督不行届」をアルブレヒトに訴えたのであるが、そのアルブレヒト自身が今回の事件の黒幕だったのだ。訴えたところでアルブレヒトは反省するどころか、商売を邪魔するルターを黙らせんと教皇に連絡を取っただけである。

とんまな話であるが、一介の修道士やくざであるルターがそんな裏事情を知るよしもないのだから仕方がない。

「テッツェルの外道が泣きつきよったが……。教皇はまだ事態をよう把握しとらんようじゃの」

と、フリードリヒ。マインツ大司教に教皇という超大物やくざ二人を実は敵に回しているルターであるが、当面、彼の身に危険が及んでいるわけではなかった。

「こんなぁのところのアウグスティヌス組と、テッツェルんところのドミニコ組は昔から張り合《お》うとる仲じゃやけえのう。教皇はアウグスティヌス組がテッツェルのシノギを羨ましがって難癖付けとるだけじゃ思うとる」

「阿呆吐《ぬ》かせィ！」

たちまちルターが立ち上がって激しく怒鳴った。

「なーんでわしがあの糞外道を！　羨ましいわけあるかい、馬鹿も休み休み言えや！」

「……まァ落ち着きないや。じゃがのう、例え教皇が勘付いてもじゃ。当面、しばらくは安全じゃ。わしが匿っとる間は、当分のう」

『九十五ヶ条の提題』発表後のルターは時の人となっていた。彼と同じアウグスティヌス組のやくざたちは、仇敵ドミニコ組に対するケンカだと考えてルターに肩入れしたし、ルターが『九十五ヶ条』を印刷して出版すると、わずか二週間ほどでヨーロッパ全体に広まっていったのである。民衆やくざたちの多くは何も考えずにきゃっきゃと免償符を買い求めていたが、一方で、これは教皇による搾取ではないかと薄々感じている者たちも相当数いたのである。『九十五ヶ条』はそういう層にヒットしたようである。当時は著作権などという概念はないので、売れると思ったら出版社は勝手に海賊版を作って印刷する。『九十五ヶ条』の急激な拡大にはこのような当時の出版事情も絡んでいた。

そして、名前が売れれば、当然、敵も味方も増えるわけだが、多くの反対を受けながらもルターが今現在安んじていられるのはフリードリヒ賢侯の保護によるところが大きかった。無論、彼にも彼の意図がある。彼の城、ヴィッテンベルク城には数多の聖遺物が蒐集されていた。これら聖遺物を拝見することで、やはり償いになると考えられていた時代である。聖遺物を年に一度「御開帳」することでフリードリヒは観光資源としていたのだが、そんな彼にとっては免償符など商売上の邪魔でしかない。ルターがこれを攻撃してくれるのは都合が良かった。もっとも、聖遺物などというものもルターにとっては免償符と大して変わらない。なにせ、ルターが『九十五ヶ条の提題』をヴィッテンベルク城の教会に張り出したのは、年に一度の御開帳の前日だったのだから。

「今のローマ皇帝も長くはないじゃろう……。そうなったら選挙じゃ。出馬するんは、スペインのカルロス一世、フランスのフランソワ一世……、そして、わしじゃ。教皇レオ十世からもわしを支援するいうて内々に連絡が来とる。……二人に比べりゃわしが一番弱いけえのう。教皇からしたら、わしが皇帝になるんが一番御し易い思うとるんじゃろう」

フリードリヒは苦々しげに笑った。

「教皇も、今はわしの機嫌を取るのに必死じゃけえ。となりゃあ、わしが匿っとるこんなにも滅多なことはできん。じゃけえ、腹ァ括らにゃいけんのは次の皇帝が決まってからじゃ。わしが皇帝になれりゃあそれでええが、そうでなけりゃあ、教皇はもうわしに遠慮する必要はないけえ本腰入れて潰しにくるじゃろうな。そうなったら、こんなぁどないする気じゃい」

おゥ！　とルターは膝を叩くと、金切り声を弾けさせるような調子で言った。

「ならよォ、殺《や》られる前に殺るしかなかろうがィ――！」

A.D.一五二〇年　ヴィッテンベルク

「あの糞外道め……。わしが決《き》ッとトッたるけんのう！」

ヴィッテンベルクのエルスター門の広場にて、痩せた修道士やくざは手にした紙くずにペッと唾を吐き捨てると、ゴミでも放るかのように焚き火の中へと投げ入れた。火に炙られ、焼け焦げていくその書の名は『エクススルゲ・ドミネ』といった。

「なーにが破門じゃ！　やれるもんならやってみいや！　教皇の首、わしが決《き》ッとトッたるけんのう！」

——任侠道をナメ腐った糞をヤハウェ大親分がブチ殺しますように、と祈りながら書を投じるルターの昏い瞳には、今やただ教皇への敵意ばかりが渦巻いていた。

『エクススルゲ・ドミネ』は教皇からの威嚇書であった。これはルターを「葡萄園を荒らす一匹の猪」と呼ばわり、ルターの著作を焼き捨てることをやくざたちに命じた上で、ルターに対しては破門制裁をちらつかせながら、六十日以内にローマのカトリック事務所まで詫びを入れに来るよう通達したものである。

それに対して、ルターは逆に『エクススルゲ・ドミネ』を教会法令集など他の書物と共に焼き捨てることで応えたのだ。実際、この『エクススルゲ・ドミネ』が彼の手元に届く前に、ドイツ国内では様々な反応を呼んでいた。教皇勅書の言う通りにルターの著作を焼き捨てた者たちがいた一方で、少なからぬ人々がルターに反対する著作の方を焼き捨てたのである。ドイツ国内の世論は割れていた。

しかし、ともかくも、いまやルターには破門の危機が迫っていたのである。この一年前、新たな皇帝としてカルロス一世が選出され、彼はカール五世と名乗った。教皇の推すザクセン選帝侯フリードリヒは選挙に敗れたのである。となれば、教皇としてもフリードリヒに遠慮する必要はなくなり、ルターへの攻撃が本格化した。フリードリヒがあの時予言していた通りの展開となったのだ。

ルターの退路は少しずつ閉ざされていった。『九十五ヶ条』を発表した翌年には、教皇レオ十世により派遣された枢機卿やくざカエタヌスがドイツを訪れ、ルターはアウグスブルクに召喚されている。カエタヌスはにこにこと笑いながらルターに対面した。

「おう、おどれがルターかい。なんじゃ、元気がええ小僧がおるいうて、わしらローマの事務所にも聞こえてきよってのう。おうおう、そがいに固《かと》うならんでええけん。気軽に、のう。わしのこと、ホンマの親父じゃ思うて、今日はお互い腹を割って話をしようじゃないの」

そう言いながら差し出してきた彼の右手に、ルターはペッと唾を吐きかけた。

「誰がわしの親父じゃこの糞！」

「はぁん……ほうか」

するとカエタヌスは作り笑いをやめて、椅子にふんぞり返ると、たちまちに凶悪な笑みを浮かべたのである。

「おう。よう言うてくれたわい。実はの、わしもな、こぎゃあな上っ面作るのは苦手でのう。レオのおやじがフリードリヒの外道に遠慮しとるけえ、面倒くしゃあことをせにゃならん思うて気が重かったんじゃが。ハハ、話が早《はよ》うて助かるわい」

「狸親父が……化けの皮剝がしおったのう」

「いきがんなや、小僧。おう、わしの言いたいことは簡単じゃ。おどれ、今まで吐いてきた妄言、黙って全部撤回せんかい」

「……なァにコキよるんない、糞ったれ！　できるわけなかろうがい。ちッたぁ考えて喋らんかい、このドサンピンが！」

だが、カエタヌスはルターの怒声には応えず、黙って鞄に手を差し込むと、そこから二、三冊の書物を取り出し、バン！　と机に叩きつけるようにして置いた。いずれもルターの著作であった。

「わしゃのう、おどれの書いてきたもんも一応読んでから来とるんじゃ。……おどれ、ヤハウェ大親分への信頼が何より大事じゃ言うとるようじゃがの。じゃけえど、考えてみぃや。そぎゃあなこと言うたらよ、わしらローマ・カトリック会や教皇のおやじはどないするんじゃい。一人一人の信頼が大事じゃ言うたら、おやじの仕事がのうなるじゃないの。それにの、おどりゃ聖書も大事じゃ言ようるがの、一番偉いのは聖書じゃのうておやじじゃろうが。おう、分かっちょるんか。おやじの顔潰して仁義が立つ思うちょるんか、おう？」

「コン糞だらァ！　教皇がなんぼのもんじゃい、わしゃ撤回なんぞせんけえの！」

「ほうか」

　カエタヌスはすっくと立ち上がった。

「おう、撤回せん言うんならそれでもええわい。おどりゃもう二度とわしの前に顔見せるないや」

　そう言い残して、彼はあっさり部屋から出て行ってしまったのである。まるでのれんに腕押しといった相手の反応にルターは何かしらの危機感を覚え、その晩すぐにヴィッテンベルクへと戻ったのだが、この予感は的中していた。カエタヌスはルターを捕え、ローマに誘拐するつもりであったからだ。ともあれ、ルターは教皇庁からの使者に対し、この時、明確に敵対的な姿勢を取ったのである。

　そして、一五一九年。カール五世が皇帝となった一月後にライプツィヒ討論が行なわれた。これは神学者であるインテリやくざ、ヨハン・エックによりふっかけられた公開討論であった。ルターはこの討論においてヨハン・エックに巧みに誘導され、次のような発言をしてしまう。

「教皇じゃ言うて公会議じゃ言うてなんぼのもんじゃい！　間違えることもあろうがい！　コンスタンツ公会議で異端者じゃ言われてぶち殺されたヤン・フスもあながち間《ま》違《ちご》うとらんわい！」

これは当時のやくざたちの感覚に照らしてみれば決定的な発言であった。教皇と公会議という二つの権威を同時に否定したばかりか、異端者と断じられたヤン・フスを庇ったのである。異端者を支持するルターも異端者ということになるため、ルターはこの討論において極めて危険な立場に自らを追い詰めたと言える。しかし、教皇の権威も公会議の権威も否定したやくざは、一体何を最後の拠り所とするのであろうか。それはやはり聖書であった。ルターは聖書に重きを置くやくざとして知られているが、それにはこのような流れがあったのである。

こうしてルターは徐々に退路を断たれ、後世に言われるところの「宗教改革」に対し、前のめりに進んで行かざるを得なくなった。『エクススルゲ・ドミネ』の直後、ルターは一冊の書を書いた。

「おどりゃ、何が破門じゃい。見とれや、ローマの糞どもめ。吠え面かかせたるけえのう！」

この書の名は『キリスト組の改善について　ドイツ国民のキリスト組やくざ貴族に与う』という。これは恐ろしい書物であった。ルターは教皇庁を悪魔の巣窟扱いし、教皇をアンチキリストと呼ぶ。アンチキリストとはイエスがこの世に再臨し、やくざの楽園が作られる直前に世界に現れ、やくざたちを誤った方向に導き任侠道から逸らさせようとする外道のことである。彼はこんな調子で皇帝やドイツ貴族たちを煽った。

「教皇の外道どもは、わしらドイツ人のことをキチガイの酔っ払いじゃ思うて舐めくさり、ドイツの金をローマに吸い上げちょるんじゃ！　ローマの糞悪魔どもがこれ以上、力を増さんようにせにゃあいけん。たまにのう、司教の一人が一念発起して、任侠道に適ったことをしようというて改革しようとしたら、先頭に立って潰すんは教皇のど阿呆じゃい。なんじゃいうて、どこかの教会で改革が起こったら、それが蔓延してローマにまで及んでくる思うて恐れちょるんですわ。アンチキリストでさえこぎゃあなアコギな真似しようとは思わんじゃろう。巷のやくざも諺で言うちょります。『ローマに近づくほどキリスト者は悪うなる』いうて。巧いこと言うたもんですわ。じゃけえ、ローマへの巡礼なぞは廃止すべきじゃ。司祭は結婚したらいけん言う決まりも、間違いなく悪魔が教皇に命じたことじゃけん。こぎゃあなこと言うけえ、ギリシア正教会とケンカすることになったんじゃない。パウロ兄さんも『悪魔の教えをもたらし、結婚を禁止するやくざどもがあらわれるであろう』と予言しちょります。それに教皇のド外道はかつて皇帝から叙任権を奪い取りよったじゃないですか。こぎゃあな強奪、許しとってはいかんでしょう。今の教皇庁は腐りきっとる。そぎゃあな腐った部分にメスを入れられるんは、誰か言うたら世俗権力しかないじゃないですか。たとえ、あの阿呆どもが破門じゃ言うてきても、阿呆のすることじゃけえ気にせんでええんです。逆にわしらが阿呆どもを破門にしてやればええじゃないですか。あのボケナスどもをガツンとやったって、目ェ覚まさせてやりやしょうや！」

極めて扇情的な文章である。ドイツやくざの民族感情を刺激し、皇帝や貴族をけしかけて教皇を攻撃させようという意図が透けて見える。破門を突きつけられたルターとしては、むしろ開き直って、教皇を悪魔呼ばわりアンチキリスト呼ばわりして、ドイツを味方に付け敵対するしかなかったのであろう。この書を公開した後に、『エクススルゲ・ドミネ』を焼き捨てるという、冒頭の行動に繋がるのである。

だが、何もかもがルターの思惑通りに運んだわけではない。新皇帝カール五世は自分の領土内で異端がのさばることを許すつもりなどなかったのだ。一五二一年、カールは事態を収拾するため、ヴォルムスで開かれる帝国議会にルターの出頭を要請した。その会議では、ルターの前に一つの机が置かれ、そこには彼の本が乱雑に積み上げられた。

皇帝の顧問官がルターに尋ねた。

「おう、ドサンピン。ここにあるんはおどれの書いたもんか」

「おう、わしのじゃ」

「ここに書かれとるんは全部おどれの考えじゃの？」

「おう、わしの考えじゃ」

「なら、ここに書かれとることを撤回するか、あぁん？」

「あ、お………ぎ……ギギギ」

だが、不逞のやくざ、ルターもこの時ばかりは言葉が詰まってしまった。彼には自分が何を言うべきかはもちろん分かっていた。しかし、自国の最大権力者を前にそれを口にすることは自殺にも等しい暴挙であったのだ。

「ち、ちィと……、考えさせて、つかぁさいや……」

結局、この時のルターは二十四時間の猶予を求めた。されど、翌日、二十四時間を経たルターは今度はしっかりと覚悟を決めて、この場に姿を現したのであった。皇帝顧問官が再び尋ねる。

「おう、ドサンピン。腹ァ決まったんかい！　わしらぁ、おどれの細かい話をグダグダ聞く気はないけえのう。撤回する気があるんかないんか、イエスかノーか、ハッキリ言うたらんかい！」

「じゃッかあしゃあ、こン糞だらァ！　おゥ、耳の穴かっぽじってよう聞かんかィ！　ええか、わしゃあのう、聖書に違《ちが》うて書かれとるんでない限りは撤回する気なぞ毛頭ないけん。わしの任侠道はのう、ヤハウェ大親分のことばに囚われとるんじゃ！　教皇も公会議も糞喰らえじゃ！　なんじゃ言うて、教皇も公会議も散々間違《まちご》うてきとるし互いに矛盾しとるじゃないの。じゃけえ、わしゃあ、わしの言うとることを取り消すことはできんし、取り消すつもりもないわい。任侠道から外れたことするんはええことじゃないけん、のう！」

最後に、ルターは立ち上がって、こう叫んだ。

「わしゃここに立つ！　他には何もでけん！　ヤハウェ大親分、わしを助けてつかぁさいやァ、アーメン！」

そして、ルターは両手を高く掲げて勝利のポーズを取ると、悠々と議場を去っていったのである。

傲慢無礼なるやくざ、ルターがこの時、最後の最後にヤハウェ大親分への助けを求めたのも当然の心情と言えよう。なにせ彼は先に教皇勅書と教会法令集を焼き捨てることで教皇庁に喧嘩を売っていたが、今回はさらに帝国へと喧嘩を吹っかけたのである。この世の二大やくざ組織に同時に喧嘩を売った彼は、もはやヤハウェ大親分に頼らざるを得ない程に追い詰められていたのであった。

実際、彼はこのヴォルムス議会からの帰途、謎の武装勢力に襲われて消息を絶ったのである。「ルターさんは教皇の手先に殺されたんじゃ！」「いや、わしゃあ皇帝に殺されたいうて聞いたぞ！」。ルター死亡の噂がドイツに広がっていく……。

A.D.一五二二年　ヴァルトブルク城

「それにしても……兄ィ、ちィっと太ったんじゃないの？」

「あぁん？」

　鶏の骨付き肉にしゃぶりつきながら、でっぷりと肥えた男が年下のやくざをじろりと見て、言った。

「しょうがなかろうがい。今まで修道院のゴミみたいな飯ばかり食うちょったが、ここに移ってからは兵隊食ばかりじゃけえのう。なんちゅうても、わしゃ、今は騎士ヨルクいうことになっとるんじゃけえ」

　男は、ルターであった。彼はヴォルムスからの帰り道、幾名かの武装やくざの襲撃を受け攫《さら》われたのであるが、これは実はフリードリヒの策略であった。カール五世の動きに不穏な影を見た彼は、誘拐という形でルターをヴァルトブルク城に保護したのである。ルターは身分を偽るために騎士ヨルクを名乗り、服装もまた騎士に準じたものがあてがわれていた。ここに来たばかりの時の彼の体軀はまことに貧相で、騎士服もまるで様になっていなかったが、高栄養価の兵隊食をかっ喰らっていたことで肥え太り、今ではそれっぽい見た目となっている。

「それにしても、のう。肉が付くんはええんじゃが、なんじゃ、これだけ食う物が違《ちご》うてくると腹が張っていかんのう。糞が詰まりがちじゃわい」

などと、出っ張った腹をさすりながらルターが言う。この頃の彼は便秘に悩まされていた。

「おう、そうじゃ、メラの字よ。わしゃここに閉じ籠っとる間にのう、暇なもんじゃけえ、こぎゃあなもんを書いてみたんじゃ」

メラの字、とルターが呼んだ男――、フィリップ・メランヒトンに向かって、ルターは書きあげたばかりの書類の束をポンと投げ渡した。

メランヒトンはこの年二十五歳。ルターが三十九歳なので一回り以上若いが、二十一歳の時に大学教授になったという天才的インテリやくざであり、ライプツィヒ討論においてはルターの傍らに座ってアシスタント役を務めた男である。

その彼がルターから渡された書類をぺらぺらとめくりながら、「へえ！」と感嘆の声を漏らした。

「兄ィ、これ、新約聖書のドイツ語訳じゃないの！」

「おう、これがありゃあ、阿呆のドイツ国民どもも聖書が読めるじゃろう。もっとも、まだちィと直しが必要じゃろうけえ、もうしばらく出版はでけんがのう。こんなぁも手伝ってくれいや」

この時に、ルターが十週で書き上げたのがドイツ語訳新約聖書である。わずか十週ということで、やっつけ仕事には違いないのだが、ルターは死ぬまで改訂を続けクオリティアップに努めた。なお、しばしば誤解されることだが、ルターが世界で初めてドイツ語訳に手を付けたわけではない。

「で、メラの字よ、今日はなんじゃ、わしに相談があるいうて来たそうじゃが、一体どしたんかの」

「それなんじゃ、兄ィ」

名残惜しげに書類の束をルターに戻してから、メランヒトンが言った。

「実はのう、カールシュタットの兄ィがマリア像をぶち壊して回っとるんじゃ」

「な、なんじゃと⁉」

ルターは目を剝いて聞き返す。メランヒトンは困り顔で頷いた。

カールシュタットというやくざは、やはりインテリやくざであり、ルターやメランヒトンと同じくヴィッテンベルク大学の教授であった。ライプツィヒ討論も、元々はヨハン・エックに絡まれたカールシュタットを援護するためにルターは参戦したのである。もっともヨハン・エックの狙いは端からルターを誘き出すことにあったと思われるが。

ルターは改革の理論を過激に説いたが、彼がヴァルトブルク城に匿われて以降、改革を実行に移していたのは、残されたメランヒトンであり、カールシュタットであった。だが、そのカールシュタットはかなり過激な改革に着手したようである。

「カール兄ィは、改革の時代にいつまでも修道院に閉じ籠っとる奴はクズじゃ言うて、修道院を襲撃したり、マリア像じゃ聖人像じゃいうて、そぎゃあなもんは意味ない言うてぶち壊して回っとるんじゃ。カール兄ィが音頭を取ったら、ボンクラ学生どもがえらい乗り気になってのう。今やヴィッテンベルクは大混乱じゃ。どうにもいたしいもんじゃけえ、ルター兄ィにええ知恵貰おう思うて来たんです」

ルターは義憤に燃え、直ちに立ち上がって言った。

「なんじゃ、知恵じゃ言うてケチくしゃあこと言うない！　わしが今すぐ行ってやるけん！」

「ほ、ほんまか。兄ィ！」

メランヒトンも興奮して立ち上がった。

「おう！　わしが行って全員ブチ殺してきたらァ！」

「ま、ま、待ってくれい、兄ィ……！」

と、今度はメランヒトンが慌てて止めにかかる。

「あ、兄ィ、そ、それはやりすぎじゃ……。ほ、ほれ、兄ィは説教も得意じゃろ。な。一つ、口で言うてボンクラどもを分からしてやってつかぁさいや……」

「お、おう……。なんじゃ、ブチ殺した方が早い思うんじゃがのう」

そうして結局、ルターはヴィッテンベルクに一時舞い戻り、説教をもって街の混乱を鎮め、カールシュタットを追放したのであるが、これによって、以前からの盟友の一人と袂を分かつことになってしまった。だが、この後、ルターが失うことになるのは一人の友人だけではなかった。今までルターを尊敬してきた平民やくざたちもまた、ルターに背を向けることになるのである。きっかけは一五二四年に発生した農民一揆――「ドイツ農民戦争」であった。

＊

「はあん……なんじゃあ、こりゃあ……」

一五二五年、四月。武装した農民たちの掲げた『十二ヶ条』の書を手の中で弄びながら、ルターは気に食わぬ様子で首を捻った。

「笑わせよるのう……聖書のことなぞ毛程も知らんくせして……何を言いよるんじゃ、この糞外道ども……」

農民たちがこの時、生活状況の改善を求めて立ち上がったのには、ルターの宗教改革の影響があったと言われている。彼らは自分たちの要求を十二ヶ条にまとめた。その要求は聖書に基づくものであり、万一、自分たちが聖書を読み間違えていて要求が不適切だった場合は取り下げるつもりがあることを明記した上で、これをルターやメランヒトンなどに送り、識者やくざの意見を求めたのであった。当然、彼らはルターが自分たちの主張を後押ししてくれることを望んだのであろう。だが、彼らの期待は裏切られる。

一五二五年、五月。『十二ヶ条』に応えて、ルターは『十二ヶ条に対して平和を勧告する』を出版した。

——この書で、ルターは確かに農民たちの言い分をある程度まで認めている。諸侯や領主などの貴族連中が農民の生活を苦しめていることを指摘し、「酔っ払いやキチガイを扱う時と同じように、農民どもも冷静に取り扱ってやった方がええじゃろう」と、権力者側に対し穏健な形での対処を勧めている。だが一方、農民どもの言い分には、「なーにを寝呆けたこと言うちょるんじゃい！」と彼は熾烈に応えた。

「おどれら、聖書に書かれとる通りに行動しちょる言ようるがのう、ハッ、笑わせんない。その聖書にのう。書いてあろうがい。権力には逆らうな、いうてのぅ！　パウロ兄さんがしッかりと言うちょろうがい！」

「ええか、当局がデカイ顔しとるんはの、そりゃヤハウェ大親分から権力を与えられとるけえじゃ。じゃけえ、どんだけ当局が邪悪でも当局の権利は大切にせにゃあならん。邪悪なやつを攻めてええんは当局だけじゃけえ、当局に任せにゃあならん。そぎゃあなことはイスラム組の外道どもでも分かっとることじゃ。おどれらは、のう。イスラム組以下の糞いうことじゃ！」

悪人を罰する力を持つのは当局だけであり、ゆえに当局に一任すべきであり、相手が邪悪だからといって私的制裁は決して許されぬ、とルターは言うのである。だが、邪悪なのがその当局自体である場合はどうすればいいのか。彼は言う。

「イエス大親分も『右の頰を打たれたら左の頰を差し出せえ』言うとるじゃろうが。おどれら、分からんのか。ホンマもんのキリスト組の極道いうんはのう、どぎゃあな仕打ちを受けても黙って受け入れるんじゃ。逆らってはいけんのじゃ。自分で仕返しするな、ヤハウェ大親分の仕返しに任せえいうて、パウロ兄さんも言うちょろうがい。おどれら、それに耐えれん言うんじゃったら、キリスト組の代紋外せえや」

と、ルターは言うのだが、そのルター御本人はローマ・カトリック会に対して思い切り敵対的であった。後には皇帝に対しても軍事同盟をもって敵対することになる。

この時の双方の主張はイマイチ話が嚙み合っていない。嚙み合っていないというかルターのピントがズレているというか。例えば、農民たちが「非道な搾取」に反対し、十分の一税を権力者に支払うのではなく、集めた税金を自分たちで適切な形で使用したいという旨を述べたところ、ルターは、

「それじゃ盗みじゃないの！　当局のカネを奪う言うんなら、おどれらこそが『非道な搾取』じゃないの！」

などと言うのである。

さらには農民側が農奴身分からの解放を訴えたところ、

「一体何を言うちょるんじゃ！」

と、ルターは一喝し、

「おどりゃ、主人から奴隷を略奪する気か！　奴隷じゃいうて何の問題があるんじゃ。聖書に出てくる預言者なんかも奴隷を持っとったろうが！　パウロ兄さんも『奴隷は死ぬまで奴隷しちょれ』言うちょる。どいつもこいつも平等じゃいうて、そぎゃあなことがホンマにできるわけなかろうがい！」

こんな具合である。彼にとって、平等という概念は絵空事であった。やくざの楽園では平等だとしても、この世においてそれを具体化しようなどということは到底考えられなかったのだ。

なお、ルターは、農民軍団の中にやくざたちを任侠道から逸らさせようとする外道がいて、それが皆を扇動しているのだと考えていたようであり、このようなことも言っている。

「おどれらの中にのう、偽預言者がおるじゃろうが。おどれらはそいつに騙されとるんじゃ。おどれらを使ってどさくさに紛れて金を握ろういう腹じゃ。じゃがのう、そいつもおどれらも、まとめて地獄行きになるに違いないんじゃ！」

自分の任侠道と異なる理解を持つやくざに対しては偽物扱いし、一方的にレッテルを貼るのである。

確かに、この書においてルターは貴族側と農民側の双方を諌めていたし、両者に話し合いと手打ちを勧めていた。しかし、こんな言葉では農民たちの心に届くはずもなかっただろう。いよいよ決起した農民たちに対し、彼の書がどの程度効果をもたらしたのかは定かではないが、むしろ火に油を注いだのではないか。

自分が諌めてやったのに、まるで聞き入れもせず暴動を止めぬ農民どもに、ルターの怒りは募っていった。暴動が激化していく中、ルターは先の著から一ヶ月後、『盗み殺す農民暴徒に対して』という小著を新たに発表した。こちらはさらに激烈な内容であった。

「殺せェ、殺せィ！　農民どもを打《ぶ》ち殺せィ！　……打ち殺し、締め殺し、刺し殺せェ！　狂犬はのう、放っといたら有害じゃけえぶち殺さにゃならんじゃろうが。農民もそれと同じじゃい！」

「おどりゃ糞農民どもは旧約聖書を挙げて根拠にしようるが、旧約がなんぼのもんじゃい！　イエス大親分が来てからは新約じゃろうがィ！　権力には黙って従えいうてパウロ兄さんが言うとろうがい、分からんのか！」

「カトリックの糞どもはのう、農民どもに和解提案なんぞせんでええけん、早《はよ》うぶち殺したりゃええんじゃ。じゃが、わしらはカトリックの糞どもとは違うけんのう、キチガイ農民どもにもきちんと話し合いの機会を与えてやらにゃあならん。あのボケどもにそぎゃあなことしてやる価値はないじゃろうし、無駄なことじゃろうがのォ。ま、そうなったら、すぐさまドスを引っこ抜きゃあええんじゃ！」

「こういうキチガイどもをぶち殺すことこそが領主の役目じゃけん。忍耐じゃの憐れみじゃのいうんは、もう要らん要らん。今はのう、とにかく外道どもをぶち殺す時じゃ！パウロ兄さんもそう言うちょる」

「ほんまに任侠道を歩むやくざならのう、農民どもの言い分を毛筋ほども認めてやるくらいなら、百回死んだ方が遥かにマシじゃけん。可哀想にのう、糞外道どもに無理矢理に強制されて、暴動に参加させられちょる憐れなやつらもおるんじゃろう。外道どもをぶち殺して、そういう可愛そうなやくざどもを助けてやらにゃあならん！それこそが憐れみじゃろうが！その戦いの中で仮に死んだとしてもじゃ。大親分の言葉に殉じとるんじゃけえ、ええ男になれるいうもんじゃ。おう、良かったのう。おどれら、農民どもをぶち殺しゃあ天国に行けるんじゃい！」

このような内容であったから、権力者側がルターのこの著作を盾に、農民たちに苛烈な攻撃を加えたことは言うまでもない。ルターも「農民どもはまとめてブチ殺しちゃりゃあええんじゃ。もしも罪のない者が混じっとっても心配いらん。罪のない農民はきっとヤハウェ大親分が守ってくれるけえのう！気兼ねせずブチ殺せえィ！」などと言っている。

これに対し、「ルターの外道！　あいつには憐れみいうもんがないんかのう！」と他のインテリやくざたちが罵ると、ルターは彼ら反対者のことを「血に飢えた殺人者ども」と罵倒した。

「農民どもが大暴れしよったせいで、多くの無辜のやくざがえらい被害を蒙《こうむ》ったろうが！　そぎゃあな可哀想なやくざどもにかけてやる憐れみはないんかのう！　わしに楯突くあの外道どもめ。邪悪な農民どもに媚びへつらいおってからに。あいつらは心の中では血に飢えた殺人者なんじゃ！」

「権力を握った時の凶暴な農民の群れほど手に負えんもんはないけえのう。それに、わしゃ、あいつらに直接説教してやったんじゃ。じゃが、話してやればやるほど、あいつらはますます付け上がりおって、どんどん凶暴、傲慢、反抗的になっていきおった。わしゃ思うんじゃが、あいつらは何の恵みも憐れみもなくぶち殺されたいと思っとったんと違うんかのう！」

凄まじいことを言う。

「……まあ、今回の件で、農民どももええ勉強になったじゃろう。今までの自分らがのう、どれだけ恵まれた境遇におったかいうことがよう分かったじゃろうけえ。ほんまにのう、今回の暴動では社会が無茶苦茶になってしもうた。やっぱり権力による統治は大事じゃけん。馬は鞭打たれることを望んどるし、民衆は権力に統治されることを望むもんじゃ。じゃけえ、ヤハウェ大親分は当局にあがいな武力を与えてくれたんじゃのう……」

要するにルターは現行の権力体制をガチガチに信奉していたのである。権力を批判することはあっても、権力者が民衆を支配する構造自体は断じて犯すべきではない、それは神聖不可侵なものであるとルターは信じていたのであった。

このルターの態度は農民たちを落胆させ、ルターは彼らの支持を失うことになる。だが、世俗の権力者たちはといえば、これらの農民蜂起がルターの宗教改革によりもたらされた結果だと考え――ルターは繰り返し自分の主張とは無関係だと訴え続けたが――ルター派の影響が自分の領地に侵入するのを阻止しようとするのであった。

ヴォルムスの議会にて、己の危険も顧みず自らの任侠道を貫いたルターの覚悟ははやくざ者として立派なものがあったと言えよう。しかし、その理念を実際に反映させるとなると、そこには多くの摩擦が生まれ、人々は彼の下を離れていくのである……。

［解説］

冒頭の一幕は演出である。すいません。史実通りだとちょっとパンチが足りなくて……。私の知る限りでは、ルターとテッツェルが直接に顔を向き合わせて対決したことはなく、ルターが仲間を率いて免償符販売人に対し実力行使をしたという記述もない。ルターの『九十五ヶ条の提題』に対して、テッツェルも反対論文を発表したようだが、両者の対決というのはどうもその程度のようである。テッツェルがこの後すぐに死んでしまったためもあるだろう。

さてルターであるが、本文の通り激烈な男である。彼が、物理的な意味で暴力的だったかどうかは分からないが、少なくともその著作においてはかなり攻撃的と言える。農民戦争文書における彼の名言、「できる者はだれでも、ひそかにであろうと公然とであろうと、彼ら（暴動の最中の農民）を打ち殺し、締め殺し、刺し殺さなければならない」「狂犬を打ち殺さなければならないときと、事情は同じである」など、当時の農民の暴挙が目に余ったという事情を斟酌してなお、もう少し言い方があるだろうと思わざるを得ない。「暴動では多くの被害者が出た。彼ら被害者こそ憐れむべきであって、殺人者どもを憐れむ必要などない」という彼の言い分も、確かにごく一般的な人間の心情としては納得できるが、我々は宗教者に「ごく一般的な人間の心情」以上のものを期待してしまうものである。そのような期待が間違っているのかもしれないが。

私見だが、ルターはパウロに似ている。信仰に対する真剣さや危険を前にしての糞度胸など、良い面もそうだが、反面、信仰に関する他者への不寛容さや、権力への従順を説く奴隷根性、社会秩序の裏面である階級社会の肯定（「奴隷は奴隷のままでいろ」）、知的なようでいてどうにも話が通じそうにない雰囲気など、うんざりする様々な側面がまるでパウロである。信仰に関し一部に見るべきところはあるにせよ、全体的に先進性は感じられず、一般に思われている程には高く評価はできない。時代の子である。

ただし、農民戦争の一件で民衆の支持を失ったとはいえ、それでもルターの味方は少なくなかった。世俗の権力者や司教などからもルター派に転ぶものが現れてくる。というのは、ルター派になれば領主はカトリックの領地を奪い取れるし、宗教活動など屁とも思っていない司教たちも還俗して普通の領主になれたからだ。都合が良かったのである。

皇帝を敵に回したルターが安全を確保できたのは、それら権力者が味方になったことが一つ。そして、フランスやトルコ、教皇のおかげでもある。皇帝がルター派をぶち殺そうと準備を始めると、これらが手を組んでドイツを襲ってくるのだ。ルターにはなどとても構っていられなくなる。ルターは自分の安全を「神の加護」だと考えていたが、実は宿敵である教皇やイスラム教徒に助けられていたのだ。教皇もこんな時くらいドイツと手を組めば良さそうなものだが、敵の敵は仲間とは簡単にいかぬものである。

この後の流れも少し見ていこう。皇帝はいよいよルター派対策に本腰を上げる。これまでは対外戦争のためにルター派諸侯にも遠慮していたが、本気になった彼はルター派に厳しく迫った。すると諸侯は抗議（プロテスト）し、これがプロテスタントの名の由来となる。

皇帝は議会を招集し、そこでプロテスタント諸派に自分たちの信仰の要項を提出させ、議論させた。この時にメランヒトンが作ったのが「アウグスブルク信仰告白」である。筆者の用いた資料には、ルターはこれに賛同したとも激怒したとも書かれており、よく分からない。筆者はドイツ語が読めないので調べようがなかった（ルター著作集第三集の刊行が待たれる）。ともあれ、この「アウグスブルク信仰告白」が今に至るまでルター派の旗印となるのである。激怒したのだとしたら、ルターもあの世で地団駄を踏んでいることだろう。

さて、議会で議論などさせても意見がまとまるはずはない。皇帝は結局、ルター派の立場を認めなかった。これに対し、プロテスタント側は軍事同盟（シュマルカルデン同盟）を結成し武力で対抗する。ルターも渋々ながらこれを認めたようである。農民には「不当な攻撃を受けても権力に従い耐え忍べ」と言っておきながら勝手なものだ。

ルターの死後、シュマルカルデン同盟は敗北した。しかし、皇帝もこの軍事的勝利を活かすことはできず、「伝統的なカトリックの信仰か、アウグスブルク信仰告白か、領主は各々どちらかを選んで良い」という取り決めに至ることになる。信仰の自由が認められたわけだが、この時に自由を手にしたのは領主たちであって、領民たちは領主の信仰に従わなければならなかった。民衆の一人一人が各々の信仰を選択できるようになるのは、それから一世紀後、カトリック陣営とプロテスタント陣営による大戦争——三十年戦争を経た後の一六四八年、ウェストファリア条約においてである。別に寛容さに目覚めたわけではなく、こんなしんどい思いをしてまで相手に信仰を強制するのは、どうにも割が合わないと悟ったのであろう。

＊

本章は宗教改革を取り扱っているが、宗教改革という事柄は出来事が多過ぎて、本書の限られた紙幅では主人公であるルターですら満足に描けたとは言えないし、その他のプロテスタント陣営、たとえばツヴィングリや再洗礼派、カルヴァン、英国国教会などにはまるで触れられてもいない。なので申し訳程度となるが、彼らとカトリックの動きについてもここで触れておこう。

ツヴィングリはルターと同時代人でスイスにて宗教改革を行った宗教者である。ツヴィングリ自身の弁では、別にルターに影響を受けたわけではなく彼が独自に始めたものだという。カール五世に対する諸侯の「プロテスト」の後、カトリック勢力に対抗すべく、シュマルカルデン同盟の指導者ヘッセン方伯フィリップが奔走し、ルターとツヴィングリの間に会談を設けた。両者が合意に達し、共に手を取り合ってカトリック勢力に対抗することを願ってである。しかし、彼らはほとんどの事項において同意しながらも、聖餐論において一致することなく、ルターとツヴィングリの共同戦線は成らなかった。

聖餐論というのは、キリスト教の儀式「ミサ」において、信者たちが小さなパンを食べたり、（場合によっては）ワインを飲んだりするのであるが、それの意味合いを巡っての論争である。これはおそらく最初期は信者同士のお食事会だったと思うのだが、かなり早いうちから宗教的な儀式と化し、パンがキリストの体だの、ワインが血だのといったよく分からない話になった。彼らはそれがどういう具合でキリストの体であり血であるのかを真剣に議論していたのだ。ここではその議論を詳細に見る余裕はない。

常識的に考えてパンが体なわけがないしワインが血なわけがないので、私たち部外者にはまるで馬鹿げた議論に思えるが、一言で言うとこれはリアリティの問題であって、彼らはパンを口にする時にイエスの存在をリアルに感じたいのである。「グッとくる」

感じが欲しいのだ。相手の理屈では「グッとこない」ので、彼らは互いにワァワァと言い合っていた。なお、ルターとツヴィングリだけでなく、カルヴァンもカトリックも聖餐に関する理解は四者四様で異なっている。仕方がない。こんなものに答えがあるはずがないのだから。

ともかく、この点において彼らは一致できず、よってツヴィングリ一派はシュマルカルデン同盟にも参加せず、彼はカトリック勢力との戦争において敗死することになる。

再洗礼派はツヴィングリから分かれたグループで、ツヴィングリの改革をさらに押し進めた人々である。彼らは社会秩序を混乱させる恐るべき破壊的集団と見なされており、当局から忌み嫌われ、ルターもツヴィングリも彼らをぶち殺すべきだと考えていた。この集団がどのように危険かと言えば、彼らは平等主義者であり厳格な平和主義者であったのだ。男女平等を訴えれば紛れもなく社会秩序の破壊であったし、平和主義は兵役拒否に繋がり対外戦争能力を喪失させる。極めて危険な集団であったから迫害もやむなしであろう。なお、ローマ帝国の国教となる以前のキリスト教徒も兵役拒否により迫害を受けていた。

再洗礼派という名は、彼らが洗礼を二度受けたことによる。カトリックでは幼児洗礼と言って、幼児のうちに洗礼を授けたりするのだが、再洗礼派いわく、訳も分からぬ子供のうちに洗礼を受けても意味がない、きちんと信仰を持った大人になってから洗礼を受けるべきだと、そういうことである。なので正確には、二度洗礼を受けるわけではない。「真の洗礼」を一度受けるのである。幼児洗礼は「真の洗礼」ではないのだから。理屈を聞けばなるほどもっともだと思うのだが、ルターなどはこれを真っ向から否定している。自己の「信仰心」に依り頼む姿勢は彼の思想に馴染まないからだろう（ルターの「信仰義認」は「Ａさんの信仰が立派だから、神がＡさんを義と認めてくれる」ではなく、「神が勝手にＡさんを義とするので、そんな神をＡさんは信頼する」というニュアンス）。

なお、この再洗礼派であるが、最初の平和主義者たちが迫害でぶち殺されてしまったために、残された者たちは攻撃的になり、残念なことだが暴力革命に走ってしまった。当然、ギッタギッタのボッコボッコに叩かれ、反省した彼らは初期の平和主義に立ち返る。その後も迫害など受けたのであるが、いかんせん真面目な人々であるため、労働力として貴重であり受容されることもあった。独特なライフスタイルで知られるアーミッシュは再洗礼派の子孫である。

ジュネーブにて改革を行なったのがカルヴァンである。彼はジュネーブをキリスト教徒に相応しい規則正しい街へと造り変えた。……と、言えば聞こえはいいが、要はディストピアである。異端を拷問し、密告がはびこり、市民はトランプや演劇、ダンスを奪われ、街は暗く重苦しいものになったという。主著は『キリスト教綱要』で、プロテスタント信仰の要約である。この本の成功による名声が、彼をジュネーブ市の改革事業に着手させるきっかけとなった。筆者はいまだに、この人物のどこがどうすごいのかよく分からない。

カルヴァン派はツヴィングリ派やスイスのプロテスタントたちと連合し「改革派」となった。ルター派も一時は手を結んでいたのだが、ルターの弟子たちがカルヴァンにケンカを売ってしまう。ケンカの原因はやはり聖餐論であった。

英国国教会は国王ヘンリー八世の離婚問題を機にカトリックとの縁を切ったグループである。別にイギリスに限ったことではないが、どこでも王様は教皇の指図など受けたくはなかったのだ。なので、ヘンリー八世も信仰的にはカトリックだったが、教皇が離婚を認めてくれないので、「じゃあいいや」ということで教皇との関係を断ち切り、自分が「英国内の教皇」のようなものだと宣言した。もちろんカトリックの基準から言えばヘンリーはバリバリの異端であるから、賢明な王は「俺を異端だと言ったやつはぶち殺す」とあらかじめ宣言しておいた。反抗したトマス・モアは早速ぶち殺された。

その後、英国はトップが替わるたびにカトリックに転んだりプロテスタントに転んだりと目まぐるしく変転し、応じて国内の聖職者たちもカトリックになったりプロテスタントになったりと大変忙しく過ごしたのである。エリザベス女王はプロテスタントもカトリックも、双方がまあまあ納得できる方向性を歩んだのであるが、そうすると一部の過激なプロテスタントが「生ぬるい！」と怒り出す。ピューリタンと呼ばれる人たちであり、後にピューリタン革命へと繋がる。

最後にカトリックの動きであるが、彼らもプロテスタントの改革を叩き潰そうとしていたばかりではない。自分たちに改革が必要なことを彼らもきちんと認識していた。そういった自浄作用、自己批判はずっと以前から継続して続けられており、ルターもひょっとしたらその一人となったかもしれないのだが、彼はカトリックを浄化する道ではなく破壊する道を歩むことになったのである。

カトリックの自浄努力としては、パウルス三世の働きを挙げることができる。彼は後述する「トリエント公会議」を開始した人物でもあるが、それに先立ち、改革のための情報収集の一環として、現状の問題点をピックアップした報告書を作成させたのである。ところが、この報告書が何故かルターの手に渡り、ルターはこれを出版。序文を付して、いかに今のカトリックがロクでもなく打ち倒さねばならないのかというプロパガンダに利用したらしい。ルターがどれほどの悪意でもって教皇側の努力を踏みにじったのか、実に興味があるのだが、これの資料が手に入らず本文に組み込むことができなかった。残念である。

カトリック側の最大の自浄努力は「トリエント公会議」となって現れる。この公会議はこれまでのカトリックの悪習を除去し、プロテスタントに攻撃された教理について議論することが目的であった。前者に関してはきちんと機能したらしく、例えば免償符の問題などもここで取り上げられ反省されている。後者に関しては、これはこれで一応きちんと機能はしたと言えるのだが、プロテスタントから攻撃された教理を言われるままに改めるのではなくて、むしろプロテスタント側との違いをハッキリさせる方向で強調した。よって、両者の溝はさらに深まったのであるが、ともかくカトリック側も自分たちの意見をしっかりと提示したのである。

終章　インタビュー・ウィズ・やくざ

――映画情報誌『キネマ・エヴリデイ　193X年7月号』より引用。

キリスト組やくざたちの仁義なき戦いの歴史を描いた話題作『仁義なきキリスト教史』。制作発表時、世相を騒然とさせたこの作品だが、制作期間は当初の予定を遥かに超過し既に二千年に及ばんとしている。一部批評家たちからは「制作スタッフもここまで大掛かりな作品になるとは思っていなかったはず。当初の発表では十年ほどで完成するはずだった。今でも完成の見通しは立っていないのではないか」と進展を危ぶむ声が上がっている。一方で、関係者は本誌取材班に対し、「撮影自体はほぼ終了している」とその懸念を否定し、次のようにコメントした。

「ただし、いまだ時が満ちるに及んでおらず、上映時期はなお検討中です。もちろん上映までに描くべきシーンが増えれば追加撮影を行うつもりでいます。本作の完成を楽しみにしている全世界二十億人のファンの皆さんには、長らくお待たせして申し訳ないと思っておりますが、上映開始時には七つのラッパを吹き鳴らしてアナウンスいたしますので、その際には是非、劇場まで足をお運び下さい。上映初日には主演のイエス氏の舞台挨拶も予定しております」

制作スタッフは今もクオリティアップと内容の充実に努めているようだ。期待して完成を待ちたいところである。

さて、本誌では今回、ローマ・カトリック会の幹部やくざP氏に対し突撃インタビューを行った。ご存じの通り、ローマ・カトリック会と言えばキリスト組系任俠団体の中でも最古参、最大規模の組織である。昨今、イタリア警察による大規模な壊滅作戦により、縄張りのほとんどを奪われたが、今でも陰に陽にやくざ世界に強い影響を及ぼしていると言われている。インタビューはローマ・カトリック会の会長宅であるヴァチカン宮殿にて行われ、『仁義なきキリスト教史』への所感を皮切りに、昨今のやくざ事情についても興味深い話を聞くことができた。その内容のごく一部をここで紹介したい。

――このたびはお忙しい中、本誌のインタビューを受けて頂き誠にありがとうございます。

P氏「おう、わしゃホンマに忙しいけえのう。手短にすまそうや。それで、なんじゃ。……おう、映画の話か。ったく、映画じゃ言うて、おどれらも糞下らんことしようるの。ええか、わしらはな。任俠道に命賭けとるんじゃ。おどれらはの、いや、そりゃおどれらも命削って映画撮っとるんかもしれんが、言うてもエンタメじゃろうが。わしらも興行やっとるけん分かるわい。お客さん喜ばしてナンボの業界言うんはのう、修羅と外道の世界じゃ。腹ァ透けて見えるわい。わしらやくざの凋落した姿を笑いものにしよう思うちょるんじゃろうが」

――いえ、本作ではやくざの皆さんのリアルな活躍をドキュメントタッチで描いて……

P氏「ああ。ええわい、ええわい。そういう上っ面の建前は、のう！　わしらが凋落しとるんは誰が見ても明らかじゃけえ」

――す、すいません……。

P氏「まったく……こうなったんも、何もかも全部フランス革命から始まりよったんじゃ。自由主義じゃの平等主義じゃの民主主義じゃのいうて全く気に食わんことばかりじゃい」

――確かに、フランス革命後のフランスはローマ・カトリック会に対して極めて敵対的でしたよね。というか、任侠道自体を否定してましたが。

P氏「まったく、のう。任侠道に変えて理性を重視じゃのと阿呆なこと吐《ぬ》かしおって……。あの革命のどこに理性があるんじゃい。堅気の民衆による革命じゃ言やあ聞こえはええが、事態を動かしたのは民衆の暴力とパニックばかり。実際はムチャクチャじゃないの。ホンマにフリーメーソンのやつらはロクなことをせん。すべからくぶち殺すべきじゃのう！」

――では、フランス革命が無茶苦茶だったので、ローマ・カトリック会は自由主義や平等主義にも懐疑的になられたんですか？

P氏「まあ、それもあるが、そもそも自由じゃ平等じゃ言うておかしい話じゃろうが。要は弱肉強食の世の中になるいうことじゃない。平等いうんは競争せにゃいけんいうことじゃし、競争に負けたやつらはどうするんなら。勝ち組の食い物にされるだけじゃないの。そぎゃあなことなら、最初から身分が決まっとってそれに応じて生きる方がええいうこともあろうがい」

――ローマ・カトリック会が縄張り（注：極道用語では「教皇領」と呼ばれる）を失ったのも、当時の教皇の自由主義的な政策が一因でしたよね。

P氏「じゃのう。治安維持のために市民の武装を許可したら、あいつら、わしらの事務所を取り囲みよって……。フランス革命に影響されたボンクラどものせいで、わしらの縄張りはあっという間に奪い去られたわい。まったく嫌な事件じゃった……。ボンクラどもはフランスがぶち殺してくれたが、その後、イタリア王国に完全に縄張りを奪われて……」

——ローマ・カトリック会も敵対者を破門にするなど、色々と手を打っていたようですが……。

P氏「おう、やった。やったのう。やったが、どうにもならんかったのう！　わしらが破門じゃ言うても、あの外道ども、せせら笑うばかりじゃった。これが千年前なら小便ちびって侘びを入れに来たじゃろうに。ホンマにのう、やくざの住みにくい嫌な時代になったもんじゃ……」

——やくざの皆さんも、以前のような絶対的な存在ではなくなってしまいましたね。以前の権威を取り戻そうという努力もされたのでしょうか。

P氏「おう、当時のおやっさんがの、『謬説表《びゅうせつひょう》』いうのを出しての。プロテスタントじゃの、任侠道の自由じゃの、自由主義じゃの、公立学校じゃの、政教分離じゃの……そういうんは全部間違《まちご》うとるいうてな。さらにその後、教皇は任侠道の問題に関して間違えることは決してない、いうて大々的に宣言したんじゃが、どちらも爆笑されただけじゃったわい。わしらが口でなんぼ大きいこと言うてものう、あいつら、屁とも思わずに縄張りを奪いよった。そんで、わしらをこの狭ぁいヴァチカンに抑え込んだんじゃ。イタリア王国はヴァチカンとラテラノ宮殿だけくれてやる言うてきよったが、そぎゃあなおこぼれいらん言うて、おやっさんブチ切れたわい。わしらも縄張りを取り返すために、国家転覆しちゃろう思うて色々やったんじゃが、それも全部駄目じゃったの！」

――では、ローマ・カトリック会では、これからも任侠道の自由とか科学とか、そういった近代的な価値観は全て否定していくおつもりでしょうか？

P氏「当たり前じゃ！　そぎゃあなもん、わしらの任侠道とは相容れんわい！
……………と、百年前じゃったらわしも声を大にして言えたんじゃがのう。どうにもいけんわい。もう、世の中の流れがそうなっとるけん。わしらもいつまでも意固地にはしておれんけえ、いくらかは波に乗らにゃあならん。……のう、百年くらい前のおやっさんがの、鉄道敷設に反対しとったじゃない」

――教皇グレゴリウス十六世ですね。教皇領内の鉄道敷設を認めなかったから、イタリア縦断鉄道が分断されたんでしたっけ。

P氏「そう。鉄道いうんは当時の近代化の象徴じゃったけん。おやっさんは、そういう新しい風潮を何もかも受け入れとうなかったんじゃろうな。じゃけんど、今考えたらあれはいけんかった。おかげで教皇領の経済力はガタ落ち、わしらのシノギも難しゅうなった。時代がそうなんじゃけえ、科学いうんも、認めていかにゃあいけまあ。……まぁ、進化論いうんは、わしゃどうか思うがのう」

――例えば、任侠道の自由とかも、今後は認めて行く方向ですか？

P氏「……仕方ないじゃろう。プロテスタントじゃのユダヤ組じゃのイスラム組じゃのいうて、いつまでもケンカしとる場合じゃないわい。それにのう、任侠道の自由には、わしらも助かっとるところもあるんじゃ。おう、こんなぁ、日本人じゃろうが」

——はい。

P氏「日本の外道ども、江戸時代の頃はわしらキリスト組のやくざを見つけるたびに片っ端からぶち殺しとったじゃない。そういうんは、任侠道の自由で、まあ、のうなったのう……。じゃけえ、まあ、助かっとる面はある。……わしらローマ・カトリック会の本家からしてみりゃあ、正しい任侠道を謳うとるんは世界で唯一わしらだけじゃけえ、任侠道の自由じゃいうて頭がイカレとるとしか思えんのじゃが、ほいじゃいうても、実際、助かっとるモンもおるけん。任侠道の自由とか、虫酸が走るけんど、それでも認めていかにゃあいけんわい」

——ということは、これからはある程度、他の任侠団体とも歩調を合わせていく方向ですか。

P氏「じゃのう。仏組じゃのヒンドゥー組じゃの、色々おるけんど、何じゃいうても、どれも共産主義の悪魔どもに比べりゃ百倍も一億倍もマシじゃけん。共産主義の外道どもだきゃあ、ぶち殺さにゃあならん！」

――共産主義は任侠道をアヘン、つまり一時の安らぎを与えるに過ぎず最終的な解決をもたらすものではないとして、極めて否定的、敵対的ですよね。

P氏「……ふざけた話じゃのう！　わしらの任侠道以外に人が救われる道なぞあるわけなかろうがい！　やっぱり、あいつらだきゃあ、ぶち殺さにゃならん！　ローマ・カトリック会のやくざの中にも共産主義にかぶれとる阿呆がおるようじゃが、全員、破門してやりゃあええんじゃ。いや、共産主義の本を読んどるだけでも大罪人じゃけえ即刻破門すべきじゃのう！」

――では、ローマ・カトリック会は、今後は共産主義を叩き潰すことに全力を挙げていくことになるのでしょうか。

P氏「おう！　わしらが必ず息の根止めたるわい！　わしら、縄張りものうなって兵隊も少のうなったがのう！　じゃいうて、まだまだローマ・カトリック会のやくざは世界中におるけん。昔ほどではないにせよ、わしらにはまだまだ影響力があるはずじゃけえ！　……ん、おおっと、すまんの。そろそろ時間じゃ。わしゃちょっとドイツのお偉いさんと交渉せにゃならんのじゃ。……ヒトラーいうての、肝の座った見所のある若者が政権握りよったんじゃ。これからどぎゃあに舵取りしていくつもりかは知らんが、共産主義をぶっ潰そういう仲間じゃし、それに、万一わしらやくざを弾圧なんぞしよったら大事《おおごと》じゃけえ、今から仲良うしとかんといけんのじゃ。ファシスト党のムッソリーニいうんも、なかなか話の分かるやつじゃし、わしらの未来もこれから明るうなっていくんと違うんかのう！」

——本日はお忙しい中、まことにありがとうございました。ローマ・カトリック会の今後の発展を本誌も祈っております。

文庫版おまけ

出エジプト
——若頭モーセの苦闘

推定B.C.一三世紀　葦の海

「た、た、大変じゃ、モーセ！　バカがボンクラ連れて大勢来よったわい！」

「もうお終《しま》いじゃあ！　こぎゃあなことじゃったら、エジプト刑務所で臭《くさ》い飯食うとった方がなんぼか良《え》かったんじゃ！」

「モーセ、おどりゃ、わしらを野垂れ死にさせるために、集団脱走じゃいうて連れ出したんか、のう！」

　六十万人のイスラエルやくざが、口々に叫びながら一斉に責め立ててくる。やくざたちの遥か背後には、チャリオットに乗って迫るエジプト警察の大群！

　警察車両群の先頭に立つのはエジプト国王にして警視総監でもあるファラオだ。彼らは追っていた。集団脱走を果たしたやくざどもを。そして、脱走を扇動した主犯格の男――、モーセを。

　慌てふためいたやくざどもは、詰め腹を切らせんと、集団の圧力でモーセににじり寄る。だが、モーセなる若頭は手にした杖を振り上げると、激しく地面へ叩き付けた。

「おッどりゃア！　じゃッかァしゃあァ‼」

　杖はベギバギにへし折れ、モーセを取り囲むイスラエルやくざたちが一瞬怯《ひる》んだ。モーセの怒号が再び大気を震わせた。

「おどれらァ！　なしてヤハウェ親分が信じられんのよ！　おゥ、誰がよォ！　ファラオの息子ブチ殺してよ、わしらを逃してくれた思うちょるんな！　全部、ヤハウェのおやっさんじゃないの！　おやっさんを信じて進めッ！　進めえッ！」

そうしてモーセは先頭に立ち、怯《おび》えるやくざどもを引き連れて、前へ、前へと進んだ。威勢よく啖呵《たんか》を切ったモーセ。だが、彼の心中も決して平穏ではなかった。不安と恐怖が渦巻いていた。

彼はちらりと後ろを振り向いた。どんどんと迫りくるチャリオットの群れを彼は視界に捉る。顔を青くして俯《うつむ》いた。「なんで、こぎゃあなことになったんじゃあ……」力なく呟いた。話が違うのである。

そもそもこんなこと最初からやりたくなかった。エジプト刑務所から同胞やくざを一斉集団脱走させる計画も、モーセがやりたくてやったわけではない。高飛び中に、ヤハウェなる地元の大侠客に一方的に見込まれて、無理矢理にその指揮を執らされたのだ。心底嫌だったが、嫌だと言ってどうにかなる相手ではなかった。

モーセとて、かつてはエジプト警察を血祭りに上げて名を成した武闘派のやくざである。だが、ヤハウェは貫目が違った。やくざとしてのヤハウェの凄味はモーセを圧倒するものだった。モーセは彼の顔すらまともに直視できなかった。あまりに恐ろしくて。直視していたら、恐ろしさのあまり即死していただろう。

そんなヤハウェの立てた脱走計画だ。無論、尋常なものではない。まず、モーセを警視総監たるファラオの下に遣わして、「やくざを全員出所させろ」と無茶苦茶な要求を堂々と行った。当然ファラオは鼻で笑ったが、ヤハウェは直ちに実力行使に出た。蝗《いなご》や虻《あぶ》などの害虫を国内に解き放ち、ナイル川に毒を流したのだ。エジプト国内は騒然となったが、さらにはダメ押しとばかりに、ヤハウェ自身がドスを腰だめに構えて国中を走り回り、エジプト人の各家族の長男を無慈悲に殺し尽くしたのである。

この時にファラオの息子も死んだ。警視総監は遂にやくざの暴力に屈し、イスラエルやくざたちの仮出所を認めた。やくざたちはエジプト人の堅気から金目の物を奪えるだけ奪って国外へ逃げ出したのだ。……と、そこまでは良かったのだ——。

それが何故か今になって、エジプト警察が自分たちを追い掛けてきたのだ。本当にどういうことなのか？　話は付いたはずなのに。それに、あれだけ痛い目に遭わされながら、まだヤハウェを怖れていないのだろうか？

「な、な、なんじゃあ！」

「おうい！　あれを見るんじゃ！」

その時、やくざたちが一斉に騒ぎ出し、後ろを振り返って指差した。迫り来るエジプト警察の群れが……大波にさらわれていた！　無数のチャリオットが海水に飲み込まれ、悲痛な断末魔が辺りに響き渡る。モーセも目を丸くして驚いた。一体……何が起こっ

た⁉

　種明かしをすれば、実はやくざたちが歩いてきた道は葦の海だったのである。海水がパカリと二つに割れて、その中をやくざたちは歩いてきたのだ。だが、その道にエジプト警察が踏み入ると、途端に海はあるべき姿へと戻り、憐れな警察官たちを飲み込み、皆殺しにしたのであった。この大掛かりな大量殺戮を仕掛けたのは無論――大侠客ヤハウェである。

「おゥ、ええ眺めじゃのう」

　と、そのヤハウェ親分がいつの間にやらモーセの隣に立っていた。カラカラと楽しそうに笑いながら阿鼻叫喚の地獄絵図を眺めている。モーセは恐る恐るヤハウェに尋ねた。

「お、おやっさんが、やってくれたんですか……」

「もちろんじゃ」

「で、でも。な、なしてモタレどもは、わしらを追ってきたんですかのう……ファラオとは話が付いとったはずなのに……」

「なんじゃ言うて、そりゃわしが絵ェ描いたんよ」

　ヤハウェは平然と言った。

「わしがのう、ファラオんところに行っての。おゥ、やっぱ追わんかい、ちゅうて小突いてきたんじゃ」

「な、な、なして……そぎゃあなこと……」

「見てみい」

ヤハウェはやくざたちを指差した。先程まで震え上がっていたやくざたちだが、今や憎き警察の犬どもが皆殺しになったことに狂喜乱舞し、ヤハウェを称え、舞い上がっていた。

「ざまあみさらせ！　わしらにゃヤハウェの代紋が付いとるんじゃ！」

「ヤハウェ親分ばんざーい！」

「わしゃ最初から信じとったけえのう！」

随分と虫が良い。だが、ヤハウェも上機嫌に笑いながら彼らの歓声に応えた。

「クカカカッ！　おどれらのことは、これからもわしが良うしちゃるけんの！　気張って上納金納めるんじゃぞー！」

それから隣のモーセを見て、ニタリと笑ったのだ。

「あいつらにの、わしの力を分かりやすう教えてやったんじゃ。……エジプトの外道どもにはちィと犠牲になってもらったがの。クカカ……。おう、わしの力が分かったらの、間違ってもわしを裏切るなよ。な？」

モーセは口の中まで迫り上がっていた吐瀉物を必死に飲み込んだ。ヤハウェの度外れた惨忍さと凶悪さに彼は思わず嘔吐したのだ。モーセはヤハウェの恐ろしさに震え、同時に心の底からこう思った。この恐るべき大侠客が敵でなくて本当に良かった、味方で良かった、と——。

だが、果たして本当に良かったのだろうか？

推定B.C.一三世紀　シンの荒野

エジプト刑務所からの集団脱走を成功させ、六十万ものやくざ軍団を従えた侠客ヤハウェ。彼の狙いはカナン地方への進出にあった。

カナン地方は「乳と蜜の流れる土地」と呼ばれる程に牧草と果樹の豊かな地である。カナン地方のシマは現地のやくざ組織であるバアル組、アシェラ組、アシュタロト組などが仕切っていたが、ヤハウェ組は当地の乳牛利権と果樹利権を狙って、その区画へ割り込もうとしたのである。やくざたちの欲望が交わるところ、流血は避けられない。

だが、戦争はすぐには起こらなかった。何故か？　大侠客ヤハウェの貫目をもってしても、六十万人もの不逞の輩を御し切ることは容易ではなかったからだ。

最初の事件が起こったのは集団脱走から一ヶ月後のことである。イスラエルやくざの若い者がドスを腰だめに構えて、モーセと、その兄アロンの首を狙い、突然襲い掛かって来たのだ。

「な、なにしよるんじゃ！　外道！」

間一髪で刃物を躱《かわ》したモーセは、若者に馬乗りになり、殴りながら叫んだが、相手は血泡を吹きながらも叫び返した。

「おどりゃ！　わしらにゃ食うモンも水もないんじゃ！　ムショにおった時は飯だけは不自由せんかったのによ。おどれの口車に乗ったばっかりに、飢え死にじゃ！　飢え死にじゃ！」

じゃけえ、おどれもブチ殺したるンじゃ！　と若い者は激発して言ったが、モーセたちはこれに強い危機感を覚え、早速ヤハウェの下へと相談に行った。

「……まあええわい。親が子を食わせてやるんは当たり前じゃけえの」

ヤハウェはそう言って苦笑を漏らした。読者諸氏もご存じの通り、やくざの擬似的親子関係においては、子は親に対し忠誠と奉仕を誓う代わりに、親は子を庇護する義務を負うのである。

ヤハウェはイスラエルやくざたちに、うずら肉と、マーンと呼ばれる煎餅《せんべい》のようなものを与えた。飲料水も手に入り、腹が膨れたことでやくざたちの不平は収まった。

この頃まではまだ良かったのである。

推定B.C.一三世紀　シナイの荒野

それからさらに半月後――。

「……いつになったら帰ってくるんかのう」

シナイ山の麓《ふもと》で待機命令を受けていたイスラエルやくざたちは、不安げな眼差しでアロンを見た。モーセの実兄であるアロンの表情もまた翳《かげ》っていた。

モーセが帰ってこないのである。四十日前、ヤハウェ親分からの呼び出しを受けて、若頭モーセは仮の事務所であるシナイ山へと登った。だが、それっきり親分も若頭も姿を見せないのだ……。

「わ、わしらだけ、こぎゃあな荒野に置き去りにされて……」

「周囲一帯は他の組のやつらのシマじゃし」

「奴らに見つかったら、ぶち殺されるど」

「アロンの兄ィ。もう待てんわい！　わしらにゃ新しいケツ持ちが必要じゃ！」

皆に詰め寄られ、アロンも苦しい判断を迫られた。皆の言葉は確かに一理ある。

モーセは呼び出しを受けて手ぶらで山へと登った。それで四十日はあまりに長すぎる。弟は親分の怒りを買って手討ちに遭ったのではないか、親分は自分たちを見捨てたのではないか、という考えも頭を過る。だとすれば、新しいケツ持ちは可及的速やかに必要だ……。

「よし」

アロンは決意し、立ち上がった。

「金の仔牛の代紋を掲げるんじゃ！　わしらの新たな親分じゃ！」

やくざたちは一斉に頷《うなず》き、金のアクセサリーを集め始めた。これで金の仔牛を鋳造するのだ。なお、金の仔牛がどのやくざ組織の代紋であったかは、古代やくざ研究者たちの間でも議論が一致せぬところであるが、ここでは仮に、カナン地方の長老的侠客、エルの代紋であったとしておこう。イスラエルやくざたちは親分ヤハウェとの盃を水に流し、新たにエル親分との盃を交わさんとしたのである。

一方、シナイ山のヤハウェ事務所では……

「と、いうわけでの……繰り返し繰り返し、おどれらに話してきたことじゃがの……」

「あ、あがが、がががが、あがががが」

ヤハウェの有難い訓示を頂戴するモーセは、飢えと乾きで死にかけていた。モーセも親分に呼ばれて来た時は、まさかこんなことになるとは思わなかった。ヤハウェは四十日四十夜、恐るべきエネルギーで訓示を垂れ続け、モーセも不眠不休でそれに付き合わされたのである。「休みたい」だの「腹が減った」だの、そんなことはもちろん口に出せない。恐ろしいからだ。

「ええか、最後にもう一回、一番大切な十の戒めを繰り返すけえの」

「あがががが」

ヤハウェの「最後にもう一回」をモーセは既に数十回聞いた覚えがある。

「ひとーつ、おどれらの親分はわしだけじゃ。ええか？　わしゃのう。誰よりもおどれらを愛しとる。海よりも深く愛しちょる。じゃけえの、万一、わしを裏切って他の組に走りよったらの。わしゃ必ずぶち殺す。おどれらの息子も殺す。孫も殺す。曾孫まで殺す！　ええの？」

「あ、あ、あがががが」

「二つ、わしの像を造るな。三つ、わしの名を濫《みだ》りに出すな」

これは暴対法や鉄砲玉を警戒してのことであろうか。

「四つ、安息日いう休日を守れよ。やくざにも休みは必要じゃ。わしゃ海よりも深く子分を愛しちょるけえの。おどれらを大切にしてやりたいんじゃ。じゃけえ、休まん奴は容赦なく殺す」

「あがががが」

「五つ、おとっつぁん、おっかさんのことは敬うんじゃ。六つ、勝手に殺しはするな。わしが殺せ言うた時だけ殺すんじゃ。七つ、人の女を奪うな。わしが奪え言うた時だけ奪うんじゃ。八つ、盗みは働くな。わしが言うた時だけ（略）九つ、ウチの組員に対して嘘の証言はするな。で、最後に、他の組員の物を欲しがるな。どうじゃ、簡単じゃろうが」

「あ、あがががが、あがががががが」

「今まで言ったこと、全部この石版に彫り込んどいてやったけえの～。忘れんよう大切にしとけよ」

初めからこれを渡してくれればいいのに……、と思いながら、モーセは干涸らびた腕で石版を受け取った。

が、その時である！　突如ヤハウェが憤然として立ち上がり、拳を握り固めて叫んだのだ！

「おどりゃ、腐り外道ども！　何しちょるんじゃ。全員ぶち殺したらあ！」

麓に向かって叫ぶと、ヤハウェはドシドシと大股で山を降っていく。その姿を見て、モーセは察し良くハッと気が付いた。これは……粗相だ！　麓のやくざたちが何か粗相をしてヤハウェの逆鱗《げきりん》に触れたに違いない！

なんだか分からないがとにかくヤバイ。ヤハウェは「全員ぶち殺す」と言った。あれは誇張表現でも口が滑ったわけでもない。ヤハウェが「全員殺す」と言ったら本当に全員殺しに掛かるぞ！

「ヤバイ！　ヤバイ！　ヤバイ！」

モーセは干涸らびた身体に鞭打って猛ダッシュし、ヤハウェを追い越し、いち早く麓へと辿り着いた。だが、そこで彼が目にしたものは恐るべき光景だった！

やくざたちが金の仔牛の代紋を掲げて、破目を外して踊り狂っていたのである。モーセの持つ石版の第一条には「他の組に走ったら曾孫まで殺す」と明記されている。

「何しちょるんじゃ、おどりゃあッ！」

モーセはまず手近なやくざを怒りに任せて殴り倒すと、兄のアロンの襟首を摑んで叫んだ。

「おッどりゃーッ！　頭茹だっとるンか、兄ィーッ！」

「モ、モ、モーセ！　お、おどれ生きとったんか。わ、わ、わしゃ、てっきり、おどれが死んだ思うて……」

「この糞ばかたれが！」

モーセはアロンの顔面に頭突きを叩き込むと、皆に向かって叫んだ。

「このボケカスども！　わしらの親分はヤハウェのおやっさん、ただ一人じゃ！　そう思うとる奴はおらんのか！」

呼びかけに応えて、ヤハウェ組下部団体レビ組の者たちが馳せ参じた。彼らはエル組との盃直しにもとより疑問を抱いていたのである。モーセはレビ組の若者たち一人一人に直々にドスを握らせて言った。

「ええか、おどれら。今がの、わしらイスラエルやくざが生きるか死ぬか、その瀬戸際じゃ。これ持ってのう、浮かれ騒いどる外道ども、手当たり次第に刺しちゃれ。ええか、兄弟じゃろうが友人じゃろうが、見境なく刺して回るんじゃ！」

「は、は、はい！」

鬼気迫るモーセの様子に背中を押され、レビ族の若者たちはドスを腰だめに構えて走り出した。ややあって、群衆の悲鳴が轟《とどろ》き始めた。事は首尾よく進んでいるようだ。モーセは倒れているアロンの襟首を摑んで引きずり起こすと、その目の前にドスを突き刺して、血涙を流しながら迫った。

「兄ィ……指詰めえ……。今すぐ詰めるんじゃ！　それしか生き残る道はないんど！」

そして、モーセは山を逆に駆け上がると、降りてくる途中のヤハウェの前に跪いた。アロンの小指を差し出して地面に額《ぬか》ずき、必死に許しを請うた。

「げ、外道どもは、わしらの方で既に処理しちょりますけん。息子じゃろうが兄弟じゃろうが、親分を裏切った外道は許さず殺《ト》ったりましたけん！」

「……ほうか」

親分の返答は冷たくぶっきらぼうであったが、ともかく足はその場で止めてくれた。脂汗にまみれたモーセは、ここでようやく安堵の息を吐いた。危ういところだった。六十万人が皆殺しにされるところが、たったの三千人の処刑で済んだのである。モーセの英断により差し引き五十九万七千人のやくざが救われたことになる。

だが、ヤハウェは彼らの罪を全て許した訳ではなかった。この大俠客の胸の奥では、この時の裏切りの記憶が、熾火《おきび》の如くにいつまでも赤く燃え上がり続けるのである。

なおも頷ずくモーセに、ヤハウェは苛立《いらだ》ちを隠さぬ声音で言った。

「おう、わしゃ、少し先を行くわい。後から付いてこいや」

「は、はあ……。そりゃ、なんでですかの？」

「……一緒におったらのォ。わしゃ、おどれらを衝動的にぶち殺しとうなるんじゃ」

その言葉からは凄まじい殺意が漏れ出していて、這いつくばるモーセの身体がぷるぷると小刻みに震えた。

彼は失禁していた。

推定B.C.一三世紀

それからしばらく経ってのこと。

アロンは小指を失った左手を見詰めながら、体を震わせていた。かつての過ちを悔いながら……。三千人のやくざが死んだというだけではない。あの時以来、親分は常に不機嫌で、すぐに癇癪《かんしゃく》を起こすようになった。ただでさえ恐ろしい親分だったが、今では身に危険さえも感じている。次に制裁されるのは……自分かもしれないのだ。

そう思い、身を震わせていたアロンの足元に、焼け焦げた二つの球のようなものがゴロンゴロンと転がってきた。怪訝《けげん》に思い、それを注視したアロンは、「ひいッ」と小さな悲鳴を上げた。その正体に気付いてしまったのだ。

「ナ、ナダブ！　アビフ……！」

息子たちの首であった。表情は慄きに染まったまま、無惨に焼け焦げていた。

「おう、おどれの息子よ、おう」

と、背後から苛立ち混じりの声が投げ掛けられた。声の主は……親分ヤハウェである。

アロンは条件反射的に平伏し、額ずいた。

「おどりゃ、この糞ボンクラども。安物の香を焚きよってからに……。わし特注の塩入りの香を焚くのを忘れよったんじゃ。まったく。親に尽くすんが子の務めじゃろうに。香の一つも満足に焚けんのか、屑が」

ヤハウェはペッと唾を吐き捨て、アロンを睨め付け、責めるように言った。

「おどりゃ、餓鬼にどぎゃあな教育しとるんじゃ。あ？　この糞バカタレが」

アロンは平伏したままガタガタと震え、瞳に涙を溜めている。そんな彼の側にモーセが寄り添ってきて、耳元で囁いた。

「兄ィ、堪えろ。泣くな」

「な、な、なんでじゃ。わ、わしゃ息子を……」

「泣いたら兄ィも殺されるんど！」

「……！」

モーセはヤハウェに向かって額ずき、心から申し訳なさそうに言った。

「ほ、ほんまに……不出来な甥で、ご迷惑をおかけして……」

モーセの声も震えていた。ヤハウェの機嫌を害せば次の瞬間に死んでもおかしくない。相手はそれほどの貫目を持ったやくざなのだ。

だが、ヤハウェと近しいモーセ、アロン程には、イスラエルやくざたちはヤハウェの恐ろしさをリアルに受け止めていなかったのである。

推定B.C.一三世紀　キブロト・ハタアワ

「モーセ、アロン！　出てこんかいッ！　おどりゃ、おどりゃッ‼」

数十名のやくざたちがモーセとアロンの天幕の周りに集まり、手にした木刀で滅茶苦茶に天幕を殴り付けながら叫び散らした。慌ててモーセとアロンが外に飛び出した。

「何しよるんじゃ、外道ども！」

と、怒鳴り散らしたモーセに対して、やくざたちは居丈高な態度を崩さない。

「わしらァ腹が減っとるんじゃァ！」

ハァ？　という顔でモーセが問い質した。

「腹ァいうて、おどれら、毎日マーン食っとろうが！」

「なーに言うちょるんな！　こぎゃあな煎餅食うて出入《けんか》ができるかァ、ボケェ！」

「おう、モーセよ。わしゃの、肉が食いたいんじゃ。キュウリもレモンもタマネギも食いたいんじゃ！」

「ヤハウェのおやっさんばっかりエエもん食うとるじゃないの。毎日ＢＢＱして、ケーキ食うて、浴びるほど酒飲んで……。わしらの上納金でよォ」

「じゃけえ、おやっさんに言うてつかぁさいや！　わしらにももっとエエもん食わせえ、いうてのう！」

口々にそう叫ぶ。無論、モーセは狼狽《うろた》えきった。

「ば、ば、ば、バカ！　バカバカバカ！　何言うとるんじゃ、バカバカ！」

本当に何を言ってるのか。ヤハウェに文句をつけるなぞと、死にたいのか!?

とにかく、この騒動がヤハウェの耳に入る前に何とか収めなければならない。強烈な義務感に駆られてモーセが動き出さんとした、その時――！

「ほーう、腹ァ空かしとったんか。すまんのう、気付かんかった、すまんのう」

モーセの背後からヤハウェ親分がのっそりと姿を現し、異様な猫撫で声で彼らにそう言ったのである。

「お詫びにの、明日からは毎日ご馳走しちゃるけん。楽しみにしとれ、の」

ヤハウェの言葉にやくざたちは喜び、湧き上がった。モーセとアロンは嫌な予感しかせず、互いに顔を見合わせた。

翌日――、食卓には豪勢な肉料理が並んでいた。信じがたい程に美味で、とても食べきれない程のボリュームがあった。やくざたちは久方ぶりにマーンから解放され、喜びで目を輝かせながら肉を頬張った。

「どうじゃ、うまいか？　うまいか？」

ヤハウェが猫撫で声でやくざたちの食卓を回っていく。

「へえ、最高です！」

「わしゃ、おやっさんに一生付いていきますけん！」

「ほうか、ほうか」

気味悪い程の上機嫌さでヤハウェが笑った。モーセとアロンには嫌な予感しかしない。

ヤハウェの足取りが一人のやくざの前で止まった。

「おう、こんな、どうしたんなら？　食が進んどらんじゃないの」

「へえ、わしゃ、食が細いですけん。もう満腹ですわ」

「なーに、言うちょるん。若いんじゃけ、もっと食べにゃあ、の？」

ヤハウェは男の目の前にあったうずら肉の塊を摑み上げると、グイと男の顔の前に差し出した。

「のう？」

「……や、もう、満腹ですけん」

「あ？」

ヤハウェがやくざの口を腕力で無理矢理にこじ開け、肉塊を強引に押し込んだ。

「ア、アガ、アガガ……」

「しっかり肉食って、精を付けんと、出入もできんのじゃろうが、のう？」

強引に詰め込み終えると、さらにもう一つ、巨大な肉塊を鷲摑みにして、それも無理矢理に口の中へと押し込んでいく。

「アガ……ガ……」

男の口から吐瀉物が漏れ出すも、構わずヤハウェは奥へ奥へと、過剰に肉を詰め込んでいく。周囲のやくざたちもシンと静まり返った。何の感情も込められていない冷たい声がヤハウェから漏れた。

「若いんじゃけえ……食わんと、の……」

ついに、憐れな男の鼻から詰め込まれた肉塊が溢れ出し、悶絶の果てに無惨な姿で息絶えると、ヤハウェは静まり返ったやくざたちを見回して言った。

「おう、どしたんなら。おどれらが腹いっぱい食いたい言うたんじゃろうが。おう。なんなら、わしが食わしちゃろうか、おう」

ヤハウェがスッと立ち上がると、怯え切ったやくざたちは必死に目の前の肉をかきこみ始めた。彼らは直感的に悟ったのだ。これを全て食い尽くさねば、殺される、と――。

涙を流し、吐き戻しながら、豪華な料理を必死にかきこむやくざたちを、ヤハウェは

冷たい瞳で見下ろした。そして、人差し指を一本立てて、

「一ヶ月じゃ」

と言った。

「一ヶ月、毎日、毎食、わしがご馳走を振る舞っちゃる。どうじゃ、嬉しいじゃろ、のう？　のう？」

一ヶ月後、やくざたちはこの地を出発してハツェロトへと向かった。無数の墓標が残されたこの地は、後にキブロト・ハタアワと呼ばれるようになった。その意味は「貪欲の墓場」——。

推定B.C.一三世紀　パランの荒野

「モーセの兄ィ、逃げてつかぁさい！　逃げてつかぁさい！」

「なんじゃヨシュア、どしたんなら！」

深夜——、モーセの天幕に血相を変えて飛び込んできた若者があった。彼の名はヨシュア。後にヤハウェ組の若頭の座をモーセから引き継ぐ男だが、この時はまだ一介の若衆に過ぎない。

「バカタレどもが、またモーセ兄ィを殺《と》ッたるいうて息巻いとるんじゃ！」

「またか！」

モーセは怒りに任せて、手にしていた木刀をへし折った。イスラエルやくざたちが現状への不満からモーセ殺害を企てたのは一度や二度ではない。自分を殺したって何の解決にもならないことが、あのアホどもには分からないのである。

「今度はどしたんなら!」

「そ、それが……」

ヨシュアは恐る恐る語り出した。話は四十日前へと遡る——。

その時、モーセはヨシュアたち十二人の勇猛なやくざを集めて一つの指令を出した。これから進出するカナンの地——、そこを支配している組の戦力や、シマの経済力などを調査するようにと。だが、四十日間の調査を終えた時、偵察隊の男たちはビクつき震えながら陣地に帰ってきたのである。

「無理じゃあ! あぎゃあな組と構えるなぞ自殺行為じゃ!」

「事務所の守りもえろう固いし、若い者は殺気立っておって、戦争を全く恐れちょらん!」

「何よりネフィリムじゃ! 奴らの中にネフィリムがおったんじゃ!」

ネフィリムとは異常巨体で知られる武闘派やくざ集団のことである。だが、怯える偵察隊の中で、カレブとヨシュアの二人だけは肝の太さを見せ、熱り立って徹底抗戦を主張した。

「おどりゃ、ネフィリムが怖うて芋引く気か！　それでよう極道名乗れちょるのう。ネフィリムじゃろうがなんじゃろうが、殺ッ《ト》たりゃえかろうがい！」

「無理じゃ言うとろうが！　わしら、モーセとアロンに騙されたんじゃ。なんでこぎゃあなところで、阿呆みたいに死なにゃならんの！」

　こんな具合で偵察はすっかり裏目に出てしまい、士気もだだ下がりとなってしまった。この件はモーセにとっても捨て置き難く、兄のアロンと共に夜更けまで善後策を協議していたのだが、その時に先の如くヨシュアが駆け込んできたのである。

「あのバカタレどもが皆を扇動しよったんじゃ！　ヤハウェ親分は敵に殺させるためにわしらを荒野に連れ出したんじゃいうて！　兄ィやワシを殺して、皆でエジプトに帰るいうて騒いどるんじゃ！」

　その報告を受けて、モーセの顔は一気に青ざめた。これはヤバイ！

「バ、バ、バカタレが！　そ、そんなん、死ぬじゃないの！」

「そうなんじゃ兄ィ、じゃけえ、ワシら早う逃げんと……」

「ボ、ボケェ！　あいつらが皆殺しにされる言うとるんじゃ！」

「えっ……」

「早う！　早う手を打たんと！　親分の耳に入る前に……！」

「おう、モーセ。けったいな話しとるのう」

と、その時、突如背後に現れたやくざの姿を見て、モーセとアロンは恐怖のあまり反射的に嘔吐した。ヤハウェ親分だ。親分がこめかみをひくつかせながら、いつの間にか彼らの背後に立っていたのだ。

「わしゃの……他の組のやつらはわしが皆殺しにして、シマ奪っちゃるいうて、何度も言うたよな。……な？　じゃのに、なーんでわしのことが、そんな信じられんの？」

「わ、わ、わしは、ずっと……信じとりますけん」

ヨシュアが上ずった声で主張した。

「おう、おどれはええ子じゃのう。……の？　わしゃもう思うんじゃが、ヤハウェ組はモーセとアロン、ヨシュアとカレブ。この四人だけでもうええんじゃない？」

「は、はい？」

ヤハウェの言葉の意味が飲み込めず、ヨシュアが愚直に聞き返した。

「えと、つまり……？」

「つまり、残りの奴ら、今から全員殺ッてきちゃろう思っちょるんよ」

ヤハウェが胸元から鈍く光るドスを取り出さんとした。一同はギョッとして目を剝いた。

「ま、ま、待ってつかぁさい。頼むから、待ってつかぁさい！」

モーセが胃液を垂らしながら必死に顔を上げた。

「い、い、今、皆殺しにしてしもうたら……。周りのモタレどもが、親分はカナン進出ができんけえ子分を殺したんじゃいうて誤解しよりますけん。……わ、わしらはどうなってもええですけど、親分がそぎゃあなこと言われるのだけは耐えられんけん。どうか、どうか、考え直してつかぁさい……」

「ほうか。……それも一理あるの」

ヤハウェは舌打ちして、一瞬考えてから、こう言った。

「ほんじゃの、カナン進出は四十年延期にしようかの」

「エッ？」

「四十年ありゃあ、あのバカタレどもも全員死ぬじゃろ。息子や孫がカナンに進出すりゃあ、阿呆な噂も立たんじゃろうし、わしを舐め腐りおった馬鹿どもは、寿命で死ぬ時に己の馬鹿さ加減を思い知る。どうじゃろか？」

「トッ、ト、ト、と、とても……め、名案じゃ……思いますけん……」

そう言ったモーセたちの声は酷く震えていた。いつの間にやら自分たちも巻き添えを喰らってしまったことに気付いて。四十年、自分たちも荒野を放浪することになってしまった……。だが、それでも、ひとまず皆の命だけは救えたのだ。……というか、なんであいつらのことをここまでして庇《かば》ってやらねばならないのだと、モーセは自問自答しなくもない。

「フ〜ッ。しかし、あいつらの不平は聞き飽きたわい……。なしてわしのこと、黙って信じられんのかのう。は〜、わしゃ悲しゅうて悲しゅうて。血ィ見んと悲しゅうて眠れんわい」

ヤハウェはなおも苛立ちが抑え切れぬ様子で肩を怒らせながら天幕を出ていき、脂汗にまみれたモーセたちは深い溜息を吐き出した。

翌朝、宿営の中央に十体の惨殺死体が転がっていた。ヨシュアとカレブを除く偵察隊のやくざ十人の成れの果てであった。ヤハウェ親分から「殺すなかれ」との訓戒を受けていた彼らにとって、無論、同族殺しは重罪であったが、モーセもアロンも賢明にも犯人探しをしようなどとは思わなかった。さらに賢明なことに、他の者たちもその惨殺死体の意味を悟って、エジプトに逃げ帰りたいだのと、愚かなことを言い出す者は一人もいなくなった。とりあえず、その時は。

推定B.C.一三世紀

「わしゃもう厭じゃ……。わしゃもう疲れたわい」

それから数日後――、夜、天幕の中でモーセが兄のアロンに泣きついていた。

「飯だの水だの、バカタレどもは不平ばっかり……。おやっさんが他の組の者に近付くな言うちょるのに、余所者《よそもの》とちょろちょろしよるし、あれじゃおやっさんが怒るのも当然じゃないの。なんで皆、おやっさんのことを信じられんのじゃ……」

　膝の上でおいおいと泣くモーセをアロンは必死に励ましていたが、すると、毎度の如くにヨシュアが血相を変えて天幕に飛び込んできた。

「た、た、大変じゃ、兄ィ。コラハの外道どもがようけボンクラ連れて、兄ィを殺《ト》ッたるいうて息巻いとるんじゃや！」

「ま・た・か！」

　モーセは天を仰いで嘆息した。

　ヨシュアによれば、コラハを中心とする数名が二五〇名ものやくざを糾合して、モーセの命を狙っているのだという。どうやらコラハたちは、モーセとアロンだけが若頭として他の子分たちの上に立っているのが気に食わないらしい。

「頭沸いちょるんか、あの餓鬼ィ……」

　モーセはやるせなさに駆られてグスグスと泣き出した。

「誰が好きでこぎゃあなことしとる思うちょる！　おう、わしが何遍バカタレどもの命を救ってやった思っちょるんな！　それにコラハはレビじゃろうが、そんだけ取り立ててもろうとって何が不満なんじゃ！」

　レビとはヤハウェの親衛隊であり、親分の自宅警備という重責を担うやくざ部隊である。

「コ、コラハは、モーセ兄ィがいつになっても乳と蜜の流れる土地へ連れて行ってくれん、いうて……」

「阿呆！　そりゃわしも同じじゃあ！」

モーセの怒りが怒髪天を衝いた。本来は皆殺しの憂き目に遭うところを、モーセが命がけでヤハウェを宥《なだ》めた結果、四十年の放浪刑で済んだのである。とばっちりを受けたのはむしろモーセの方だ。

「ええい、わしゃもう知らんわい！　おやっさん、おやっさん、出てきてつかぁさい！　どうせその辺におるんじゃろ！」

モーセは熱り立って背後を二、三回振り向いた。こういう流れだと大体親分は彼の背後にいるのだ。

案の定、ヤハウェはいた。ヤハウェもまた凄まじい怒気を全身から漲らせていた。

「おやっさん、おやっさん！　もうほんまに、ぶち殺したってつかぁさい！　コラハの腐り外道ども、まとめてぶち殺したってつかぁさいや！」

「モーセ、おどれにゃ苦労掛けたのう。分かっとる。分かっとるけん。ぶち殺そう、な？　な？」

「ぶち殺してつかぁさい！」

「おう、今から行って、ちょっと皆殺しにして来るわい……。ちょっと待っとれな。六十万人殺るのに小一時間も掛からんけん」

ヤハウェが懐から鈍く光るドスを取り出した瞬間、モーセはハッと正気に返った。い、いま、六十万人と言わなかったか⁉

「ま、ま、待ってつかぁさい、待ってつかぁさい……」

すぐさまヤハウェの足元に額ずき、顔中を脂汗に塗《まみ》れさせた。

「な、な、なしておやっさんは、すぐ皆殺しにしようとするんですか……コ、コラハの一党だけ殺りゃあええじゃないですか……」

「なあ、モーセ」

ヤハウェがゆるりと首を横に振った。

「もうええじゃない。の？　あぎゃあなうなじのこわい外道ども、一度皆殺しにして、初めからやり直そうじゃない。の？」

そして、凄まじい殺気を発しながらドスをべろりと舐めるのだ。モーセは震えながらも、地面に額を擦り付けて必死に説得を続けた。結局またいつもと同じパターンだ！もう嫌だ！

ヤハウェも終《しま》いには面倒臭くなったのか、

「……分かった。分かったけん。皆殺しは勘弁しちゃる。じゃが、今度だけじゃぞ」

そう言ってドスを舐めながら表に出て行った。しばらくして、向こうから凄まじいヤハウェの怒号と、泣き叫ぶコラハの声が聞こえてきた。「オラァ、穴掘らんかい！」「おどれが今から埋められる穴じゃ！　キリキリ掘らんかい！」「おどれ一人じゃ寂しいじゃろ。妻と娘、連れてきいや。一緒に埋めちゃるけんのう！」「ぐちゃぐちゃ言うとらんで、早う連れてこんかい！」

コラハの悲鳴に女たちの泣き喚く声が加わり、やがて、そのどちらも静かになった。

そして、再びヤハウェの怒号が辺りに響き渡った。

「コラハに与した二五〇人！　ええか、よう聞け！　自分の天幕に閉じこもっちょれ。わしが一軒、一軒、火ィ付けて回っちゃるけえのう。死ぬまで中でジッとしとるんじゃぞ。最後まできちんと我慢できたら、家族の命だけは助けちゃる！」

こうして、この一件は三百名弱のやくざの犠牲をもって解決したかに思われた。ところが、この事件にはまだ続きがあったのだ。

翌日早朝のことである。

「おらァ、モーセ！　アロン！　出てこんかい！」

「コラハの一党よォ、おどれらの仕業じゃろうが！」

「ヤハウェ親分にチクってよォ、おどれらが殺したようなものじゃないの！」

「おどれらも絶対殺ッちゃるけんのう！」

なんと、残りの六十万弱のやくざたち全員が手に手に得物を持って、モーセの天幕を取り囲んだのだ。

「もう駄目じゃ！　終わりじゃぁ！」

モーセが慌てふためきながら背後を振り返った。そこには当然ヤハウェ親分がいて、既に懐からドスを抜き放っていた。可視化される程の凄まじい殺意と共に。

「モーセ、わしゃ昨日、言うたよな？　勘弁しちゃるのは今度だけじゃいうて？」

「ま、ま、待ってつかぁさい！」

「キエエーェッ！」

モーセの制止を振り切り、ヤハウェが天幕から飛び出した！　ドスを腰だめに構えて！　たちまち表から男たちの凄まじい絶叫が轟《とどろ》く。一方的な殺戮が始まったのだ！

「ど、ど、ど、どないするんじゃ、どないすりゃええんじゃ」

「わ、わ、分からん！　わしにも分からん。分からんけん！」

アロンとモーセは天幕の中で互いに手を握り合ってガクガクと震えた。その間にも、表から響く絶叫はいや増していく。下手に止めに入ったらモーセらも巻き添えで殺されかねない！

「そ、そ、そうじゃ……！」

混乱し切った脳髄を無理矢理に動かして、モーセが一つの可能性を掴み出した。

「リ、リラックスアロマじゃ……。おやっさんが、いつも使うちょるアロマ……。ア、アレを使えば、万に一つ……」

「よ、よし！　わしが行ってくる！」

アロンは命がけでヤハウェの自宅へ走り、愛用のアロマを掴んだ。一瞬、死んでいった息子たちの姿が脳裏をよぎった。息子たちはアロマのせいで親分に殺されたのだ。涙が出てきた。

アロンは香を焚きながら、血飛沫の飛び交う殺戮の現場に飛び込んだ。混乱したやくざたちが無茶苦茶に走り回り、逃げ惑う中を、アロンもまた泣き喚きながら走った。より悲鳴の大きな方へ、より血煙の濃い方へと。ヤハウェを探してアロンは走った。アロマの香りが親分の鼻孔をくすぐることを祈って――。

「ど、どうなったんじゃ！　巧くいったんか！」

返り血で全身を真っ赤に染め上げたアロンが戻ってきて、モーセは縋る思いで尋ねた。絶叫は数分前から止んでいたからだ。可能性は二つに一つ。アロマが功を奏したか、もしくは、既に皆殺しが完了したか。

血まみれのアロンは血涙を流しながら言った。

「止まった……。おやっさんが……止まってくれた……」

「……ようやってくれたの、兄ィ。……で、何人、死んだ」

「一万四千七百人……」

「…………」

兄弟は複雑な表情でお互いを見つめ合った。一万四千七百人……決して少ない数字ではない。だが、あのヤハウェ親分が本気で殺しに掛かったのに、僅かに一万四千七百人……全構成員の二・五％の犠牲で済んだのだ。これは一つの奇跡に違いなかった。けれど、喜ぶわけにもいかなかった。

推定B.C.一三世紀　ピスガの頂き

あれから、四十年の月日が流れた——。

「やっとじゃ……ようやっと……静かに眠れる……」

齢百二十歳に達し、死を間近としたモーセは、乳と蜜の流れる地をヨルダン川の向かいに見下ろしながら、老いた声で呟いた。川向かいのその地は、ヤハウェ親分がモーセたちやくざに与えるとしていたシマである。かつて、やくざたちはヤハウェの不興を買い、四十年の放浪刑を打たれた。モーセとアロン、ヨシュアとカレブのみがそこへ入れることになっていたのだが、モーセとアロンは既にその権利を失っていた。

「ほんまに……糞のような人生じゃった……。すぐにぶち切れるおやっさんを必死に宥めて……ボンクラ共を庇ってやって……なのに、ボンクラ共には命を狙われて……」

その労苦の結果として、モーセは約束のシマを踏むこともできず、こうして死を迎えようとしているのだ。兄のアロンは彼に先立ち、既に死んでいた。

「糞じゃった……わしの人生、ほんまに糞じゃった……」

一万四千七百人が死んだ大虐殺の後も、やくざたちは何度も何度も不平不満を喚き散らし、その度にヤハウェ親分が彼らを殺し回った。あまつさえ、親分を裏切り、他の組と盃を交わそうとする者さえ現れた。モーセは心を鬼にして彼らを殺戮し、ヤハウェ親分の激怒を何とか宥めた。

放浪の中、他の組との戦争《でいり》もたびたび発生した。その時だけはヤハウェは心強い親分だったし、モーセも心安らかだった。敵を殺している間は親分は身内を殺さなかったからだ。戦争中はある意味、最も平和だった。

だが、モーセとアロンは親分の不興を買った。メリバと呼ばれる地でのことである。いつものように飲料水の不足をやくざたちが喚き始めたので、モーセはヤハウェに相談し、飲料水の確保に乗り出したのだが、その時に何か手違いがあったようだ。ヤハウェはモーセとアロンを怒鳴りつけ、「おどれらもわしを信じられんのか！」と叫んだ。その時に約束のシマへ入る権利を二人は消失したのである。

自分たちが何のミスをしたのか、どうしてヤハウェは怒り、自分たちを見限ったのか、モーセにもアロンにも何も分からなかった。けれど、もうどうでも良かった。

彼らには自分たちのことよりもヤハウェのことが心配だった。子分たちの裏切りに遭い続けてきたヤハウェは、どんどんと人間不信に陥っていき、様子がおかしくなっていったのだ。

そして今——、
四十年の放浪刑が終わり、カナン地方での本格的なシマ争いに乗り出す前に、死にかけのモーセは全てのやくざたちを呼び集めて、最後の訓戒を行った。それは、どうしても彼が言っておかなければならないことだった。

「ええか、やくざたちよ、よう聞くんじゃ。わしらのおやっさんはただ一人、ヤハウェのおやっさんだけじゃ。おどれらはの、子分として、心を尽くし、精神を尽くし、力を尽くして、おやっさんを愛さにゃいけん。でなければ、死ぬ。おやっさんにぶち殺される。ええか、分かったな。心から愛するんじゃ。でないと死ぬ」

やくざたちは分かったような、分からないような顔をして突っ立っている。彼らの学習能力の低さと危機管理能力の欠如は今に始まったことではない。

モーセは深く溜息を吐くと、付き添いのヨシュアの手を借り、老体を引きずってヤハウェの前へと進んだ。ヤハウェは血走った眼でドスを研ぎ続けている。最近はずっとこうだ。

「おやっさん……わしが……若い者には、よう言うときましたけん……。おやっさんも……あいつらのこと、ようしちゃってつかぁさい……」

「ギヒッ、ギヒヒヒッ！」

ギラギラと輝くヤハウェの双眸がモーセを見た。

「どうせ……どうせ、あいつらは裏切るんじゃ。わしは知っとるんじゃ。あいつらはわしを裏切る。殺す。そん時は殺す。わしが殺す。殺す。あいつらを殺す。殺す。ギヒヒヒ……」

「おやっさん……」

ヤハウェは再びドスを研ぎ続けた。ヤハウェの人間不信は四十年の間にここまで重篤化していた。モーセは深く頭を下げて、ヤハウェとの今生の別れとした。

「わしが、若い者になんぼ強う言うても……駄目じゃろうな。わしが生きとる間でもあじゃったんじゃ……きっと、おやっさんの言う通りに、なるんじゃろうな……」

そう呟いたモーセの瞳に涙はなかった。彼の涙は既に干涸らびていた。ヨシュアに看取られて若頭モーセは静かに眠った。その顔は安らかであった。彼が半世紀ぶりに感じた安息がそこにあった。


これが伝説の大侠客、ヤハウェをめぐる物語の一幕である。

これから始まる一大戦争において、ヤハウェの暴力と恐怖はカナン地方を席巻し、その伝説は数千年にわたり語り継がれることとなる。

だが、恐怖でもってやくざを支配しようとしたヤハウェの組織経営は、果たして成功したと言えるのだろうか。ヤハウェが幾度ドスを振り上げようと、やくざたちはすぐに恐怖を忘れて反抗心を新たにし、ヤハウェも子分への不信感を募らせていったではないか。

恐怖によるやくざ支配――。

その限界を超えてヤハウェが新たなるカリスマを手にするためには、もう一人の伝説――、若頭イエスの登場を待たねばならない。

［解説］

本編は文庫版にあたっての追加書き下ろし短編である。聖書中、筆者が最も好きなエピソードである出エジプト記からの流れを小説化してみた。

本編の内容は旧約聖書の「出エジプト記」「レビ記」「民数記」「申命記」に跨《また》る話である。旧約によれば、エジプトで奴隷状態にあったイスラエル人たちがモーセの指導により集団脱走に成功し、カナンへと進出、当地を武力征服したということになっている。どこまでが歴史的事実かは不明である。

男だけで六十万人が脱走したことになっているが、それだけの大規模脱走にしてはエジプト側に記録が残されていない。なので、おそらくは数十名規模の脱走があっただけで、それがどこかのタイミングでヤハウェという神概念を拾い、カナンの地の周辺住民たちの中に溶け込んでいったものと思われる。だが、これに関しては諸説紛々であり、確かな事は分からない。

物語によれば、イスラエル一行の脱走後に、かの有名な十戒がヤハウェから授けられたことになっている。だが、実は十戒の他にも細かなルールがたくさん与えられたし、十戒自体にも第一版と第二版がある。第一版の十戒は石版に彫られていたが、例の金の仔牛像事件の際に、激怒したモーセが弾みで叩き割ってしまった。せっかく作ってやった石版を壊されたので、ヤハウェは仕方なくもう一度石版を作るよう指示し、内容の異なる第二版の十戒を授けたが、第一版の方が有名すぎて第二版の存在は全く知られていない。

さて、「キリスト教の歴史をやくざに仮託して描こう」というテーマの本書であるが、聖書に描かれるイスラエル人たちのカナン侵攻は純然たる武力侵略であり、ストレートなやくざの営みである。

それにしても、なぜカナン地方の現地民たちはヤハウェやイスラエル人に無惨に殺されねばならなかったのか。聖書的にはその理由は創世記に書かれている。方舟でお馴染みのノアが、酔っ払って全裸で寝ていると、息子のハムが親父の醜態を嘲笑った（と解釈できる）。するとノアは怒り狂って、なぜかハムの息子のカナンを呪ったのだ。カナンからしても酷いとばっちりだが、そのせいで殺戮の憂き目に遭うカナンの子孫たちもえらく迷惑な話である。遥か遠いご先祖様が親父の全裸を見て笑ったからといって、なぜ殺されねばならないのか。洒落にならぬ。

さて、ここで少し趣旨を変えて、モチーフとなったエピソードの物語的な評価を行いたい。先に書いた通り、筆者はこの一連のエピソードを高く評価している。旧約・新約を通して、最も物語的に面白いのがこの部分であろう。凄まじい恐怖と衝撃がある。思うに恐怖とは、単に強大な暴力を持つ理不尽な敵がいる、というだけでは真の恐怖たりえない。信頼が恐怖へと変わる、その落差にこそ真の恐怖が現出するのだ。昨日まで自分を抱きしめてあやしてくれた母親が、突如理不尽に怒り出し、赤子に暴力を揮い始める、そのような恐怖だ。

聖書においても、ヤハウェが本来はイスラエル人の庇護者であったという点が重要だ。自分たちに食料を与え、外敵から守ってくれた「頼れる親分」のヤハウェが、一つの事件をきっかけにイスラエル人たちへの猜疑心を抱く。そして、イスラエル人の態度がどんどんとヤハウェの猜疑心を募らせていき、ヤハウェは呵責《かしやく》なき暴力でそれに応え始める。

ヤハウェの暴力は徐々に理不尽さを増していく。ちょっとしたミスが死に繋がり、僅かな命令違反でも殺され、不平不満など述べようものならもちろん殺される。モーセたち人間側首脳陣もヤハウェの癇癪を恐れて率先して身内を殺し始める。粛清の空気に支配された恐るべきディストピアが現出する。

ヤハウェはとにかくすぐに身内を殺すので、物語には全編凄まじい緊張感が漂う。何が原因で死ぬことになるのか全く分からない。ページをめくる手が震える程に怖い。そんな中で比較的安心して読めるのがイスラエル人が他民族を殺している時で、この時はヤハウェも他民族を殺すことに熱中しているため、イスラエル人は比較的殺されにくくなる。「人を殺している描写を読むとホッとする」というレアな読書感覚がある。

イスラエル人たちは恐ろしく学習能力が低いので、全く学習しない。「そんなことしたらヤハウェに殺される！」ということを平気でやってはガンガン殺されていく。その度にモーセは必死にヤハウェを宥めて説得に説得を重ね、皆殺しだけは勘弁してくれと奔走する。イスラエル人たちはそんなモーセの努力を知ってか知らずか、好き勝手にモーセを突き上げて命すら狙おうとする。

モーセは海を割ったエピソードが有名なので、英雄的人物といったイメージがあるが、実際に聖書を読むとひたすら可哀想な中間管理職である。本編ではそんな彼の悲哀を中心に描いてみたが、これは概ね脚色で、「きっとこんな気持ちだっただろうな」という筆者の想像である。ただ、レビ記の中に「こんな過酷な中間管理職はもう嫌だ、いっそ殺してくれ」とヤハウェに言い募るシーンはある。

モーセも可哀想だが、ヤハウェも可哀想だ。イスラエル人に対し、最初はマーンを与えたりと優しく接していたが、奴らはすぐに付け上がる。なので暴力で制裁するも、相手は恐ろしく学習能力が低いので何度でも何度でも裏切る。その結果、ヤハウェは最後には人間不信に陥り、未来に思いを馳せながら「どうせお前らは裏切るんだ。裏切るから殺す」と言い出すことになる。圧倒的暴力を持ちながらも子分の裏切りを止められず、ついには人を信じることができなくなり、刃を向ける先を探し続ける。親分の悲しい姿がそこにある。

「心を尽くし、精神を尽くし、力を尽くして、あなたの神ヤハウェを愛さなければならない」

有名なシェマの祈りの一節も、この流れを押さえてから見ると、まったく違った感覚を覚えることであろう。神を愛する切実な必要性がそこにある。愛さなければ死ぬ。ラブ・オア・ダイである。

出エジプト記から申命記に至るこのエピソードは、聖書における文学的白眉だと筆者は確信する。全編圧倒的な恐怖に満ちているだけでなく、モーセ、イスラエル人、ヤハウェ、侵略されるカナンの人たち、全てが不幸になっていく様がやるせなく描かれており文学作品としてのエネルギーが凄まじい。本編では頁数の都合上、ヤハウェによる内ゲバの全てを描くことはできなかったが、実際にはこの倍くらいの内ゲバ事件がある。拙稿を読んで聖書の持つ文学的パワーを感じて頂けたなら、ぜひ聖書本文にもトライして、その文学的感動を味わって欲しい。

あとがき

　キリスト教の歴史というものは、追っていてあまり楽しいものではない。陰々滅々とした気分に陥る。そもそも聖書からして旧約は排他的、暴力的な色合いが強く、新約は内輪揉めと罵倒に満ちている。それ以降の歴史を見ても、表面的に現れる事項は暴力や派閥抗争ばかりであり、まるで聖的《セイクリッド》な雰囲気はない。全くの俗世間である。共産主義を嫌うあまりにファシズムと手を組み、ホロコーストに直面して大慌てする辺りも、未来を見通すことの叶わぬ俗な人間の営みであろう。

　本書ではそういったキリスト教の俗的な側面を強調するために「やくざ」という見立てを用いた。もちろん、これによって俗的な側面が強調される一方、別の面でバランスを欠いていることは否めない。旧約にもルツ記やヨナ書など心温まるテキストはあるし、新約には優れたバランス感覚を持つヤコブ書がある。歴史上、キリスト教により肉体的、精神的に救われた人も少なからずいるだろうし、思想史上の貢献や社会制度の発展に寄与した一面もあろう。神秘主義については全く別の評価が必要となるだろう。とまれ、そういった面を強調した書籍は他に幾らでもあるだろうから、本書では、やくざである。

留意点として、本書は小説であることを明記しておく。娯楽作品である。筆者も自身の能力の及ぶ限りにおいて学問的に誠実であろうとしたが、エンタテインメント性との秤にかけた場合は、大抵の場合エンタテインメント性を優先した。すなわち、本書には資料の解釈を超えたレベルでの「演出」が少なからず含まれている。また、演出とまでは行かずとも、資料解釈においてあまり一般的ではない解釈を採っている場合もある。無論、一般的な解釈でないことは、学問的不誠実さを意味しない。一見奇妙で聞き慣れぬ解釈であったとしても、筆者の能力の範囲内で、幾名かの学者の意見を相応に吟味した末に選択したものである。逆に言えば、巷に流布している「一般的な解釈」というのは、多くの人が思っている程には磐石なものではない。

問題は、本書のどこまでが資料に基づく記述であり、どこからが解釈であり、どこからが演出なのか、キリスト教に詳しい方でなければなかなか判断できないことだろう。逐一注を付けていくことも考えたが、やめた。注がやかましくてとても読んでいられないからだ。しかし、筆者も心が痛むので、最低限の区分は章ごとに末尾の解説に書くようにした。解説にて触れていないのは、例えば第6章、サンタ＝マリア＝イン＝トリブス教会においてパスカリス二世と、ハインリヒ五世が面と向かい合って議論するシーンがあるが、これは実際にはお互いの使節が会談しただけで本人たちが対面したわけではない。こういった点が演出である。

また、一章ごとを短編として成立させるため、アンフェアな記述となった箇所があることも否めない。終章はヴァチカンとファシズムが手を組んだところで終わっているが、あれもアンフェアであろう。悩んだがドラマ的にはあそこで終わるしかなかった。構成上、終章には解説が付けられなかったので、ホロコーストに直面した教皇がユダヤ人救済に動いたことはここで補足しておこう。

本書は小説作品であるため、歴史記述として考えるなら前述のような幾つかの問題点を孕んでいる。なので、本書を読まれて、キリスト教に興味が湧いたという人がいるならば、続けて諸学者のテキストを読まれるとよろしかろう。全体像が鮮明となり、解釈と演出の区別が次第に見えてくるはずである。巻末に付した参考文献も参照されたし。読者諸兄をそこまで導けたなら、ゲートウェイとしての本書の役割は全うできたと言えるだろう。

最後に一点、平謝りに謝さねばならぬことがある。それは筆者の広島弁が正確ではないことだ。筆者は広島県出身ではあるが、と言っても、福山市という広島県の外れの出身であり、むしろ岡山県に近い。広島市に次ぐ県内第二の市ということもあって広島市にも微妙な対抗意識を抱いており、方言も似て異なる。お好み焼きも広島風ではない。

筆者も「仁義なき戦い」を座右の書として広島弁の習熟に励んだのであるが、こういった理由から、部分的に福山弁が混じってしまっている可能性は否めない。正直、福山弁と広島弁の違いなど筆者にとっても何が何だか分からないのである。広島弁として不適切な表現が混じっているかもしれぬが、その点は平にご容赦願いたい。

主要参考文献一覧

五十嵐武士／福井憲彦『アメリカとフランスの革命』（世界の歴史21）中央公論新社、一九九八年

ヴィルアルドゥワン、ジョフロワ・ド（伊藤敏樹訳）『コンスタンチノープル征服記――第四回十字軍』講談社学術文庫、二〇〇三年

オーベール、ロジェ（上智大学中世思想研究所監修／編訳）『キリスト教史』（9）平凡社ライブラリー、一九九七年

エリス、J・T（上智大学中世思想研究所監修／編訳）『キリスト教史』（10）平凡社ライブラリー、一九九七年

笠原和夫『仁義なき戦い――仁義なき戦い・広島死闘篇・代理戦争・頂上作戦』幻冬舎アウトロー文庫、一九九八年

旧約聖書翻訳委員会『旧約聖書』（1）岩波書店、二〇〇四年

旧約聖書翻訳委員会『旧約聖書』（2）岩波書店、二〇〇五年

旧約聖書翻訳委員会『旧約聖書』（3）岩波書店、二〇〇五年

旧約聖書翻訳委員会『旧約聖書』（4）岩波書店、二〇〇五年
クラリ、ロベール・ド（伊藤敏樹訳）『コンスタンチノープル遠征記――第四回十字軍』筑摩書房、一九九五年
ゴンサレス、フスト（石田学訳）『キリスト教史』（上）新教出版社、二〇〇二年
ゴンサレス、フスト（石田学訳）『キリスト教史』（下）新教出版社、二〇〇三年
ゴンサレス、フスト（石田学訳）『キリスト教思想史』（I）新教出版社、二〇一〇年
『新共同訳　口語訳　聖書』http://www.bible.or.jp/vers_search/vers_search.cgi
新約聖書翻訳委員会『新約聖書』岩波書店、二〇〇四年
瀬原義生「第二カッペル戦争前後――スイス宗教改革の転機――」http://www.ritsumei.ac.jp/acd/cg/lt/rb/612/612PDF/sehara.pdf
ソーヴィニー、ベルティエ・ド／ハヤール、ヨセフ他（上智大学中世思想研究所監修／編訳）『キリスト教史』（8）平凡社ライブラリー、一九九七年
田川建三『イエスという男』第二版［増補改訂版］作品社、二〇〇四年
田川建三『キリスト教思想への招待』勁草書房、二〇〇四年
田川建三『書物としての新約聖書』勁草書房、一九九七年
田川建三『新約聖書　訳と註』（1）作品社、二〇〇八年
田川建三『新約聖書　訳と註』（2上）作品社、二〇一一年
田川建三『新約聖書　訳と註』（2下）作品社、二〇一一年

田川建三『新約聖書 訳と註』（3）作品社、二〇〇七年
田川建三『新約聖書 訳と註』（4）作品社、二〇〇九年
ダニエルー、ジャン他（上智大学中世思想研究所監修／編訳）『キリスト教史』（1）平凡社ライブラリー、一九九六年
テュヒレ、ヘルマン／ブーマン、コルネリウス・A／ブラン、ジャック他（上智大学中世思想研究所監修／編訳）『キリスト教史』（5）平凡社ライブラリー、一九九七年
テュヒレ、ヘルマン／ブーマン、コルネリウス・A／ブラン、ジャック他（上智大学中世思想研究所監修／編訳）『キリスト教史』（6）平凡社ライブラリー、一九九七年
徳善義和『マルチン・ルター　生涯と信仰』教文館、二〇〇七年
トロクメ、エティエンヌ（加藤隆訳）『聖パウロ』白水社（文庫クセジュ）、二〇〇四年
ノウルズ、マイケル・デイヴィド／オボレンスキー、ディミトリ他（上智大学中世思想研究所監修／編訳）『キリスト教史』（3）平凡社ライブラリー、一九九六年
ノウルズ、マイケル・デイヴィド／オボレンスキー、ディミトリ他（上智大学中世思想研究所監修／編訳）『キリスト教史』（4）平凡社ライブラリー、一九九六年
ハヤール、ヨセフ他（上智大学中世思想研究所監修／編訳）『キリスト教史』（11）平凡社ライブラリー、一九九七年
フィリップス、ジョナサン（野中邦子／中島由華訳）『第四の十字軍――コンスタンティノポリス略奪の真実』中央公論新社、二〇〇七年

フリシュ、Ａ（野口洋二訳）『叙任権闘争』創文社、二〇〇二年
松本佐保『バチカン近現代史』中公新書、二〇一三年
マルー、アンリ・イレネ他（上智大学中世思想研究所監修／編訳）『キリスト教史』（2）平凡社ライブラリー、一九九六年
リチャードソン、Ａ／ボウデン、Ｊ編（古屋安雄監修／佐柳文男訳）『キリスト教神学事典』教文館、二〇〇五年
リンドバーグ、Ｃ（木寺廉太訳）『キリスト教史』教文館、二〇〇七年
ルター、マルティン『ルター』（世界の名著23）中央公論新社、一九七九年
ロジエ、Ｌ・Ｊ他（上智大学中世思想研究所監修／編訳）『キリスト教史』（7）平凡社ライブラリー、一九九七年

解説　キリスト教の戦慄すべき現実

石川明人

ここ数千年の人類史のなかで、後の世界にもっとも広く深い影響を与えた人物を挙げるとしたら、誰だろうか。

何を基準に考えるかにもよるが、有力な候補として、釈迦、イエス、ムハンマドなどの宗教家が挙げられることは間違いない。彼らは、良くも悪くも、世の多くの人々の命や生活を左右してきたし、今後もそうであり続けるだろう。宗教の影響力は、電球や飛行機などの発明より強烈だと言っても過言ではない。

なかでもキリスト教は、世界最大の宗教である。今も約二三億人の信者がおり（イスラム教徒は約一七億人）、人類の三人に一人はキリスト教徒だ。この宗教は、世界中で学校、病院を運営するなど、教会外でも広く事業を行っている。戦争、虐殺、奴隷制、差別を正当化してきた一方で、それらに対する批判の急先鋒にもなった。また、文学、美術、音楽においても豊かな成果を生み出すなど、破壊的な面と創造的な面をあわせもっている。

イエスの誕生時期を起点にした西暦は、日本でも普通に用いられているし、「目からうろこ」など、聖書に由来する慣用句も日本語として定着している。日本のキリスト教徒数は総人口の約〇・八％に過ぎないが、それでもクリスマスによる経済効果は莫大だ。キリスト教という宗教は、それを信じるか、信じないか、好きか、嫌いかに関係なく、とにかく強力な文化であることは認めざるをえない。

しかし、その一方で、キリスト教は何とも不可解な宗教でもある。イエスは処女マリアから生まれたとか、病人を癒したとか、わずかなパンと魚を数千人に分け与えて満腹にさせたとか、十字架で処刑されたというのはともかく、その三日後に復活したとか……。福音書にあるのは、いかにも作り話といったエピソードばかりだ。なぜそれを簡単に「信じる」ことができるのだろうか。

教義も難解だ。例えば「三位一体《さんみいったい》」である。キリスト教は一神教で、神は一つだとする。だが、天上の超越神である父なる神の他に、子であるイエス・キリストも神であり、聖霊も神である。それでも「三つの神」とすることはかたくなに拒否し、一人格の三つの位格だとする。三つだが一つ、一つだが三つだと言い張るのだ。

こうした、自分たちでさえ実はよくわからない議論をめぐって、キリスト教徒たちは互いに武器を持って争ったこともあった。それから後も、カトリックとプロテスタントが、あるいはプロテスタント同士が、別の些細な問題でめちゃくちゃな闘争を繰り広げてきた。やくざからも「お前ら、そんなことで喧嘩するな」と言われそうである。

さて、架神恭介氏による本作『仁義なきキリスト教史』は、そんな不思議で壮絶なキリスト教の歴史を、やくざの世界に模して描いた小説である。

本作でまず面白可笑しいのは、キリスト教用語のやくざ用語への置き換えだ。例えば、ここでは「信仰」は「任侠道」とされる。そして、キリスト教で「教会」というのは、礼拝をする建物を指すこともあるが、多くの場合はむしろ教派や組織そのものを指す。そのことを架神氏は、「「教会」というのは極道用語でやくざの共同体を指し、ほぼ「組」と同義である」と巧みな解説をしている。

イエスの弟子は、普通は「十二使徒」と呼ばれるが、本作では「取り巻きのチンピラ」で、パウロは「キリスト組を代表する大侠客」だ。免償符や償いは「落とし前」であり、ニカイア公会議での議論を「イエスのキャラ設定の問題」としているのも、なかなか秀逸である。

本作は、生真面目なキリスト教徒からすれば大胆で挑発的な作品に見えるかもしれないが、架神氏がとても冷静に聖書を読み、キリスト教史を十分理解された上で執筆に取り組まれたことは一読して明らかである。ご本人はキリスト教徒ではないようだが、傍《おか》目《め》八目《はちもく》とも言うように、自称キリスト教徒よりも、非キリスト教徒の方が、その本質を鋭く見抜くことがあるようだ。本作における歴史理解には偏見もなく、登場人物の思想的差異に関する描写も的確だ。
例えば、第8章「極道ルターの宗教改革」である。そこで書かれているルターの「任俠道」の新しさ、あるいは「伝統的やくざ観」の否定に関する次の説明部分は、なかなかうまいと思う。

「大親分は一方的に自分たちを「任俠道にきちんと適ったやくざである」ということに〈してくれている〉のである。実際に任俠道に適っているかどうかは別として、大親分はそういうことにしてくれるのだ。だから、そんな大親分を信頼していればそれでいい。自分の力で何かを成し遂げて、その働きを大親分に認めてもらい、「おどれも男になったのう」と褒められることでやくざとして大成する……。そのような伝統的やくざ観をルターは否定したのであった」

この箇所は、神学用語では「信仰義認論」と呼ばれるものにあたる。人が義とされるのは、何か正しい行いをしたからではなく、教会の伝統に盲従したからでもなく、「ただ信仰によってのみ」だ、というルターの思想の中心部分である。
同じ8章の「解説」部分で、架神氏は「私見だが、ルターはパウロに似ている」と指摘しているあたりも興味深い。両者には共に「信仰に対する真剣さや危険を前にしての糞度胸」があるなど、良い面での共通性があるとすると同時に「知的なようでいてどうにも話が通じそうにない雰囲気など、うんざりする様々な側面」も似ている、としているあたりは、一般のキリスト教徒からは決して出てこない鋭い指摘である。

別の章で書かれている「皆がパウロになった世界はあまり想像したくない」という一言からも、著者の感度の良さがうかがえる。「パウロ書簡というものは恐ろしく居丈高で傲岸不遜な内容なので、読んでいると嫌気が差してくる」と正直に書かれているところを読んだ時、私は思わずニヤリとしてしまった。私もこれにおおよそ同意するものであるが、一般のキリスト教徒たちも、こうした架神氏の率直な感想に何らかの返答を考えてみてはいかがだろうか。

架神氏はキリスト教史を、「二千年間にわたる血と惨劇の闘争史」だと述べている。確かにその通りである。現代日本のキリスト教徒たちは、自分たちとやくざの世界はまったく無関係だと思いたいだろう。だが、やくざからすれば、少なくともある時期においては内部で争い続け外部に対しても攻撃性むき出しだったキリスト教徒の方が、ずっと非道な連中だ。キリスト教は歴史が古いぶん、その暴虐のスケールもビッグである。彼らと比べれば、自分たちやくざの方がはるかに善良でおとなしいとさえ思うであろう。

だが、私が架神氏の本作に関心をもち、また感心したのは、彼がそうしたキリスト教のネガティブな面を直視しているからというだけではない。それはむしろ、表面的な事柄に過ぎない。重要なのは、キリスト教世界をやくざの世界として描くことで、それを多くの宗教の一つとして相対化するのみならず、「人間ならではの営み」というさらに根本的なレベルでも相対化してみせた点である。

思わず吹き出してしまうユーモラスな描写は、確かに本作の大きな魅力である。だが、「キリスト教徒のやくざ化」による効果として本質的なのは、読者にキリスト教徒の営みを冷静に見直させるのみならず、根本的な「人間のおかしさ」を眺めさせるような仕掛けになっているという点である。

宗教は、いくらこの世を超えた崇高なものについて語ろうとも、その営み自体は、所詮は人間によるものである。世俗的なものに過ぎない。だからそこには、泥臭い要素やネガティブな面がつきものである。キリスト教は、「救い」を主張する。しかし、キリスト教史を通して認めざるをえないのは、キリスト教は「救い」を必要とするのに救われない人間の哀れな現実を嫌というほど見せつける世俗文化だ、ということである。

そうした、あたり前といえばあたり前の現実は、そのまま率直に口に出すと角が立つのだが、本作では「やくざ化」によって嫌味なくそれを表現できているように思われる。

宗教もやくざも、お金、面子《めんつ》、権力、信念、命などへの奇妙なこだわりをめぐる壮絶な営みだという点ではよく似ている。どちらも、傍から見れば、なぜそんなことにこだわるのか不思議に思ってしまう点があるが、本人たちは真剣なのだ。わけのわからないプライドや、信仰や、組織のルールに大真面目にこだわり抜き、時にはクレイジーな行為に邁進《まいしん》できるからこそ、人間は人間であり、他の動物とは違うのだ。

イエスがどんな人物であったか、もはや正確なところはわからない。しかし、それにもかかわらず、約二千年ものあいだ、一生を賭けて彼の言葉を伝えようとする人が、毎年、かなりの数、世界中で、生まれ続けているのである。これは素直に、驚くべき現実ではなかろうか。現代のいわゆる「組長」たちも、そこまでの影響力はあるまい。

教派や立場にもよるが、キリスト教の宣教師の中には、結婚をして家庭をもつことも、ごく人並みの贅沢をすることも、死ぬまで禁じられる場合がある。さらには、未開の地、治安が極度に悪い国に赴任するよう命令され、そこへ渡り、苦労して生活し、宣教し、あげくの果てに地元のゴロツキやゲリラなどに殺されて一生を終えるという例も珍しくない。キリスト教世界には、やくざや軍隊よりも過酷な一面がある。

そう、確かにいまだにキリスト教には、やくざを超えた恐ろしさもある。ただし、ここで言う「恐ろしさ」というのは、悪い意味ではない。キリスト教にはネガティブな面もあるけれども、同時にその信仰は、普通ではありえないような、驚くような形で人を生かすことが現にあって、それには震撼させられるという意味である。

キリスト教徒のなかには奇人変人もいて、キリスト教史にはむしろそうした人物の方が多いようにも見える。だが、その一方で、豊かで平穏な生活を捨て、貧しい人のために一生を捧げた人も少なくない。高度な学問を修め、将来を期待されたにもかかわらず、残りの生涯を見捨てられた難病の人々と共に過ごした人もいる。また、会ったばかりの見ず知らずの人を助けるために、自分の命を投げ出した人もいる。

マザー・テレサの活動は特に有名だ。今でも彼女のつくった施設には、毎日世界中からボランティアが集まっている。だが、マザー・テレサのような生き方をしている人物、あるいは彼女をも越えるような生き方をした人物は、実はけっこう多いのである。

イエスとその影響下にある人々を通して生き方を変えた人は、日本にも少なくない。脊椎カリエス、帯状疱疹、ガンなど次々と病気に苦しめられつつも、夫に口述筆記をしてもらいながら、人を慰め愛の意味を問いかける小説や随筆を多く残した女性もいる。ある体育教師は、クラブ活動指導中の事故で首から下が完全に麻痺してしまったにもかかわらず、口で筆をくわえて美しい絵を描くようになり、同じ筆で信仰の詩も書き、その言葉で人々に希望を与えるようになった。

普通だったら人生に絶望するような境遇に置かれているのに、逆に周囲の人々を励ましたり、明らかに特別な才能や能力があるのに、お金や地位にこだわらず弱い人に寄り添ったりしているキリスト教徒が現にいる。

そうした彼らの、壮絶な人生と、人間臭い生活は、ひょっとすると、やくざをも戦慄させるかもしれない。

本書は二〇一四年二月、筑摩書房より刊行された。

ちくま文庫

仁義《じんぎ》なきキリスト教史《きょうし》

二〇一六年十二月　十　日　第一刷発行
二〇二二年　八　月二十五日　第四刷発行

著　者　架神恭介（かがみ・きょうすけ）
発行者　喜入冬子
発行所　株式会社　筑摩書房
東京都台東区蔵前二―五―三　〒一一一―八七五五
電話番号　〇三―五六八七―二六〇一（代表）
装幀者　安野光雅
印刷所　中央精版印刷株式会社
製本所　中央精版印刷株式会社

ISBN978-4-480-43403-6 C0116